구도자의 발자취
봉암사에서 BOSTON까지

구도자의 발자취

봉암사에서 BOSTON까지

도범 스님 지음

杏林書院

차 례

• 책 머리에 · 11

제1부 : 수행자의 서한 (書翰)
(1995~2010)

_ 미국에 살아도 그 민족 그 문화로 · 17
_ 쪼개져도 씨눈으로 다시 싹을 틔우는 감자처럼 · 21
_ 민들레 같은 우리 민족 · 27
_ 금맥과 같은 시간 · 30
_ 어려움 속에서 도전의 영혼이 깨어난다 · 34
_ 불가사의한 영혼의 힘, 기도 · 38
_ 빨리 달릴수록 가까운 곳이 안 보인다 · 41
- 나이 한 살을 더 먹으며 · 44
_ 바랄 망자 망년회(望年會) · 47
_ 가까울수록 더 잘 부딪친다 · 50
_ 담금질 당하는 고통이 없다면 · 53
_ 대립과 절충에서 나온 맛 · 56
_ 한 가지의 생각이 새로운 만 가지의 희망 · 59
_ 가문비 나무와 전나무 · 62
_ 채소밭이 베푸는 삶의 기쁨 · 65

_ 의도적인 삶을 살면 그 업도 변합니다 · 69

_ 눈도 쌓이면 무게가 된다 · 72

_ 깊은 바닷물은 흙탕물을 오히려 푸르게 맑힙니다 · 75

_ 길 찾는 사람은 그 자신이 샛길이다 · 78

_ 파도가 없으면 바닷물도 썩는다 · 81

_ 물이 가지고 있는 네 가지 덕 · 84

_ 바다가 가르쳐 주는 지혜 · 87

_ 파도의 푸른 목소리 · 90

_ 물이 흐르듯 아픈 기억들을 보내기 · 93

_ 1만년의 생명력, 연(蓮)꽃을 흠모하며 · 96

_ 노을빛이 가슴을 물들일 때 · 99

_ 우리 인생이 컴퓨터와 같다면 · 102

_ 할머니의 옛이야기 · 105

_ 존재하는 모든 것은 변화한다 · 108

_ 도운회 박사를 기리며 · 111

_ 100년 만에 나타난 사건 · 115

_ 흐르는 것은 시간이 아니라 관성(慣性)이다 · 118

_ 어디서나 똑같은 한가위 달이건만 · 121

_ 명절에 드는 상념 · 124

_ 추석제사 · 127

_ 차례(茶禮)의 진정한 의미 · 131

_ 수채화를 그리는 가을비 · 134

_ 낙엽에 대한 연민 · 137

_ 보스턴의 가을 하늘을 보며 · 140

_ 노후 빛 같은 단풍 · 143

_ 지금 그대는 쉬어야 할 때다 · 146

_ 국립공원의 가을 ·149

_ 눈이 많이 내리는 보스턴 ·152

_ 호젓한 시간에 듣는 클래식 ·155

_ 살풀이 춤 ·158

_ 뉴욕에서 피어나는 우리의 전통예술 ·161

_ 판소리 김영옥 명창 ·164

_ 집착을 버리니 ·167

_ 그림은 그리움의 준말 ·170

_ 벽에 틈이 생기면 바람이 들어온다 ·173

_ 토끼의 꾀에 넘어간 사자 ·176

_ 비라카와 까마귀 ·179

_ 자녀들을 조기 유학 보낸 부모님께 ·182

_ 사람의 수명(壽命) ·186

_ 행복은 살아가는 과정 속에 있다 ·189

제 2 부 : 수행자의 수상 (隨想)
(1980~1987)

_ 소쩍새의 한 ·195

_ 달맞이 꽃 ·198

_ 뻐꾹새와 '붉은머리오목눈이' ·202

_ 상대를 거울 삼아 나를 비춰보기 ·206

_ 세상사를 있는 대로 보는가 ·212

_ 인생의 화폭에 넓은 여백 두기 ·219

_ 자연의 소리가 화엄산림의 법음이라 ·222

_ 자기 안에 있는 보물 찾기 · 225

_ 산철 결제 · 228

_ 산골 암자에서 · 231

_ 산 숲의 바람소리 · 234

_ 같으면서 다르고, 다르면서 같은 것 · 238

_ 숲속의 어울림 · 241

_ 늑대와 개 · 244

- 양계장 닭과 토종닭 · 246

_ 못난 무의 가치있는 변신 · 248

_ 오늘은 내일의 씨앗입니다 · 251

_ 산골 암자의 풍경소리 · 254

_ 자기가 그린 동그라미에서 벗어나기 · 257

_ 내 마음속에 있는 양과 염소는 몇 마리? · 260

_ 수행자의 빈 가슴 · 263

_ 수행과 고행 · 266

_ 은해사 기기암 선방에서 · 269

_ 설해목(雪害木) · 272

_ 의식(意識) · 275

_ 상종(相宗)과 성종(性宗) · 278

_ 동양란 산천보세 · 281

_ 사란(絲蘭) · 283

_ 차(茶) 한 종지의 휴식 · 285

_ 평등의 진정한 의미 · 288

_ 상처도 긍정적인 씨앗이 될 수 있다 · 291

_ 종송(鍾頌) · 298

_ 목탁소리 · 304

_ 골동품과 고물 ・307

_ 지혜와 자비와 화해의 등불 밝히기 ・310

_ 줄탁동시(啐啄同時) ・315

_ 그릇이 제대로 놓여야 맑은 물을 담을 수 있다 ・318

_ 무정설법(無情說法) ・321

_ 일하지 않으면 먹지도 마라 ・325

_ 상식 속에 숨어있는 올바른 이치 ・328

_ 집을 짓듯이 행복도 지을 수 있다면 ・332

_ 동지(冬至)는 신생의 날입니다 ・336

_ 기(氣) ・339

_ 건강과 음식문화 ・342

책 머리에

　세상이 싫어서 절에 갔더니 세상이 먼저 와서 나를 기다리고 있었습니다. 도(道)가 산에 있는 줄 알았는데, 아무리 찾아봐도 찾을 수가 없기에 불교성지를 비롯하여 유럽과 미국까지 떠돌며 찾고 있습니다. 세속 출세는 시작도 못해봤으며 글자 그대로 속세에서 뛰쳐나오는 출세(出世)를 했습니다.

　수도승 '톨로토스'는 태어나자마자 어머니가 돌아가시게 되어 그 이튿날 사정에 의해 '에토스 산' 꼭대기에 있는 수도원으로 보내졌답니다. 그때부터 1938년 82세로 선종할 때까지 수도승으로 살았으며 출입이 금지된 수도원에서 여자를 한 번도 본 일이 없다고 합니다.
　히말라야 정상을 신성시하는 인도 사람들은 그 산맥이 발원지인 갠지스 강에서 목욕하는 것이 종교의 의식이랍니다. 그러나 인도는 땅이 넓고 교통이 불편한 곳이 많아 그 소원을 단 한 번도 이루지 못하고 죽는 사람이 많다고 합니다.
　또한 높은 산맥에서 사는 티베트 스님들 역시 바다 구경을 못해 본 스님이 대부분이라고 합니다. 어떤 사람에게는 시시한 얘긴데,

어떤 사람에겐 성스럽게 들리고 어떤 사람에게는 애처롭게 들립니다.

저 역시 시시하게 살았고, '범' 같이 산중에서도 살았으며 보스턴에서는 '절도범'으로 살고 있습니다. 그래저래 한국에서는 선방으로 떠돌다가 미국에 건너온 지 20년이요 지금은 노(老)스님도 노(NO)스님도 아닌 헌 스님으로 살고 있습니다. 아직까지 돈 한 푼 벌어보지 못하고 시주의 은혜로 생활하다보니 도움을 받을 때마다 고마움의 편지를 올렸습니다.

편지를 받으신 분 중에 출판사와 관계된 신도분이 그동안의 편지를 책으로 묶어보라고 권해서 간추려봤습니다. 그리고 왜 출가했느냐고 묻는 사람이 많으며 궁금하게 생각하는 여러 가지 질문도 대부분 비슷합니다. 그에 대한 답변이 편지 속에 담겨 있으므로 수행자의 서한(書翰)을 통해 일부분 밝힙니다.

은사(日陀大宗師)스님에게 받은 법명(法名)이 도범(道梵)이며, 나이 들어서는 법호(法號)를 포해(包海)로 받았습니다. 도(道)는 길 도이고, 범(梵)은 범어 Brahman의 음역이며 정적(靜寂), 청정(淸淨), 정결(淨潔), 정행(淨行), 이욕(離欲) 등으로 번역합니다. 법명도 중복되므로 세속 성(姓)을 쓰기도 하지만 부모에게 효도를 못하고 있으므로 조상 성을 붙여 민도범(閔道梵)이라 할 수가 없었습니다.
　또한 수행을 잘하고 있는 것도 아닌데 부처님께 출가를 했다 해서 석도범(釋道梵)이라 할 수도 없습니다. 절에서 살기 때문에 자신을 '절도범'이라 소개하며, 그렇다고 해서 남의 귀중품이나 지갑을 훔치는 절도범은 아닙니다. 다만 남의 슬픔이나 외로움이나 아픔이나 괴로움을 훔치는 절도범입니다.

어느 날 문득 친한 신도님들이 "스님은 입적 후에 다음 생은 어느 곳에 태어나는지 아느냐"고 물었습니다. 아마도 죽으면 극락세계에 갈 것 같다고 대답하니 뭐로 증명할 수 있느냐고 반문하길래 제가 말했습니다. 초등학교는 면에서, 중학교는 읍에서, 고등학교는 시에서, 대학은 특별시에서, 승려생활은 미국에서 하고 있으니 다음 생은 극락세계로 가지 않겠느냐고요.

3년 전에 한국에 나갔다가 이십 년 전에 살았던 옛 암자에 들렀더니 미국 떠나면서 맡겨둔 짐 속에 쓰다만 일기장이 한 권 있었습니다. 미국에 건너와서는 뒤늦게 배운 컴퓨터에 수행자의 넋두리도 있고, 보고 들은 교훈들이 저장되어 있었습니다. 스님들과 신도님들의 대화나 편지는 대부분 불교 이야기지만 불교내용은 경전과 수많은 역대 제불조사가 이미 밝혔습니다.

감히 전문적인 교리는 삼가하고 개인적인 생각으로 보낸 편지만 펼쳐 보이고자 합니다. 망신을 하고나면 제 정신을 차린다는 말이 있기에 재출가하는 기분으로 경책을 받아 발심하고자 합니다.
끝으로 편지를 모아서 묶을 수 있도록 도와주신 오승호 박사님과 장길수 박사님께 감사드립니다.

2011년 10월 9일

제1부

수행자의 서한(書翰)

(1995~2010)

나이가 들수록 우리의 인생살이도 단풍처럼 곱게 나이가 들어가다가 마침내는 이것저것 훌훌 떨쳐 버리고 애착 없이 홀가분하게 가기를 원합니다. 불교의 교리 중에 인연과 윤회가 근본을 이루며 인(因)은 직접적이고 연(緣)은 간접적이랍니다. 명예, 권력, 재산뿐만 아니라 이 세상의 어떤 것도 가지고 갈 수 없고 자기가 쌓은 업만 유일하게 가지고 간다고 합니다.

미국에 살아도
그 민족 그 문화로

　요즈음 과일 가게에 가보면 과일들이 풍요롭게 쌓여 있으며 서로 잘났다고 알록달록한 색깔을 과시합니다. 껍질이 파란 수박은 빨간 속을 가지고 있고, 껍질이 빨간 사과는 오히려 속이 하얗습니다.
　단맛을 자랑하는 파파이아는 시큼하게 토라진 자두 맛을 알 수 없고 껍질이 얇은 복숭아는 호두 껍질이 왜 딱딱한지 그 의미를 모르겠죠! 저마다 생산지가 다르고 계절이 다른 곳에서 맛도, 색깔도, 모양도 다르게 자랐습니다.
　그러나 모든 과일이 생산지에서만 팔리는 것이 아니라 곳곳에서 다 팔리고 있으며 가게마다 진열되어 있습니다. 언제부터 고향도 모르고, 족보도 없으며, 계절도 상관없는 과일이 되었는지 과일 자신도 모릅니다.
　뿌리와 줄기 및 잎과 꽃이 각각 다르면서 아름다운데, 오직 열매에만 관심들이 있습니다. 잘 익은 과일을 그 자리에서 직접 따먹으면 제 맛이 나지만 덜 익은 과일을 유통과정에서 익혀먹으면 맛이 덜합니다.
　그 발달된 유통수단으로 사람들은 언제 어디서나 계절에 상관없이 마음대로 선택해서 사먹지만 본래의 깊은 맛을 모릅니다. 철없는 과일을 제 맛도 모르고 먹으니 그래서 철없이 살며 사는 맛도 모르고 사는가? 하는 생각을 해보게 합니다.

과일같이 여러 피부색과 생긴 모양이며 성격이 각각 다른 민족들이 모여 서로 경쟁하며 사는 곳이 미국입니다. 살다보면 겉 피부색깔대로 문화차이가 나기도 하지만 같은 피부색끼리도 사람마다 속 성격이 다르다는 것을 알 수 있습니다.

그래서인지 누구나 처음 미국에 올 때의 목적의식이나 가치관 그리고 존재 의식이 살아갈수록 바뀌어 가는 것 같습니다. 뿌리를 주장하며 자기 것만 고집하는 사람도 있고 자기 것은 등한히 하고 타 문화를 추구하는 사람도 있습니다.

겉은 동양인이면서 속은 서양인같이 사는 사람도 있고 겉 색깔과 상관없이 동서의 문화나 지성을 다 겸한 사람도 있습니다. 미국에 이민 오셔서 오래 사신 분이라 해도 미국사람으로 보지 않고 한국에 나가도 토박이 한국 사람으로 보지 않습니다.

그에 반해, 미국에 살면서도 미국을 모르고 또한 급속도로 성장하는 한국문화도 접하지 못하고 있습니다. 그러다 보니 미국도 모르고 한국도 모르며 민속촌 할아버지나 할머니같이 살고 있는 분도 계십니다. 어떠한 환경이라 해도 모든 사람이 다 만족할 수는 없으며 또한 같은 환경에서도 사는 사람에 따라 각각 다르게 살고 있습니다.

그런가 하면 재미있는 비유가 있습니다. 미국 대통령이 인도에 가보니 인도사람들이 아무 데서나 용변을 보므로 흉을 보았습니다. 그러자 인도 수상이 말하기를,

"나도 미국에 갔을 때 보니, 많지는 않지만 미국에도 그런 사람이 더러 있더라."

미국 대통령이 답변하기를 "그 사람을 잡고 보니 인도사람이더라."

미국에 살아도 인도 사람은 인도식으로 살고, 한국 사람은 한국식으로, 이태리사람은 이태리식으로 그 민족 그 문화로 대부분 살아가고 있습니다.

미국은 어느 민족이든 합법적으로 건너와 시민권을 획득하면 미국시민이 되지만, 미국에서 살고 있는 한 어느 누구나 미국 법을 지켜야 합니다. 법 안에서는 그 민족의 관습이나 전통이나 문화 등 모든 것이 자유로우며 특히나 자존과 자립의 성품이 그 민족의 의지요 에너지입니다. 그래서 같은 민족끼리는 언어나 문자를 그대로 사용하고 있으며 식생활도 대부분 양식보다 그 민족의 음식을 즐기고 삽니다.

세상사는 갈수록 더 많은 사람을 만나게 하고 더 많은 것을 보게 하며, 더 많은 것을 배우게 합니다. 반복되는 일상생활 속에서 경험을 스스로 쌓아가고 배움과 경험을 바탕으로 성격이 점차 형성되며 성장해 갑니다.

우리는 우리 안에 남아 있는 기억 때문에 고민하고 괴로워할 때도 있고 기뻐하고 행복해 할 때도 있습니다. 그러면서 그 인연들이 새로운 세계를 추구해 가는데 많은 영향을 주게 되며 이성보다 감정이 기억을 더 많이 저장하고 빨리 떠오르게 하는 역할도 합니다. 누구나 매일 수많은 사람들과 사물들 그리고 현상을 접하지만 그중 일부의 기억만을 되살리며 살게 되는 것 같습니다.

요즈음은 이렇게 살고 있는 것이 잘 살고 있는 건지 가끔 주위 사람들과 비교해 봅니다. 새로 태어난 아이의 볼기를 두들겨 그 울음으로 새 생명을 확인하듯, 새로운 정신세계를 향해 자신의 새로운 목소리를 확인하곤 합니다.

그래서 운명이나 팔자도 자기 자신이 그렇게 만들어왔고 현재도 그렇게 만들어 가고 있습니다. 또한 지은 대로 받는다고 생각하면 누구나 어떻게 살아야 하는지 답이 나옵니다.

과일은 아름다운 색깔과 향기 및 달콤한 맛을 다 주지만 씨앗은 못 먹게 만듭니다. 사람도 마찬가지라 타 민족과 더불어 상부상조하며 잘 살고 있지만 각 개인의 업은 줄 수도 없고 빼앗기지도 않고 살아가는 것입니다.

쪼개져도 씨눈으로
다시 싹을 틔우는 감자처럼

　감자가 주식인 잉카의 후예들은 피사로(Pizarro) 장군이 이끄는 스페인의 군인들에게 쫓기고 쫓겨 깊은 산속으로 피난을 가게 되었습니다. 고산지대에서 숨어 살다 보니 양식을 구할 길이 없어서 주로 사냥을 해서 먹고 살았습니다.
　차츰 사냥하기도 어려워지고 또한 고기만 먹고 살 수가 없다 보니 고산지대에서 재배할 수 있는 농작물을 찾기 시작했습니다. 기온이 낮고 메마르며 척박한 돌밭에서 자랄 수 있는 농작물은 감자였으며 마침내 감자 재배에 성공하여 감자가 주식이 되었습니다. 고산지대의 돌밭에서 캐낸 감자라서 거의가 다 작고 못생겼으며 또한 종류도 많으며 맛도 다양했습니다.
　어떤 감자는 가뭄에 강하고, 어떤 감자는 추위에 강하며, 어떤 감자는 벌레에 강하기 때문에 그래서 종류가 다양해졌다고 합니다.
　미국에도 쌀보다는 밀가루나 감자가 주식인 서양민족이 더 많이 살고 있으며 시장에서 파는 감자도 그 모양이나 색깔이며 맛과 크기가 각각 다릅니다. 튀기면 맛있는 감자, 삶으면 맛있는 감자, 구우면 맛있는 감자, 국을 끓이면 맛있는 감자 등 감자마다 맛이 다릅니다.

다민족이 함께 사는 미국은 민족마다 입맛이 다르므로 그래서 감자의 종류도 다양한가 봅니다. 그런가 하면 같은 미국이라 해도 땅이 넓으므로 기후와 풍토가 많은 차이가 나며 따라서 그 차이만큼 같은 종자라 해도 알게 모르게 맛이 다릅니다.

자갈밭이나 척박한 땅이 아닌 기름진 땅에서 재배되어서 그런지 한국에서는 볼 수 없는 큰 감자가 대량생산되고 있으며 대부분 다 잘 생겼습니다. 자갈밭에서 생산되는 감자에 비해 잘 생겼다는 것이지 감자가 잘 생겨봤자 감자 아니겠습니까?

한국의 산중 사찰은 대부분 채소밭을 많이 가지고 있으며 하지(夏至) 무렵에 감자를 캐곤 합니다. 감자를 캐다 보면 감자와 돌이 붙어 있는 것도 있고 감자가 돌을 감싸고 있는 것도 볼 수 있습니다. 그런 감자는 아주 못생겼으며 물로 씻기도 어렵고 껍질을 벗기기도 보통 일이 아니었습니다.

감자는 물렁한 몸으로 강한 돌을 밀어낼 수가 없다 보니 찌그러지면서 비껴 자라고, 미워도 돌에 몸 맞추어 가며 어쩔 수 없이 살아갑니다. 태어나자마자 험한 세상을 만났기에 자기 뜻대로 자랄 수가 없으며 몸이 돌 모양대로 움푹 들어간 곳이 감자의 가슴이요 삶의 모습입니다.

하필이면 그 자리에 씨가 심어져 뿌리를 내릴 수밖에 없는 인연을 한탄해본들 돌들이 너그럽게 비켜줄 리 만무합니다. 자신의 불행을 알면서도 자리를 옮길 수 없는 감자는, 그 불행을 운명적으로 받아들이고 부딪치며 감싸 안을 수밖에 없습니다. 감자 잎이 비바람에 뒤척일 때마다 아픔도 커지며 짓눌리는 돌 모양으로 몸도 자랍니다.

어쩔 수 없이 강한 돌과 더불어 살아야 하고 그 당하는 아픔만큼 흉터가 커지기 때문에 돌밭감자가 예쁘지 않습니다. 물론 좋은 조건에서 자라는 감자도 있지만 돌밭감자는 대부분 서로가 신음 소리를 들으며 그렇게 살아갑니다.

생각지도 아니한 시련과 갈등 속에서 미운 정 고운 정의 맛이 들었기에 그래서 감자 맛이 팍팍한가! 봅니다. 감자는 꽃을 따주어야 맛이 들어가고 더 굵어지며 하얀 감자 꽃은 캐보나 마나 하얀 감자요, 자주 꽃이 피었으면 자주감자입니다.
감자가 꽃을 피워 아름다움을 자랑하는 것은 식물의 생태에 형식을 갖출 뿐 오직 뿌리에 근본을 두고 뿌리로 번식을 합니다. 감자는 비록 자기가 태어난 고향이라 해도 한 생을 더불어 살아가는 것일 뿐 자신의 소유나 독립된 공간이 없다는 걸 잘 알고 있을 겁니다.
세 조각 네 조각으로 갈라져도 각각 살아남기 위해 여기저기 움푹한 곳에 씨눈을 감추고 있습니다. 조건만 맞으면 싹을 틔우고 제 몸을 썩혀서 거름을 만들어 다시 성장하며 그래서 봄 감자 싹눈에는 독이 있고 그 독은 자신을 지키기 위해서입니다.

6·25 전쟁 후에 우리나라 사람들은 전쟁도 무서웠지만 전염병과 가난이 정말 싫었습니다. 고향을 떠나고 싶어 떠난 것이 아니라 애향심이나 애국심보다는 우선 살아야 했기 때문에 떠났습니다.
독일 광부로, 간호사로, 중동 건설현장으로 나가야 했고 그것도 영어나 독일어를 어느 정도 할 수 있고 자격증이 있어야 뽑혀서 떠났습니다. 어떤 아이는 입양아로 고국을 떠나 타 민족의 자식이 되었으며 어떤 분은 한국전쟁에 참전했던 연합군과 결혼을 하여 고국을 떠났습니다.

　그 시대는 특별히 가문이나 머리가 좋아야 유학을 갈 수 있었으며 유학생도 스스로 생활비와 학비를 벌어가며 공부를 해야 하는 어려움을 겪었습니다. 일자리가 없어 살길이 막연한 젊은이들은 부강한 나라에 이민을 갈 수만 있으면 우리나라를 떠났습니다.

　많은 가족들이 뿔뿔이 헤어졌으며 오랫동안 가족과 떨어져 살다보니 외로웠고 그리하여 많은 기성세대가 청춘을 노동과 허기와 그리움으로 보냈습니다. 고국을 떠난 사람들은 고생을 많이 했지만 대부분 남다른 노력으로 자리를 잡고 차츰 고향의 가족들도 살리게 되었습니다. 그리고 조국의 경제발전에도 많은 공헌을 했고 지금도 대부분 조국을 꾸준히 후원하고 있습니다.

　어느 날 백인 노부부가 흑인아버지와 한국어머니 사이에서 태어난 입양아를 데리고 문수사에 찾아왔습니다. 대학에 다니는 처녀애였으며 한국에서 편지가 왔는데 뜯어보니 한국말이라서 번역을 부탁하고자 찾아왔다는 것입니다.

　겉봉의 주소는 대필해준 듯 영어로 쓰여 있었지만, 편지 내용은 한글로 쓰여 있었습니다. 좀 서툰 글씨의 편지는 "영자야 미안하다. 용서해다오"로 시작하고 있었습니다.

"너무 가난하여 너를 키울 수가 없어서 미국으로 두 살 때 양자 보낸 니 어미다.
너희 아버지는 군인이었으며 귀대 명령받고 미국으로 귀국하고선 그 후 지금까지 소식이 끊겨 찾을 길이 없구나.
그래도 너희 아버지나라 미국은 부자나라라고 하니 미국에서 사는 것이 너를 위하는 길이라서 양자를 보냈다. 가난도 가난이지만 우리나라에선 검은 피부색의 혼혈아는 따돌림 받는 시대였으므로 어쩔 수 없이 너를 위해 보냈단다.
그 후로 니 어미는 온갖 허드레 일을 다해가며 살다보니 이젠 가난은 면했으나 그 대신 건강을 잃었다. 너와 헤어질 때의 찢어지는 아픔이 한평생 병의 씨앗이 되었는지 병원에서 위암이라는 진단이 나왔다.
죽어도 너에게 용서를 빌고 죽어야 눈을 감을 수 있겠는데 건강상 비행기를 탈 수 없어 이렇게 편지로 용서를 구한다."

눈물겨운 사연들이 너무나 가슴을 아프게 하고 있어, 편지를 읽다가 울먹이다 멈추곤 다시 목이 메어 눈물로 통역을 했습니다.
이민 간 우리 민족은 한때는 감자같이 살아왔고 감자가 쪼개져도 씨눈으로 다시 싹을 틔우듯 그렇게 살아났습니다. 살아남은 감자 씨가 많은 감자를 주렁주렁 매달 듯 세계 각국으로 진출하여 앞서가는 삶을 살며 후손도 잘 이어 가고 있습니다.
사계절이 있는 우리나라 사람들은 세계 어느 곳에서나 적응을 잘하고 머리도 좋고 근면 성실하므로 대부분 다 잘 살고 있습니다. 특히 유학이나 이민도 미국으로 제일 많이 왔고 각계 각 분야에서 큰 역할을 하며 훌륭하게 사시는 분들이 많습니다.

중국의 임제 선사의 가르침 중에 '수처작주 입처개진(隨処作主 入処皆真)'이란 말씀이 있습니다.
'언제 어디서나 주체적인 사람이 될 수 있다면 그가 사는 곳이 모두 참된 곳이다' 라는 뜻입니다.

행복은 자신이 찾아야 하고, 세상과 환경을 탓하기 이전에 자주적으로 개척하며 지혜롭게 살아간다면 어디에서나 독립할 수 있고 주인이 될 수 있습니다. 순금보다 합금이 더 강하듯이 같은 민족끼리만 모여 사는 곳보다 다양한 민족이 사는 국가가 경쟁에 의해 더 발전적입니다.

일요법회 때 '관심 있는 자가 주인이 된다' 라는 주제로 법문한 적이 있습니다.

정치에 관심 있는 자는 정치인이 되고, 군에 관심 있는 자는 군인이 되며 학문에 관심이 있는 자는 학자가 됩니다. 종교나 학문이나 경제나 명예나 건강 등 모두가 관심 따라 가며 관심에 의해 그 분야의 명인이 됩니다. 개인의 노력과 능력으로 세계 어느 곳에서나 주인이 되어야 한다는 주제였습니다.

달마대사는 〈관심론〉에서 '觀心一法 摠攝諸行(관심일법 총섭제행)' 이라 했습니다. 즉 '마음 한 가지 법만 잘 관찰하면 그곳에 모든 수행이 다 포함되어 있다' 라는 뜻이지요.

민들레 같은 우리 민족

　사월 초파일 무렵이면 민들레의 잎이 풋풋하게 자라고 곧 이어서 꽃대를 쑥쑥 올려 노랗게 예쁜 꽃을 피웁니다. 봄이면 일찍부터 흔하게 볼 수 있는 꽃으로, 꽃 피우자 며칠 내로 신속하게 씨앗을 익힙니다. 무수한 씨앗을 솜사탕같이 맺으며 씨앗마다 은빛날개를 달고 바람 따라 정처 없이 날아가 각각 독립합니다.
　어느 곳에서 새로운 자리를 잡아 새싹을 틔울 수 있을지는 씨앗도 모르며 바람이 내려주는 곳이 흙이면 어느 곳이나 정착합니다. 풀밭이나 시멘트나 아스팔트나 틈 속에 흙만 있으면 가리지 않으며 아무리 메마르고 척박하며 험준해도 뿌리를 내립니다.
　한국의 민들레나 이곳 보스턴의 민들레나 그 모습 그대로이며 다르지 않기 때문에 꽃 피기 전에 캐서 나물로 해먹습니다.

　우리 민족은 추운 나라에서도, 더운 나라에서도, 사막의 나라에서도 우기의 나라에서도, 섬나라는 물론 지구촌 어디에서나 대부분 잘 살고 있습니다. 민들레를 볼 때마다 억척스럽고 강인한 우리 민족의 생활력과 슬기가 비교되어 봄이면 눈여겨봐 지곤 합니다.
　조상 대대로 이어받은 우리나라에서도 잘 살기가 어려운데 하물며 문화나 언어가 다른 나라에서 정착하기란 결코 쉬운 일이 아닙니다.

인은 직접적이고 연은 간접적이며 모든 것이 연생(緣生) 연멸(緣滅)합니다. 콩은 인이고 그 콩 속에는 많은 뿌리와 줄기와 가지와 잎 그리고 꽃과 열매가 열릴 수 있는 성분이 들어 있습니다. 기후와 땅과 수분과 거름이 갖추어진 콩밭은 연이며 좋은 조건에 심고 잘 가꾸어 주면 수많은 콩이 열립니다.

그러나 그 콩을 땅이 아닌 아스팔트나 물속을 비롯하여 햇빛이 없는 곳에 심으면 싹을 틔우지 못합니다. 또한 그 콩이 콩나물 집에 가면 콩나물이 되고 두부 집에 가면 두부가 되며, 떡집에 가면 콩가루가 됩니다.

민들레 씨는 바람 따라 날지만 사람은 의지대로 살아가니 자신의 인과 선택의 연이 그만큼 소중하다고 봅니다.

큰 건물의 출입문은 대부분 문이 두 개요 양쪽 문 다 여닫을 수 있게 달아놨습니다. 오른쪽 문은 오른손으로 열면 열기 쉽고 왼쪽 문은 왼손으로 열면 열기가 쉽습니다. 양쪽 문이 있는데도 한쪽 문은 고정해놓고 한쪽 문만 사용하는 문도 많이 있습니다.

사람 마음도 자유롭게 여닫는 사람이 있는가 하면 어느 한쪽을 닫아놓고 한쪽 마음만 여는 사람이 있습니다. 즉 이타적인 마음은 닫아놓고 이기적인 마음만 인색하게 쓰는 사람이 있습니다. 이기적인 마음과 자리이타적인 마음은 왼쪽 문과 오른쪽 문 차이나 다름없습니다.

문턱 하나만 넘으면 안과 밖이 달라지듯이 우리의 인생관도 한 생각 차이에 의해 세상이 달라집니다. 우리의 마음밭에는 부정적인 씨앗도 있고 긍정적인 씨앗도 있습니다.

　어떤 씨앗에 물을 주어 싹을 트게 하고 거름을 주어 꽃을 피울 수 있는가는 자신의 확고한 신념에 달려 있습니다. 마음이 너그럽고 뜻있게 살아가는 사람은 하는 일마다 자기도 모르게 남을 돕게 됩니다.

　관계란 서로 간에 길들이는 것이며 길들이고 나면 이제까지 나와 아무런 상관이 없었던 대상도 의미 있게 다가옵니다. 인연을 소중히 하여 언제 어디에서나 삶의 현장에서 자기를 필요로 하는 역할을 해야 한다고 봅니다.

　세계의 경제도시인 뉴욕에 가면 대부분 경제에 대해 말하고, 미국의 정치도시인 워싱턴 D.C.에 가면 정치이야기들을 많이 합니다. 보스턴은 교육도시라서인지 할아버지 할머니도 학교 이름을 줄줄 외우며 어느 동네가 학군이 좋다는 등 교육에 대한 관심도가 무척 높은 곳입니다.

　머리 좋고 인내력이 강하며 날씨나 계절 및 환경에 잘 맞춰가며 지혜롭게 살아가는 우리 민족이 민들레를 연상하게 합니다.

금맥과 같은 시간

　값비싼 금시계나 값싼 전자시계나 여자시계나 남자시계나 시간은 같이 가며 값비싼 시계를 찼다고 해서 행복한 시간을 주지 않습니다. 값싼 시계를 찼다고 해서 봄이 빨리 오거나 가을을 천천히 가게 해주지 않으며 시간은 누구에게나 공평하게 날마다 24시간을 줍니다.

　시간이 곧 금이지만 황금이나 현금보다도 더 중요한 것은 바로 지금이며 황금이나 현금은 있다가도 없고 없다가도 있을 수 있습니다. 그러나 지금이 지나가면 다시 오지 않으며 그래서 지금 이 시간을 얼마나 값지게 갖느냐 아니면 놓치느냐에 의해 인생사에 차별이 생깁니다.

　그 시간이 흘러가면서 어리석은 사람에게는 괴로움을 주고, 게으른 사람에게는 가난을 주며, 과로하는 사람에게는 피로와 병을 줍니다.

　그러나 생각을 돌이켜 그 시간을 잘 활용할 줄 알게 된 사람에게는 새로운 세상이 열리게 됩니다. 게으른 사람이 부지런한 사람으로, 악한 사람이 선한 사람으로, 인색한 사람이 베푸는 사람으로, 어리석은 사람이 지혜로운 사람으로 바뀝니다. 우리의 마음속에는 의

욕적인 밝은 생각도 있고 망설이고 두려워하는 어두운 생각도 있습니다.

어떤 지식을 통한 경험과 밝은 정보에 의해 투자하는 시간과, 어설프게 알고 무모하게 투자하는 시간의 대가는 차이가 크게 납니다. 괴로운 세상을 돌고 돌 것인가, 아름다운 세상을 가꾸고 꽃피워 갈 것인가는 자신의 의지에 달려 있습니다.

교육은 모르고 있는 것을 알 수 있도록 가르치는 것을 의미하지만, 생활은 아는 것을 직접 실행하며 사는 삶입니다. 시간이 곧 금이므로 시간을 헛되게 낭비하지 않고 타인과는 물론이요 자신과의 시간약속을 잘 지키며 값지게 살아야 한다고 생각합니다.

어떤 것이 중요하고 먼저 해야 할 일인지 잘 알면서도 실천 못하고 늘 바쁘다며 뒤로 미루고 자기가 좋아하는 것만 반복하기 쉽습니다. 일시적인 감정이나 익혀진 습관대로 끌려가는 삶을 살면서도 그럴듯한 변명으로 자기를 합리화 시킵니다. 자신에게 제일 큰 적은 남이 아니라 바로 자신의 게으름이며 스스로 자포자기하는 정신 상태입니다.

나이가 들어갈수록 남이 나를 속이는 것보다 오히려 자신이 자신에게 속고 살아 왔음을 알게 되는 것 같습니다. 지나고 나면 후회스런 일들이 생기곤 하는데 판단 부족이었을 때도 있었고 지금 해야 할 일을 미루다 기회를 놓칠 때도 있었습니다.

이 세상은 본래 행복한 곳도 아니오, 괴로운 곳도 아니며 어떻게 살아가느냐에 의해서 행복해질 수도 있고, 불행해질 수도 있습니다.

세상 탓보다 먼저 자신의 세계를 자신이 형성해가고 있으므로 행위에 의해 예쁜 사람도 미운 짓 하면 미워지고, 못생긴 사람도 좋은 일 하면 훌륭해 보입니다. 흘러가는 세월 속에서 마음을 어떻게 씻어 가느냐에 의해 범부도 되고 성인이 될 수도 있으며 내생사도 결정되어 간다 합니다.

스위스의 대 교육자 페스탈로치(Johann H. Pestalozzi)는 '신앙 없는 교육은 인간을 교활하게 만든다' 라고 했습니다.
어려서부터 일류만을 지향하며 비정한 경쟁 속에서 자라온 사람은 가슴에 여백이 없다는 말이 있습니다. 갈수록 삶이 왜 이렇게 바쁜지! 그리고 머릿속은 무슨 생각이 그렇게도 복잡한지!
이렇게 살아야만 하는가, 이게 아닌데, 하면서도 별 변화 없이 반복되고 있습니다. 숨 가쁘게 사는 사람일수록 자신을 되돌아보는 성찰의 시간이 없고 거미줄에 걸린 나비처럼 바쁜 스케줄에 걸려 파닥입니다.
어떤 사람은 정치인이 아닌데도 만나는 장소에만 가면 으레 정치 이야기를 하고, 목소리가 커지며, 혼자서 이야기 다 하려고 합니다. 불필요한 대화로 남의 시간을 빼앗는 관계는 멀어질수록 좋고, 교훈을 주는 관계는 가까울수록 좋습니다.
열심히 노력해야겠지만 때로는 자신도 쉬고 주위 사람도 쉴 수 있는 대화나 아니면 머리 아픈 일에서 풀려날 수 있는 자신만의 명상 시간도 필요합니다. 우리의 몸을 자주 씻듯이 자기 마음을 맑게 하는 수련이 필요하며 쫓기는 시간에서 가끔씩은 여유와 홀가분한 시간이 필요합니다.

숨 가쁘게 사는 사람일수록 자신을 되돌아보는 성찰의 시간이 필요하며 그럼으로써 주관적인 자신을 객관적으로도 살필 수 있습니다. 고귀한 삶을 게으름으로 인해 궁색해지거나, 지나친 과로로 병을 불러들이지 말고 지금 이 순간 금맥(金脈)과 같은 시간을 잘 파고들어가야 합니다.

행복은 밖에서 주어지는 것보다 안에서 느끼고 찾아야 하며 선택과 함께 그 길을 의도적으로 찾아가야 합니다.

어려움 속에서
도전의 영혼이 깨어난다

'마 데바 와두다'의 우화를 보면, 신(神)이 인간 위에서 살았던 시절이 있었으며 그때는 인간의 소원이 소박하여 무슨 소원이든 다 들어 주었다고 합니다. 그러나 갈수록 사람들이 욕심을 부리기 시작하더니 언젠가부터는 소원이 한도 끝도 없이 많아졌다고 합니다.

모든 사람의 소원을 다 들어줄 수 없음은 물론이오, 한 사람의 욕심도 다 채워 줄 수가 없다는 것을 신이 뒤늦게 알았습니다. 그래서 '신(神)'이 견디다 못해 인간이 살지 않는 다른 세계로 떠나면서 "'신'의 능력을 다 주어도 인간은 만족하지 못할 거야"라는 말을 했다 합니다.

'신(神)'이 인간의 소원을 다 들어주었을 때 하루는 호두나무 과수원 주인이 신을 찾아가 소원을 말했습니다.

"저에게 날씨를 제 마음대로 할 수 있도록 일 년만 맡겨 주실 수 없겠습니까?"

"왜 날씨를 맡겨 달라고 하느냐?" 하고 신이 물었습니다.

"제가 호두나무 과수원을 가지고 있다는 걸 잘 아시지 않습니까?"

"그야 물론 알고 있지!"

"해마다 호두나무가 봄에 꽃을 피우기 시작하면 비바람이 휘몰아쳐와 꽃이 무수히 떨어지고 또한 벌 나비가 정받이를 하는데 방해를 무척 많이 받습니다. 어찌 그뿐이겠습니까? 어렵사리 열린 호두도 늦봄이면 어김없이 오는 혹심한 가뭄 때문에 호두 키우는데 어려움이 이만저만이 아닙니다. 가뭄으로 많은 호두가 떨어지는 그 속에서도 강한 호두만이 많지 않게 달리지만, 여름에 장마가 계속되다 보면 일조량이 부족하여 냉해의 피해도 적지 않습니다. 그러다가 초가을이면 태풍까지 불어와 호두를 호되게 떨어뜨리기도 하고 가지를 마구 부러뜨립니다. 심지어는 큰 나무의 허리를 꺾어놓거나 뿌리째 뽑아 넘어뜨리기까지 함으로 그런 날씨 때문에 피해가 막대합니다. 그러니 저에게 일 년만 날씨를 맡겨 주시면 호두 농사를 잘 짓고 돌려 드리겠습니다."

과수원 주인의 이야기를 묵묵히 듣고 있던 '신'이 일 년 날씨를 과수원 주인에게 맡겨주었습니다.

과수원 주인은 '신'에게 고마움의 인사를 드리고 그로부터 사계절의 날씨를 잘 조절했습니다. 햇볕과 비와 바람과 구름과 기온 등 모두를 계절에 맞춰 호두나무에 알맞게 해주었습니다.

그리고 아무 걱정 없이 태평세월을 보낸 후에 늦가을 수확의 계절을 맞이하니 호두는 대풍작이었습니다. 그는 호두알도 다른 해보다 더 알차고 맛이 좋겠지! 하고 과수원에서 호두 한 개를 따서 깨트려 보았습니다.

이상하게도 알맹이가 들어 있지 않고 껍질뿐이라서 다시 또 하나를 따서 깨트려 보았지만 이번에도 마찬가지였습니다. 당황한 마음으로 계속해서 깨뜨려 봐도 호두마다 알맹이가 들어있지 않아 과수원 주인은 너무나 황당하여 '신'에게 허둥지둥 달려갔습니다.
"왜 호두 속에 알맹이가 들어 있지 않습니까?" 하고 여쭈어 봤습니다.
신이 빙그레 웃으시면서 "어려움이 없으면 실속도 없느니라. 알맹이란 비바람 치는 폭풍도 이기고 가뭄 같은 갈증도 견뎌야 하며 기온 차이 같은 몸살도 겪어야지 껍질 속에서 도전의 영혼이 깨어나 알이 차는 것이다."

그동안 '날마다 좋은 날이 되도록' 기도해 왔지만 좋은 날이 있었는가 하면 아픈 날도 있었고, 어려운 날도 있었으며, 슬픈 날도 있었습니다. 그런 일들이 어쩌면 겪어야 했던 과정이요, 업장의 길이였으며 한편 그 고난을 잘 극복해왔기에 고목이 되도록 이렇게 꺾이지 않은 것 같습니다.
맑은 날씨가 좋지만 맑은 날씨만 계속되어도 가뭄으로 모두가 타 죽게 되며 비도 오고 바람도 불며 봄여름 가을 겨울의 사계절이 있어야 살기 좋은 곳입니다.
부지런함(勤)은 가난을 이기고, 참음(忍)은 불행(禍)을 이기며, 삼가함(愼)은 해로움(害)을 이기고, 윤리와 도덕(戒)은 재앙(災)을 이긴다고 했습니다.

  가난하다고 탓하지 마라. 나는 들쥐를 잡아먹으며 연명했다.
  작은 나라에서 태어났다고 말하지 마라.
  나의 병사들은 적들의 100분의 1, 200분의 1에 불과 했지만 세계를 정복했다.

배움이 없다고 탓하지 마라. 나는 내 이름도 쓸 줄 몰랐지만 남의 말에 귀 기울이면서 현명해지는 법을 배웠다.
너무 막막해서 포기한다고 말하지 말라. 나는 목에 칼을 쓰고도 탈출했고, 뺨에 화살을 맞고도 살아났다.
―『CEO 칭기스칸』중에서

불가사의한 영혼의 힘, 기도

종교를 믿는 사람이나 믿지 않는 사람이나 누구든지 소원이 있을 때는 기도를 합니다. 기도는 모든 종교의 기본이지만 그 형식은 다르며 어떤 방법이 더 좋다는 과학적인 근거는 없습니다.

기도는 정성을 들이게 하며 간절하게 하면 할수록 어떤 한계를 넘게 해주는 불가사의한 힘이 생깁니다. 희망적으로 나아갈 수 있도록 믿음을 주고 문을 열어주며 개체에서 전체에 이르게 하는 통로를 밝혀줍니다.

눈은 겉만 보이고 귀는 소리만 들리므로, 참으로 중요한 것은 마음으로 보고 가슴으로 들어야 합니다. 사람의 몸에 영양이 필요하듯 우리 영혼에도 기도가 필요하며 기도로 맑게 밝힌 마음으로 보면 올바른 길이 보입니다.

어느 땐 삶이 힘들고 절망적일 때가 있어 지금 하고 있는 일에 대해 의미를 잃고 의욕을 상실할 때도 있습니다. 그런 때는 침묵 속에서 괴로움의 원인이 무엇인지 밝혀내야 하고 그 원인을 기도로 풀어가야 합니다.

기도를 하다보면 해답이 풀리기도 하고 자기도 모르게 재난이 피해가기도 합니다. 때로는 닥치지 않은 위험도 예감하여 방지하게 하며 방심하고 있는 마음을 다시금 챙기게도 합니다.

기도(祈禱)는 새로운 각성으로 다시 시작하게 하고 좋은 기회를 주도적으로 찾게 합니다. 또한 기도나 참선은 필요한 정보에 더 집중하게 하며 맑은 정신으로 추구하게 하고 받아들이게도 합니다.

기도하면 염력(念力)이 생기고 그 염력의 에너지는 거리를 초월하여 영적으로 통하게 합니다. 기도는 희망을 갖게 하고 희망은 가능성의 확신이며 마음으로 오랫동안 그리면 현실은 그린대로 그려집니다. 다만 중요한 것은 정성을 쏟아 열심히 하다 보면 알 수 없는 가능성의 에너지가 생기고 영향력을 갖게 합니다. 누구나 할 수 있다는 희망을 가지고 기도하다 보면 어느 정도의 좋은 결과를 얻게 됩니다.

어떤 종류의 과제든 마음속으로 어떻게 할 것인가를 생각하고 연습하면 실제 상황에서 쉽게 해결할 수 있습니다. 이미 두뇌는 그 일을 하기 위해 수련을 해왔으므로 에너지가 충전되어 있고 정신도 집중되어 있으며 몸도 이미 따라가고 있기 때문입니다.

기도는 겸허하게 받아들이고 참회하게 하며 지향하는 일마다 경이로운 힘과 지혜를 밝혀줍니다. 번뇌 망상을 통해보면 그와 연관되어 헛되이 보이며 산란한 마음으로 보면 보이는 것마다 흔들려 보입니다.

기도를 어느 정도 하다 보면 몸도 힘들고 망상도 더 많이 떠오르고 오히려 의구심이 생겨 포기하는 예가 많습니다. 그런 저런 정신적인 고뇌를 극복하고 나면 차츰 편안해지며 생각이 집중되면서 믿음이 점차 갑니다.

기도는 불가사의한 영혼의 힘이 있으며 자기 능력의 한계를 넘게 하는 신비로움이 있습니다. 기도는 복잡한 형식이나 차원 높은 종교의 교리가 필요한 것은 아니며, 희망을 갖게 하고 그 희망은 가능성에 대한 확신을 갖게 하며 그것을 위해 최선을 다하게 합니다.

뭔가를 성취하기 위해서는 목적이 있어야 하고 목적이 있으면 관심이 생기며 관심은 눈과 귀를 열어 줍니다. 자신의 생각이 곧 자신의 길이므로 스스로 잡생각을 정리하여 하는 일에 집중하게 합니다.

그 마음이 안정되면 점차 맑아지면서 투명하게 자신의 분수가 보이고 주위 사람의 행위도 자기를 되비춰주는 거울이 됩니다. 점차 자신의 생활이 다스려지고 바르게 행하게 되면 주위사람도 따르고 도우며 염원하는 일이 자연스럽게 이루어집니다.

우리는 몸을 자주 씻듯이 자기 마음을 맑게 하는 수련이 필요하며 기도는 자기 자신과의 다짐이며 의지의 발원입니다.

'제법종연생(諸法從緣生)'이라 모든 법은 인연을 쫓아 생겨나므로 소원의 인(因)을 심고 기도의 연(緣)으로 성취의 과(果)를 이루시기 바랍니다.

인도의 성자 '마하트마 간디'는

'기도가 하루를 여는 아침의 열쇠이고 하루를 마감하는 저녁의 자물쇠'라는 교훈을 남겼습니다.

빨리 달릴수록
가까운 곳이 안 보인다

　새해를 맞이하여 무엇을 해야 하며 무엇을 할 수 있는지 스스로에게 물어 봅니다. 경험을 통해 얻게 된 어느 정도의 가능성은 새롭게 시도할 수 있게 하며 용기를 갖게 합니다.
　건강한 몸으로 더 많은 생산의 손이 되게 하고 서로 협조하여 뜻 있는 일을 이룩할 수 있도록 기도하며 살고자 합니다. 동녘 하늘에 떠오르는 하나의 태양이 온 세상을 밝혀주고 등대 하나가 많은 뱃길을 인도합니다.
　한 자루의 촛불이 기도하게 하고 한 송이의 꽃이 주변에 아름다움과 향기를 줍니다. 한 가지의 희망은 의욕을 다시 불러일으키고 한 사람의 지혜는 많은 사람을 일깨워 줍니다.
　이렇게 하루 이틀 살고 있는 현재의 삶이 영원으로 이어지는 업력이 되므로 바로 그 자리 그 상황에서 능력대로 기량을 발휘하고자 합니다. 그래야 공동체의 유대와 동시대의 흐름에서 함께 책임지고 서로가 필요로 하는 삶을 살 수 있기 때문입니다. 큰일이든 작은 일이든 가치가 있는 것은 노력함으로써 얻어지게 되지만 그에 따른 어려움도 적지 않습니다.

현대인은 대부분 경쟁 속에서 바쁘게 살고 있으며 그 대열의 뒤를 쫓아가다 보니 중요한 것을 많이 놓치고 있습니다. 자동차를 몰고 갈 때, 빨리 달리면 달릴수록 가까운 곳은 스쳐가지만 오히려 먼 곳은 더 잘 보입니다. 바쁘게 살다 보면 가까운 사람에게 소홀하게 되고 돌이켜 보면 자기 자신마저도 잊고 앞만 보며 살아왔습니다.

누구나 목적지를 향해 끊임없이 달려가고 있으며 최선을 다해 달려가는 것도 중요하지만 가는 과정도 중요한 것 같습니다. 바쁘게 달리다 우리는 얼마나 많은 것을 잃고 있는가, 젊음도 즐거움도 멋도 낭만도 언뜻 언뜻 다 스쳐 지나가고 있습니다.

눈에 보이지 않는 목적지만 줄곧 쫓아 가다가 어쩌다 뒤돌아보면 어떤 낯선 길을 길게 따라 왔음을 볼 때도 있었습니다. 천천히 갔거나 빨리 달려갔거나 목적지에 가까이 가보면 늙음과 병 그리고 죽음만이 기다리고 있을 뿐입니다. 삶이 힘들수록 자신을 대상으로 반조해 보는 시간이 필요한데도 바쁘게 살다 보면 맑은 시간을 잊고 살기가 쉽습니다.

어제는 지나간 오늘이요, 내일은 다가오는 오늘이므로 '오늘' 하루가 삶의 전부요 그 속에 모두가 들어 있습니다. 일이 없을 때는 마음을 맑게 하여 흐려짐을 경계하고, 일이 있을 때는 마음을 고요히 하여 분망함을 이겨내야 합니다. 자신에 대한 성찰의 계기가 없으면 직업화 되거나 어떤 관습 내지는 형식의 틀에 갇혀 메마른 삶을 살게 됩니다. 그렇게 되면 무의식적인 모방과 똑같은 행동이 반복되며 답보적인 생활이 되곤 합니다.

새로움이 없이 고정관념이나 틀에 갇힌 삶은 무의미한 삶을 의미하며 자각해서 이타 행위를 하지 않으면 삶에 가치가 없음을 알게 됩니다. 현세의 삶을 괴롭게 만드는 것도 자신이요 또한 지옥을 낙원의 세계로 바꿀 수 있는 삶도 자신에게 달려있습니다.

　괴로움을 즐거움으로 바꿀 수 있는 능력은 우리의 마음이 갖고 있지만 그 마음은 마치 고삐 없는 망아지 같아서 길들이기가 쉽지 않습니다.

　안정이나 행복은 각자 안에서 시작되며 먼저 자신이 안정되어야만 이웃에게 안정을 줄 수 있고 이타 행위도 할 수 있습니다. 누구에게나 자비심을 갖도록 해줄 수 있는 방법은 종교적인 수행이요 행복도 자신과 주변 세계와의 정신적 안정을 통해서만 성취될 수 있습니다.

　자기 마음을 잘 길들이면 그보다 더 행복을 가져다주는 것이 없다고 하며 마음이 청정해지고 무질서한 상태가 개선되면 악업은 더 이상 쌓이지 않습니다. 스스로 그릇된 행위를 두려워하게 되고 관대함과 자비로움 그리고 지혜를 바탕으로 한 행위들이 점점 향상되어 올바르게 살게 됩니다.

　바로 자기를 잘 다스리고 이타적으로 사는 사람만이 새 천년 새해를 새롭게 이루어 갈 수 있습니다. 또한 업에 끌려가면 운명에 끌려가는 삶이요, 그 반대로 지혜롭게 업을 바꾸어 가면 운명도 바뀌어 가는 삶을 살아가게 될 수 있습니다.

나이 한 살을 더 먹으며

 자동차나 선박이나 비행기 등 다양한 교통수단을 이용했어도 아니면 병실에 몸져 누워있었다 해도 다 같이 12월 31일에 도착했습니다. 기어 다니는 곤충도, 걸어 다니는 사람도, 뛰어다니는 짐승도 날아다니는 날짐승도 모두 한 해를 보내고 새해를 맞이하고자 합니다. 비단 움직이는 것만이 아니고 땅도, 돌도, 바위도, 산도, 건물들도 그 자리에서 한 해의 마지막 날까지 왔습니다.
 4기통 자동차나, 6기통 자동차나, 새 차나 헌 차나 모든 자동차는 주행 속도가 제한되어 있는 같은 길을 거의 같은 속도로 달렸습니다. 속도를 서두르는 모든 분야의 경쟁사회 속에서 앞서거나 따라잡기 위해 최선을 다 했지만 뒤처진 사람도 망년에 다다랐습니다. 숫자가 적힌 바탕을 시계바늘이 돌듯 모두가 정해진 시간 속에서 그렇게 맴돌았습니다.
 큰 것과 작은 것, 무딘 것과 날카로운 것, 약한 것과 강한 것, 높은 것과 낮은 것, 많은 것과 적은 것 등이 삶의 균형과 조화 속에서 제각각 한 몫을 했습니다.
 존재하고 있는 것은 생물이든 무생물이든 세월 속에서 다 같이 성장도 하고 낡아도 가며 소멸도 되어가고 있습니다. 동물이든 식물이든 변해가는 그 속에서 존재를 위해 본능적으로 적응하고 번식하며 유지합니다. 대부분의 동물들은 여름부터 가을 사이에 새끼들이 자라 겨울이 오기 전에 어미의 품에서 독립합니다.

논에서는 벼가 볍씨를 위해 본능적으로 씨앗을 완성시키고 나서 이젠 그 볍씨를 위해 다시 볏짚은 퇴비로 썩어가고 있습니다. 해마다 연말이면 반성하고 새해를 비장한 각오로 다시 시작하지만 크게 달라진 것 없이 금년도 해를 반복하며 나이만 덧셈했습니다.

이젠 한 살 더 먹었다는 말뜻이 남은 명(命)에서 한 살 덜었다는 뜻으로 해석되는 나이가 되었습니다. 육신도 세월 속에서 소멸되어가는 한낱 물질에 지나지 않으므로 내 몸이면서도 내가 아닙니다. 누구나 경쟁 사회 속에서 아무리 빨리빨리 서둘러 앞서 간다 해도 도착지는 죽음이요 마침내는 다음 생이 기다리고 있을 뿐입니다.

내일이 양력으론 1월 1일 새해 새아침이지만 병술(丙戌)년 음력설은 한 달 가량 남았으며 왠지 음력설을 쇠고 나야 나이가 확실해지는 느낌입니다.

우리나라에서는 설날 아침에 한 살 더 먹었다고 하지만, 중국은 더할 첨(添)자를 써서 나이를 한 살 첨했다 합니다. 그런가 하면 일본에서는 취할 취(取)자를 써서 한살 더 취했다고 하듯이 지구상에는 3000여 종의 언어가 있고, 같은 내용도 나라마다 다르게 표현을 합니다.

우리 민족은 음식뿐만 아니라 여러 분야에서 '먹는다'는 말을 많이 쓰고 있으며 나이도 한 살 더 먹었다고 하는가 하면 마음도 또한 먹는다고 합니다. 즉 마음먹기 따라 잘해줄 수도 있고, 돈도 떼어 먹을 수도 있으며 욕도 얻어먹을 수 있다고 합니다.

심리적으로는 애를 먹기도 하고, 겁을 먹기도 하며, 잡아먹으려

한다 하고 언어의 이해 면에서는 말이 먹힌다, 말이 먹히지 않는다, 귀가 먹었다고 합니다. 경제 쪽에서는 경비가 많이 먹혔다, 싸게 먹혔다, 어느 분야까지는 먹어 들어갔다고 표현합니다. 운동에서도 축구에서 한 꼴 먹었다, 어느 팀에게 골탕 먹었다, 그 권투선수가 겁 먹었다라고 합니다.

 우리나라는 역사적으로 전쟁을 많이 겪은 나라가 되다보니 농사나 산업분야에서 생산할 수 있는 젊은이들이 모두 전쟁터에 끌려갔습니다. 참전하지 않은 사람들도 당쟁싸움이요 이념주의싸움이며 사상싸움으로 좌익이니 우익이니 하면서 서로 적을 만들며 싸워왔습니다. 그래서 같은 나라에 살면서도 숨고 피해 다니거나 잡아 가두고 죽이는 치안 싸움을 반복해서 치루며 생산을 제대로 못했습니다. 설상가상으로 가뭄에 흉년까지 겹쳐 가난하게 살아왔고 굶어 죽는 예도 많았습니다. 그래서인지 우리나라의 언어에는 먹는다는 표현이 많으며 정신문화도 먹는 분야 쪽으로 더 가속화 되어 가는 것 같습니다.
 지금으로부터 이삼십 년 전만 해도 인사가 먹는 내용이었으며 '진지 잡수셨습니까', '식사하셨습니까', '밥 먹었니' 였습니다. 먹고 살기 위해 열심히 노력하면서도 수시로 도착지가 어딘지를 알아서 한 살 더 먹어야 할 것 같습니다.

바랄 망자 망년회(望年會)

　연말이면 들뜨는 분위기를 스스로 느낄 수 있으며 망년회(忘年會)에 한두 번쯤은 참석하는 사람도 있습니다. 그런가 하면 몇 차례씩 참석해야 하는 유명인사도 있고, 아예 그 쪽에는 무관심한 사람도 있습니다. 신년에 세웠던 계획을 잘 실천하여 실답게 결실을 거둔 사람은 자축 겸 자랑삼아 당당하게 자리마다 참석을 하기도 할 것입니다.

　반대로 허송세월한 사람은 비슷한 친구끼리 모여 빈 가슴을 술로 채우며 노래방을 찾아가 목청을 돋우기도 합니다. 술은 기쁠 때 마시면 더 기쁘게 하고, 슬플 때 마시면 더 슬프게 하며 화가 났을 때 마시면 더 화를 돋우는 묘한 힘이 있다고 합니다. 허전하다고 마시면 더 허전하고, 괴롭다고 마시면 더 괴롭게 하며 마시면 마실수록 더 마시게 하고 그러면서 자제력을 잃게 하는 마력이 숨어 있답니다. 『어린왕자』에 다음의 글이 있습니다.

　"뭘 하고 있나요?"
　어린 왕자는 빈 병 한 무더기와 술이 가득 찬 병을 잔뜩 늘어놓고 그 앞에 묵묵히 앉아 있는 술꾼에게 물었다.

"술을 마시고 있잖아."

술꾼은 시무룩한 표정으로 대답했다.

"왜 술을 마시는 거예요?"

어린 왕자가 물었다.

"잊어버리려고."

술꾼이 대답했다.

"뭘 잊으려고요?"

그가 불쌍하다는 생각이 든 어린 왕자가 물었다.

"부끄러움을 잊기 위해서야."

술꾼은 고개를 떨어뜨리며 힘없이 말했다.

"뭐가 부끄러운데요?"

그를 돕고 싶은 마음에서 어린 왕자가 또 물었다.

"술 마시는 게 부끄러워!"

술꾼은 더 이상 아무 말도 하지 않았다.

핑계를 대고 잊을 망자 망년회(忘年會)를 할 것이 아니라 다가오는 새해를 맞이하여 바랄 망자 망년회(望年會)를 해야 합니다. 그러기 위해선 지나간 한 해를 돌아보며 후회스런 일들을 거울삼아 더 맑고 밝은 정신으로 다가오는 새해를 맞이해야 할 것입니다.

그런데도 어떤 사람은 밤새도록 술과 잡담으로 망년회를 하고 막상 아침엔 덜 깬 잠과 혼미한 정신 상태로 새해를 시작합니다.

우리는 날마다 뭔가를 더 가지려고 노력하지만 아무리 채워도 빈 구석이 있으며, 조급한 욕망은 더 허기지고 바쁘게 하며 힘들게 합니다. 자라면서부터 경쟁을 시키고, 배우면서 우열을 따지다 보니 가슴에 공간이 없고 정서나 인간미가 메말라 가고 있습니다.

가족을 위해 경쟁사회에서 바쁠 수밖에 없으며 지지 않으려니 더 바빠지고 그러다 보니 자칫 가까운 가족에게 소홀히 하는 경향이 있습니다. 갈수록 민주주의가 자유주의로 바뀌고, 자유주의가 개인주의로 바뀌며 개인주의가 이기주의로 바뀌는 현상을 느낄 수 있습니다.

　우리는 보이지 않는 목적지를 바쁘게 쫓아 가다가 보이는 것을 얼마나 많이 놓치고 있습니까? 젊음도 건강도 행복도 그런가 하면 멋도 낭만도 다 언뜻 언뜻 스쳐 지나가고 또한 삶이 왜 이렇게 바빠졌는지 모르겠다고 푸념들을 합니다. 그리고 머릿속은 무슨 생각이 그리도 복잡한지! 잊어도 될 일은 공연히 되뇌이며 번민하고, 막상 기억해야 할 일은 오히려 잊고 있을 때가 허다합니다. 그런가 하면 몸의 리듬과 감각은 늘 새로운 세계를 지향하고 있는데 별다른 변화 없이 생활은 반복되고 있습니다.

　이렇게 살아야만 하는가, 이대로 살다가 그대로 갈 것인가, 이게 아닌데 하면서도 일시적인 감정이나 익혀진 습관대로 끌려가는 삶에서 풀려나지 못하고 있습니다.

　우리는 분에 넘치게 키우기만 하다가 건강이나 재산 또는 직위를 잃고 뒤늦게 후회하는 소식을 얼마나 자주 듣는지 모릅니다. 더 많이 가지기 위해 더 높은 곳을 올라가는 것에서 행복을 찾으려고 하면 끝이 없으며, 그래서 가치관을 어디에 두고 어떻게 살아가느냐에 따라서 삶의 의미가 달라집니다.

가까울수록 더 잘 부딪친다

　그릇끼리 가까이 있으면 부딪치고, 부딪치면 소리 나며 세게 부딪치면 금이 가거나 깨어집니다. 사람도 가까우면 가까울수록 더 자주 부딪치고 강하게 부딪칠수록 상처가 큽니다.
　멀리 떨어져 있거나 이해관계가 없든지 서로 모르고 있으면 몸도 마음도 부딪칠 일이 없으며 관심도 없습니다. 만나 본 일도 없고 간접적으로도 상관이 없으면 충돌이 생길 일이 없습니다. 자주 만나거나 같이 사는 사람끼리 성격차이나 견해 차이에 의해 갈등이 생기고 불화가 일어나며 다투게 됩니다. 부부 사이가 제일 가까우므로 제일 많이 부딪치며 싸움을 가르쳐준 것도 부부랍니다.
　부딪칠 때도 속을 채우기 위해서나 채워진 상태에서 부딪치면 불이 튀거나, 둔탁한 소리가 나기도 하며, 깨어지기도 합니다. 예를 들어 쇠와 쇠가 부딪친다든지, 돌과 돌이 부딪치거나 유리와 유리끼리 부딪치면 그런 현상이 생깁니다.

　아무리 가까운 사이라 해도 자존심이 꽉 채워진 상태에서 부딪치면 강하고 딱딱한 물건끼리 부딪치듯이 상황은 그렇게 바뀌게 됩니다. 사람도 한 사람이 감정을 못 참고 쇠같이 강하게 공격하면 한 사람은 스펀지같이 부드럽게 받아들이며 이성을 찾아야 합니다.

범종이나 목탁 또는 풍경은 속이 비어 있기 때문에 부딪쳐도 맑고 청아한 소리가 납니다. 바라는 마음이나 기대하는 마음은 곧 채우려는 마음이기 때문에 항상 부족하고 섭섭합니다.

그릇도 비워야 다시 사용할 수 있듯이 비우지 않고 채우려고만 하면 복(福) 대신 인색이 채워집니다. 아무리 비웠다 해도 쇠와 쇠끼리 부딪치면 강하기 때문에 찌그러지거나 깨어지며 소리도 자극적입니다. 때문에 쇠로 만든 종을 칠 때는 쇠망치로 치지 아니하고 쇠보다 부드러운 나무망치로 칩니다.

속이 빈 목탁은 나무로 만들었고 나무는 강하지 않기 때문에 목탁채로 치며 그때 때리는 것이 아니라 목탁을 울립니다. 부모가 자식에게 조건 없이 베풀 듯 속을 비우는 목소리는 종소리와 같이 맑은 울림이 되어 메아리로 되돌아옵니다.

성격은 좋은데 멍청하고 게으른 사람이 있는가 하면, 부지런하고 영리하지만 눈 속이고 꾀를 살살 피우는 사람이 있습니다. 아랫사람이 잘못을 반복하면 당연히 타일러야 하지만 그때 화부터 내면 자칫 자기가 이성을 잃기 쉽습니다.

자기 버릇도 못 고치면서 남의 버릇을 고치려다 오히려 상충되고 대립되며 지나치면 원한으로 이어집니다. 자신부터 베풀고 용서하는 마음에서 너그러워야 하며 평소에 귀감이 되어야 상대도 받아들입니다. 물건을 사용하되 쇠 그릇을 사용할 때와 사기그릇을 사용할 때와 유리그릇을 사용할 때 그 사용 방법이 각각 다릅니다.

인간관계도 큰 그릇인지, 작은 그릇인지, 귀한 그릇인지, 흔한 그릇인지 즉 어떤 인품인지 알아서 대해야지 기대치가 크면 그만큼 실망도 큽니다.

　마음 상하는 일은 사람관계와 금전관계가 큰 비중을 차지하며 그 중에서도 애정과 신뢰 및 차별대우에서 오는 갈등이 많습니다. 치열하게 투쟁하는 경쟁사회에서 살다보니 여유나 정서가 없으며 그러다보니 감정이 앞서고 뒤늦게 이성이 나타나 후회하게 합니다. 감정은 가까이에서 순간적으로 나타나지만 이성은 깊숙이 자리 잡고 있으므로 찾는데 시간이 걸립니다.

　이렇게 자신의 언어나 행위를 반추해보면서 살아가다 보면 어리석음을 반복하지 않고 줄여갈 수 있습니다. 평소에 공격적인 성격은 덕(德)을 잃기 쉬우므로 감정을 길들이는 수련이 요구됩니다.

　중요한 일이 일상생활 속에 있고, 법이 상식을 벗어나지 아니했으므로 원인 없는 결과가 없으니 원인은 자기부터 찾아야 하고, 감정을 이성으로 다스리고, 지식을 지혜로 밝히기 위해선 기도나 참선시간이 필요한 것입니다.

담금질 당하는 고통이 없다면

김장을 하는데 배추나 무가 짠 소금에 절여지고 매운 고춧가루나 마늘 같이 아린 여러 양념에 담금질 당하는 고통이 없다면 맛있는 김치가 될 수 없습니다.

사람도 살아 있는 한 어려움도 있고 괴로움은 따르기 마련이며 그 갖가지의 역경은 양념 맛처럼 인생의 맛과 멋을 점차 익어가게 하고 철이 들게 하는 것 같습니다.

담금질을 당해도 가정이나 직장이나 사회 어디에서든지 필요한 사람이 되어야지 배추나 무를 그대로 놔두면 썩는 길 밖에 없듯이 사람도 마찬가지입니다. 역할이 부족하거나 쓸모없는 사람이 되면 마침내는 바람 든 무나 썩어 가는 배추 꼴이 되기 쉽습니다.

양념의 재료마다 색깔과 향기와 맛이 다르듯이 사람들도 생김이 다르고 견해가 다르며 행위가 다르기 때문에 일을 하다보면 곧잘 엇갈리고 대립되며 상충됩니다. 그 관계가 양념 속 같아서 그 속에 섞여 살다보면 갖가지 고초를 다 겪기 마련이요 그러나 그 고충을 극복하다 보면 새로운 맛이 상생하며 살맛나게 합니다.

동료들이 그 일을 대부분 부정적으로 생각하고 반대한다면 처음부터 다시 시작해야 할 과제이지만 그럴수록 과거 경험을 되살려 지혜롭게 풀어 가야 합니다.

순간마다 자신이 지금 무엇을 하고 있는지 밖으로 향하는 마음을 안으로 돌이켜 볼 수만 있다면 상황은 달라집니다. 지금 내가 어떤 생각을 하고 있으며 어떤 행위를 하고 있는지 자기 자신을 확인해야 합니다. 내가 지금 현명한 일을 하고 있구나, 어리석은 일을 하고 있구나, 아니면 웃고 있구나, 화를 내고 있구나 하는 것을 수시로 점검해야 합니다.

감정을 앞세우면 일도 그릇치고 먼저 자신과의 싸움에서 지게 되며 그토록 마음고생을 하셨다니 생각나는 말이 있습니다. 고생이란 낱말을 한문으로 보면 괴로울 고(苦)자에 날생(生)자였으며 태어나는 것부터가 고생이요, 삶 자체가 고생이란 뜻인 것 같습니다.

한국 사람은 인사를 할 때 '고생하셨습니다' 아니면 '수고하십시오' 라고 하는데 수고도 받을 수(受)자에 괴로울 고(苦)자를 쓰니 괴로움을 받아들이라는 뜻입니다.

근수행보살님이 고춧가루를 보내 주셔서 잘 받았습니다. 그토록 어려운 상황에서도 문수사 일 년 양념 고춧가루를 장만해주신 정성이 놀라웠고 감사했습니다. 콜로라도(Colorado Springs)에서는 고추를 심는 농장이 많은데, 일손이 부족하므로 누구나 일정한 값을 치루고 능력껏 따가게 한다니 참여해보고 싶습니다.

그리고 고추가 땅 쪽으로 매달리지 않고 반대로 하늘을 향해 치솟고 있으므로 따기가 쉽다고 하니 재미있습니다. 금강심보살님이 한국의 고추와 비슷하게 매우면서도 단맛은 더 나고 피망 향기가 배어 있는 것이 약간 다른 차이점 같다며 좋아하셨습니다.

미국에 고추를 빻는 방앗간이 있다는 소식도 처음 들어보는데 멕시코 사람들을 비롯하여 고추를 먹는 민족이 많이 살고 있음을 증명하는 것 같습니다. 금년 겨울은 품질 좋고 정성들인 고춧가루 덕택에 김장 김치뿐만이 아니라 모든 음식을 맛있게 먹게 되었습니다.

아무리 잘 차린 식탁이라 해도 김치가 빠지면 싱거운 식탁이 되고, 별다른 반찬이 없어도 김치만 맛있으면 식사가 만족스러운 우리 민족의 식생활입니다. 어려서부터 짜고 맵게 맛 들여온 음식이 우리 입맛의 정서요 고향의 맛이 아닌가 생각됩니다.

절 김치는 젓갈이나 오신채가 들어가지 않으므로 맛이 없을 것 같은데 오히려 깔끔하고 개운해서 입맛을 돋웁니다. 양념 없이 소금물에 담근 백김치가 간만 맞으면 맛이 있듯이 절 김치도 그 이치와 같습니다. 11월 초순부터 3월 말까지 눈 속에 묻혀 사는 이곳 보스턴에서는 땅에 묻은 김칫독에서 김치를 꺼내 먹는 맛도 별미입니다.

이곳 문수사는 주차장이 넓어야 하므로 마당은 전부 아스팔트로 되어 있지만 작은 채소밭과 약간의 잔디밭은 있습니다. 유일하게 땅이 남아 있는 뒤 창고에 해마다 김장독을 묻어 왔으며 지난해부터는 김치냉장고를 들여놓고 부엌 안에서 꺼내먹다 보니 편리해서 좋습니다.

그러나 맛과 정서는 땅에 묻은 것만 못하기에 많은 양은 땅에 묻고 해가 바뀌며 추워지면 그때부터 눈 속에서 해묵은 김치를 꺼내 먹습니다. 추운 지방일수록 김치를 땅에 묻으면 깊은 맛이 오래 우러나며 묵은 김치까지 즐길 수 있습니다. 가끔씩 느끼하게 사는 사람이나 속 다르게 사는 사람을 보면 왠지 그때마다 김치찌개가 생각나곤 합니다.

대립과 절충에서 나온 맛

 메주는 계속 발효되는, 썩어가는 성분을 가지고 있지만 소금은 그 반대로 썩지 않게 하는 성분을 가지고 있습니다. 서로 정반대의 성분이 만나서 싸우는 과정은 무척 괴로울 것이며 그러면서 어쩔 수 없이 절충하다보면 곰삭게 됩니다. 그런 과정과 여과를 통해서 비로소 장맛이 우러나오며 장은 모든 음식의 맛에 기본이 되는 간을 맞추게 됩니다.
 간장을 음식물에 적절하게 넣어 간을 맞추면 짠 간장이 맛으로 바뀌고 그 맛이 우리에게 음식 먹는 즐거움과 건강을 지켜줍니다. 간장이 맛과 즐거움을 준다고 해서 음식에 많이 집어넣으면 그 음식은 짜서 먹을 수가 없으며 오히려 괴로움과 병을 줍니다. 또한 간장만 먹으면 짜서 먹을 수가 없듯이 매운 것도 그렇고 신 것도 마찬가지며 차고 뜨거운 것도 다 같은 의미입니다.

 음식을 잘 하는 사람은 짜지도 않고 싱겁지도 않게 간을 맞춰가며 맵고 시고 달고 하는 맛과 온도로 적절하게 조화를 이루어 맛을 냅니다.
 인생도 마찬가지로 삶이 괴로움인 줄 알면 괴로움에서 벗어날 수 있으며, 슬기롭게 받아들이면 사는 맛과 멋이 달라집니다. 즉 수고를 슬기롭게 하면 그 대가가 있기 마련이요 그 대가가 넉넉하고 편안하게 하며 행복하게 해줍니다. 어려운 역경을 겪고 나면 마음이 더 성숙해진다는 말이 있듯이 예부터 장맛도 숙성이 잘되어야 하며 장맛이 좋아야 음식 맛이 좋다고 했습니다.

문수사는 해마다 초겨울에 메주를 쑤었는데 이번엔 차일피일 미루다가 한 달이나 뒤늦게 12월 중순에서야 쑤게 되었습니다. 칠순 중반의 연세이신 금강심보살님의 지도하에 젊은 신도님들의 도움으로 메주를 잘 쑤었으며 그날은 재미있는 일들이 많았습니다.

매년 메주를 방에서 띄우니까 냄새가 지독하고 공기도 잘 통하지 아니하여 썩는 현상까지 생겼습니다. 여러 가지 궁리 끝에 작년에는 도서실 보일러실로 옮겨 띄우니까 온도도 적당하고 발효되는 냄새도 피할 수 있어서 좋았습니다.

메주에는 흰색과 푸른색의 곰팡이가 생기고 발효되는 냄새가 진하며 음력 섣달까지 잘 띄웠다가 정월이 되면 소금물에 담급니다. 장을 담그려면 길일을 택하였고, 장독에 인줄을 치기도 했는데 그것은 부정을 금하고 정성을 들이기 위함입니다.

좀 더 상세하게 설명하자면, 콩을 삶아 절구에 찧어 잘 짓이긴 뒤 그걸 꺼내 널빤지 위에서 네모나게 뭉쳐 메주를 만듭니다. 약간 마르도록 하룻밤을 그대로 두었다가 묶을 수 있도록 겉이 조금 마르면 볏짚이나 끈으로 사면을 함께 묶어서 따뜻한 방에 매달아 둡니다.

메주가 발효되는 기간도 2-3개월 걸려야 하며 발효기간이 길고 냄새가 지독하기 때문에 잘 참으면서 기다려야 합니다. 음력 정월쯤 발효된 그 메주를 물에 잘 씻어 다시 말린 뒤 소금물에 40-50일

가량 담가 숙성시키면 간장 맛이 우러나옵니다. 그 물을 솥에서 달이면 간장이 되고 간장을 뜬 뒤 소금물에 절은 메주는 된장이 됩니다. 메주가 소금물을 만나야 간장이나 된장이 되지 메주 그 자체만은 아무런 쓸모가 없습니다.
 한평생 살아가면서 고생을 통해 지혜를 터득하지 못하면 메주처럼 곰팡이나 냄새를 피우며 남에게 매달려 사는 삶이 될 수도 있습니다. 그러나 대립과 투쟁 및 경쟁사회 속에서 고생을 실답게 한 사람은 간장 맛 같은 성격이 형성되고 의미 있는 삶이 자타를 위하게 합니다.

 저희 은사스님이신 일타 큰스님은 저희들이 출가하여 행자생활을 할 때 실수를 해도 야단을 치지 않고 문제의 원인부터 찾게 해주셨습니다. 그러시면서 밥이 질면 촉촉해서 좋고, 밥이 되면 고실해서 좋고 밥이 타면 고소해서 좋다고 하셨습니다.
 매우면 얼큰해서 좋고, 싱거우면 삼삼해서 좋다고 하시면서도 경험은 천재보다 낫다고 하시며 같은 실수를 반복하지 않게 일러주셨습니다. 모든 음식에 간이 필요하듯이 모든 사람들에게 자비와 지혜로써 깨우쳐 주셨으며 그리하여 모두가 존경하고 따랐습니다.
 사람과 사람이, 사람과 자연이, 자연과 자연이 서로 만나서 조화를 이루고 더불어 상생하기 때문에 세상은 어김없이 돌아가나 봅니다. 그때의 만남은 위장된 겉치레도 아니요 속임수도 아니며 순리대로 진행하고 있는 흐름의 섭리라고 봅니다.

한 가지의 생각이
새로운 만 가지의 희망

　지난 늦가을에 문수사는 은행융자를 받아 옆집을 사서 확장을 했으며 새로 구입한 집 옆에 잡목 숲이 1/2에이커(약 613평)쯤 됩니다. 잡목을 베어내고 잡석들을 캐어 울타리 쪽으로 치우며 열심히 손을 보니 주위 공간도 넓어지고 보기도 좋아졌습니다. 이것저것에 가려 눈에 보이지 않던 곳을 정리하니 그 땅의 가치가 새롭게 발견되었으며 희망과 기대가 됩니다.
　쓸모없는 땅이 아니라 방치해 두었다는 걸 재발견했으며 반절씩 나누어 채전과 잔디밭으로 만들 구상을 하고 있습니다. 생활의 불편을 덜기 위해 온통 시멘트 건물과 아스팔트길로 덮여있는 도시에서 흙 밭을 일구어 놓고 보니 잃어버린 고향을 되찾은 듯 감회가 새롭습니다. 땅이 물질적 혜택만 주는 것이 아니라 정서적인 안정을 주므로 새 텃밭에 봄바람이 친환경적으로 불어오도록 준비하고 있습니다.

　흙은 뿌린 씨앗의 백 배 천 배의 이자를 붙여 거두게 하며 생명의 새싹이 흙에서 뿌리를 내려 살아납니다. 그러나 땅이 거저 이자를 주지 않으니 농사짓는 사람의 땀과 정성을 있는 대로 다 쏟아야 거기에 알맞은 이자를 붙여줍니다. 게으르면 게으른 것만큼 빼고 주거나 아예 씨앗 값도 안 나오도록 잡풀 밭을 만들며 그래서 노력이 얼마나 중요한지 그 교훈을 흙이 여실히 가르쳐줍니다.

한 송이의 꽃이 아름다움과 향기로 기쁨을 주듯이 한 평의 좁은 땅이라 해도 꽃밭이나 텃밭이 될 수 있습니다. 한 그루의 나무가 숲의 시작일 수 있으며, 한 가지의 생각이 새로운 만 가지의 희망을 갖게도 합니다.

우리의 마음도 방치해 두면 잡초 밭같이 망상이 무성해지므로 삶이 힘들수록 자신을 대상으로 하여 반조해 보는 시간이 필요합니다.

일 없을 때는 마음을 맑게 하여 흐려짐을 경계하고, 일 있을 때는 마음을 고요히 하여 분망함을 이겨내야 합니다. 자신에 대한 성찰의 계기가 없으면 직업화 되거나 어떤 관습 내지는 형식의 틀에 갇혀 메마른 삶을 살게 됩니다. 그렇게 되면 무의식적인 모방과 똑같은 행동이 반복되며 답보적인 생활이 되기 쉽습니다.

새로움이 없이 고정관념이나 틀에 갇힌 삶은 무의미한 삶을 의미하며 자각해서 이타 행을 하지 않으면 삶에 가치를 잃어버리게 됩니다. 이미 만들어진 지옥도 있다고 하지만 인간 자신이 스스로 지옥을 만들어 가고 있다는 가르침이 있습니다. 지옥을 만드는 것도 자신이요 또한 지옥을 지상낙원의 세계로 가꾸어 살 수 있는 것도 자신입니다.

지옥을 극락으로 바꿀 수 있는 능력은 우리의 마음이지만 마음은 마치 고삐 없는 망아지 같아서 길들이기가 쉽지 않습니다. 안정이나 행복은 각자 안에서 시작되며 먼저 자기 안정이 되어야만 이웃에게 안정을 줄 수 있고 이타 행위도 할 수 있습니다.
 누구에게나 자비심을 갖도록 해줄 수 있는 방법은 종교적인 수행이요 행복도 자신과 주변 세계와의 정신적 안정을 통해서만 성취될 수 있습니다. 자기 마음을 잘 길들이면 자신뿐만이 아니라 이웃을 비롯하여 온 세계를 화장세계로 바꾸어 가는 역할을 하게 된다고 배웠습니다.
 마음이 있어도 서로 열어 보일 수가 없으니 한 치 앞을 모르고 사는 것이 범부 중생의 삶이 아닌가 생각됩니다.

 누구나 자기 주변에서 도와주고 아껴 주며 지켜 주는 사람이 있다 해도 자기 가슴이 그들에게서 식어 버린다면 그는 혼자가 되고 말 것입니다. 다른 사람이 자기를 버리고 떠났을 때보다 자기 마음이 그들에게서 떠나 버린다면 그때는 절대적으로 혼자가 되고 말 것입니다.
 마음이 열리고 무질서한 상태가 개선되면 스스로 그릇된 행위를 두려워하고 악업을 쌓는 행위는 더 이상 반복하지 않게 됩니다. 관대함, 자비로움, 지혜로움에 바탕을 둔 행위들이 점점 향상 되어 올바르게 살게 되고 그럼으로써 마음이 점차 밝아집니다.
 우리의 마음속에는 게으른 마음과 부지런한 마음이 같이 있으며 그 두 가지 마음 중에 어떤 마음으로 살아가느냐가 중요한 것 같습니다.
 작은 일부터 한 가지씩 실천해 나간다면 그것이 삶의 질서요 또한 삶의 가치가 부여 된다고 생각합니다. 복은 노력에 의해 쌓이지 욕심으로 이루어지지 않으며 몸은 부지런해야 하고 마음은 한가해야 몸도 마음도 건강이 유지됩니다.

가문비 나무와 전나무

　금년 봄은 비가 너무 자주 내리고 있으며 아직도 꽃샘추위로 밤에는 서리가 내릴 때도 있습니다.
　서리 맞은 봄꽃들이 날씨에 대해 무척 수다스러우며 그래도 잎사귀들은 생명의 초록빛으로 바람 앞에 춤사위 아닌 것이 없습니다. 여러 꽃들이 새들을 불러 꽃말을 전하고 있는지 씻김굿 가락으로 새들은 목소리를 높이며 연신 깝신거립니다.
　먼저 핀 목련은 원진살을 풀고 티 없이 하얗게 피었다 졌으며. 영산홍 붉은 꽃송이는 그 열기로 어우러져 다투어 피고 있습니다. 어느 곳에서나 가리지 않고 흐드러지게 피는 민들레는 자진모리로, 모여 피는 잡풀 꽃들은 휘몰이로, 온갖 기화요초들은 추임새로 모두가 어우러져 봄이 그런대로 흥겹습니다.
　자연의 질서와 순환의 흐름은 어김없이 때를 맞춰 살아 있는 몫을 하게 하며 능력껏 살게 하고 있습니다. 계절은 순서대로 자연을 아름답게 꾸미고 있지만 바라보고 감동하는 것은 보는 이의 감정과 시각입니다.
　감상은 마음의 움직임이기에 작은 풀꽃에도 발길을 멈추게 하고 다른 곳에 생각이 있으면 아무리 아름다운 꽃이라 해도 무심히 지나칩니다.

 오늘도 뜰 앞의 나이 많은 참나무는 우둘투둘한 삶의 흔적으로 무엇인가를 한 번 더 생각해보게 합니다. 숲은 스스로 살아가는 능력을 갖춘 생명체이며 생명들이 만나서 또 다른 생명을 만들어내며 거대한 숲을 이루어 갑니다.
 나무는 서로 다른 나무와 더불어 공생하고 나무가 모여 숲이 되고 숲은 잠시도 쉬지 않고 성장해 가고 있습니다. 나무들은 서 있는 그대로가 삶이요 사람들이 옮기지만 아니하면 태어난 그 자리에서 평생을 삽니다.
 서 있는 그대로 나무는 초록빛과 아름다운 꽃 그리고 향기와 신선한 공기로 모두에게 필요한 것을 아낌없이 베풀고 있습니다. 한 그루의 나무에는 많은 것이 관계되어 있으므로 먼저 뿌리를 내릴 수 있는 대지가 있어야 합니다. 습기와 거름이 있고 땅 기운을 비롯하여 많은 생태계가 생존할 수 있는 땅이어야 합니다.
 하늘은 나무가 자랄 수 있는 빈 공간이 있으며 해와 달과 별빛이 반짝이고 바람과 비구름이 오고갑니다. 나무는 한순간도 다른 어떤 것과 분리될 수 없으며 나무의 형태 또한 매 순간마다 알게 모르게 변해가고 있습니다.

 나도밤나무라는 나무는 천천히 자라는 대신 토양의 산성화를 막아 주고, 어린 전나무는 그늘을 좋아해 훌쩍 큰 가문비나무 그늘에서 더욱 잘 자랍니다. 가문비나무는 뿌리를 깊이 내리지 못하고 옆으로만 뻗으므로 바람에 취약합니다. 그러나 전나무가 든든한 뿌리로 받쳐 주기 때문에 폭풍에 쉽게 넘어지지 않으며 그렇게 나무들은 서로 더불어 의지하고 도와가며 공존합니다.

　이와 같이 나무뿐만이 아니라 일체 만물은 서로 상호상관관계 속에서 존재하며 끊임없이 찰나찰나 생멸을 거듭하고 있습니다.

　우리 인간도 마찬가지며 그 생멸 속에 영속되어 온 업력과 현재의 의도적인 행위에 의해 그 업도 바뀌어 갑니다. 그 업의 결과는 직접 또는 간접적으로 나타나기도 하며 빠르거나 늦게 나타나는 시간차가 있을 뿐 인과는 분명합니다.

　한 그루의 나무는 결코 숲이 될 수 없습니다. 나무와 나무가 모여야만 숲을 이루듯이 인간사회의 숲도 맑고 푸른 정신으로 뜻을 함께할 때 지상낙원이 이루어집니다.

　지난해 어느 날 일본인 신도님(山上雅致)이 스스로 찾아와 전공이 정원사(庭園師)라며 자신을 소개했습니다. 그날부터 자진해서 절 주위의 울타리를 깨끗하게 정리하기 시작했으며 일없는 날은 주중에도 오서서 일을 했습니다.

　방해되는 나무들을 베어내고 누적된 쓰레기도 치우다 보니 주위 공간이 깨끗해졌으며 자투리땅이 정원으로 바뀌고 있습니다. 잡풀을 뽑고 꽃을 심고 있으며 빈 공간이 생겼으므로 요즈음 품종 좋은 묘목을 사다가 새롭게 조성하고 있습니다. 그 신도님의 수고로움이 우리 모두의 눈과 마음을 즐겁게 해주고 있으니 참으로 감사한 일이 아닐 수 없습니다.

채소밭이 베푸는 삶의 기쁨

　교장선생님이신 저희 아버지는 집에 꽃밭을 잘 가꾸셨으며 어디서 구해 오시는지 희귀종 나무와 예쁜 꽃을 많이 심으셨습니다. 누구나 우리 집에 오면 넓게 잘 가꿔진 꽃밭을 보고 무척 부러워했으며 가을이면 꽃씨도 받아가고 꽃나무도 분양받아 갔습니다. 그러나 할머니는 그 꽃밭에 공간이 있으면 그 사이에 채소를 가꾸셨으며, 아버지는 채소를 뽑지 못하시고 할머니는 꽃을 뽑아내지 않으셨습니다.

　할머니께서 꽃밭을 파헤쳐 채소 씨를 심고 가꾸실 때마다 손자인 저는 "할머니 여기는 꽃밭이에요" 하고 말씀드렸습니다.

　그때마다 할머니는 "배부른 소리 말아라. 꽃이 밥 먹여 주냐?" 하시며 야단을 치셨습니다.

　"우리 채소밭에는 채소가 많잖아요" 하고 말씀드리면

　"땅 한 평 없어 채소를 못 갈아먹는 집이 한두 집인 줄 아느냐? 그 사람들 줄란다."

　그러시면서 꽃밭에서 가꾼 채소는 모두 가난한 집에 나누어 주시고 채전에서 가꾼 채소는 우리도 먹고 남으면 남에게 나누어 주셨습니다.

우리 문수사도 도운회 박사님께서 자칭 정원사라고 하시면서 울타리 쪽으로 나무도 심고 꽃도 잘 가꾸시므로 철따라 피는 꽃들이 무척 보기 좋습니다. 그런데 채소밭 머리에도 나무를 심고 키 큰 꽃나무를 심곤 하셔서
"여기는 채소밭입니다" 라고 말씀드려도 막무가내셨습니다.
"나무가 채소밭 거름을 다 빨아먹으며 또 그늘이 지면 채소가 크지를 않습니다" 라고 해도 점차 채소밭이 꽃밭으로 바뀌어 갔습니다.
그때마다 할머니 말씀대로 "꽃이 밥 먹여 줍니까?" 하면, 꽃 싫어하는 사람은 주지스님밖에 없다고 하시면서 도 박사님이 핀잔을 주십니다.

절에 꽃밭도 있어야 하지만 그보다는 채소밭이 더 필요했으며 절 살림을 하다 보니 꽃보다 오히려 채소 크는 모습이 더 좋아 보였습니다.
문수사는 절 식구가 먹을 수 있는 양보다 더 큰 채소밭이 있으며 일흔다섯이 되신 금강심보살님은 그래도 채소밭을 더 넓혔으면 하십니다. 무척 부지런하셔서 채소밭을 꽃밭처럼 예쁘게 가꾸시며 제철에 맞는 씨앗을 뿌리고 적절하게 물을 주어 열심히 김을 매주시므로 풋풋하게 잘 자랍니다.
해마다 초여름부터 시작해서 서리가 내릴 때까지 채소가 이어지고 있으며 상추나 쑥갓 그리고 깻잎을 직접 뜯어다 쌈 싸먹게 해주십니다. 한여름에는 호박잎이나 머위 잎을 밥 위에 살짝 쪄서 된장찌개보다 더 진하게 자작자작 끓인 쌈장으로 싸먹게도 해주십니다. 때로는 보리밥에 열무를 넣고 고추장으로 비벼서 오이냉채와 같이

곁들여 먹게 해주시는데 무더운 여름철에는 제격이며 식탁이 소박해서 좋습니다.

열무나 풋배추로 담근 김치는 살짝 익어야 냉장고에서 꺼내 주시며 다른 푸성귀와 곁들여서 먹게 해주십니다. 그때마다 즐겨먹곤 하는데 생각해 보니 채식만 하는 절 음식이라 그렇게 채소밭에 정성을 드리시는 것 같습니다. 어느 땐 한 가지 재료를 가지고도 여러 가지 반찬을 만들어 주십니다.

깻잎으로는 양념간장에 생절이 요리를 자주 하시지만, 때론 깻잎을 밥솥에 찔 때도 있으며 기름에 볶는 등 그때마다 맛도 다르고 향도 다르게 해주십니다.

나이가 들어갈수록 발달되고 변천되어온 요즈음의 현대음식보다 전통적인 토속음식을 더 좋아하게 되나 봅니다. 미국에 살면서도 직접 채소를 가꿀 수 있는 텃밭이 있고 할머니의 솜씨로 전통 한국음식을 먹을 수 있어서 더욱 행복합니다.

지난 겨울철엔 김장 끝에 엮어서 말려둔 시래기로 된장국을 자주 끓여주셨고, 잘 익은 김치를 잘게 썰어 넣어 두부와 함께 끓여 주시는 청국장 맛도 일품입니다. 절일에 정성을 다하시는 금강심보살님은 해마다 노 보살님들과 함께 직접 메주를 쑤고 띄워서 간장, 된장, 고추장을 만드셨으며 또한 장독에도 정성이 대단하십니다. 그 된장에 고추며 무, 오이, 깻잎 등을 장아찌 박아 오래 묵혔다가 꺼내 주시는 밑반찬은 짭짤하면서도 깊은 맛이 있습니다.

오이나 무장아찌를 기름과 깨소금으로 조물조물 무쳐주시면 아삭아삭 씹히는 맛이 별미입니다. 무엇보다 할머니나 어머니 손맛같이 맛깔스럽고 전통음식으로 정성스럽게 해주시니 모두가 문수사 식탁을 부러워합니다.
  한여름이면 채전에서 호박과 오이 그리고 고추와 토마토가 경쟁을 하듯 열리며 먹고 남아서 신도님들에게도 조금씩 나누어 드립니다. 돈으로 계산하면 몇 푼 안 되는 푸성귀지만 한국에서 가져온 씨앗으로 미국에서 직접 재배하여 싱싱하게 먹을 수 있으니 더욱 의미 있고 보람이 있습니다.

의도적인 삶을 살면
그 업도 변합니다

　이곳 보스턴은 벌써 하늘이 높아지고 구름은 엷어지며 바람이 가벼워지고 있습니다. 떠돌면서 사는 바람은 세월을 몰고 가며 나이만큼씩 얼굴에 주름살을 긋고 갑니다. 좋은 뜻으로 사는 사람은 좋은 세상을 만들어 가고 건강하고 근면성실하게 사는 사람은 그 자신이 곧 희망이요 행진입니다. 시간은 누구에게나 공평하지만 그 시간을 어떻게 충실하게 활용하느냐에 따라 인생의 차별이 생깁니다.
　우리가 바라는 일이 이루어지는 일도 있고, 그렇지 않은 경우도 있으며 그런 삶의 과정에서 남다른 노력 없이 성취나 성공은 있을 수 없습니다. 우리의 삶의 목표나 희망만 뚜렷하고 살아가는 과정이 게으르다면 머리만 크고 몸통이 허약한 장애자와 다를 바 없습니다.

　한 그루의 나무라 해도 생명수가 되어 주는 빗방울, 따뜻한 햇볕, 흔들어 키우는 바람, 뿌리를 내리고 양분을 공급해주는 토양이 있어야 합니다. 변화가 많은 날씨와 사계절, 달과 별 그리고 새와 벌 나비 등이 모두가 나무와 다 관계되어 있습니다.

나무는 한 순간도 다른 어떤 것과 분리될 수 없고 나무의 형태 또한 매 순간마다 알게 모르게 변해가고 있습니다. 이와 같이 일체 만물은 서로 상관관계 속에 존재하고 이것들은 만남과 흩어짐의 조건에 의해 끊임없이 찰나찰나 생멸합니다.

우리 인간도 마찬가지며 그 생멸 속에 영속되어 온 업력과 현재의 의도적인 삶에 의해 그 업도 변해가고 있습니다. 선업이든 악업이든 신구의(身口意) 삼업에 의해 형성되고, 그 업이 개인 업이든 공업이든 시간차로 인과(因果)가 분명히 나타납니다. 그리하여 선행으로 닦아 가는 공덕도 자기에게만 돌아오는 것이 아니라 가족에게도 돌아오고 더 나아가 중생계로 회향되고 있습니다.

풍선은 불어야 커지지만 멈출 때를 알아서 멈추어야지, 옆 친구보다 조금만 더 크게 불려고 하다가, 뻥 터트리고 울상이 되는 어린애를 흔히 봅니다. 우리도 분에 넘치게 키우기만 하다가 건강이나 재산 또는 직위를 잃고 뒤늦게 후회하는 소식을 가끔씩 듣게 됩니다.

더 많이 더 높은 곳을 향해 소유로써 행복을 찾으려고 하면 끝이 없으며 욕심 주머니는 아무리 채워도 부족하고 부족하면 괴로움이 따릅니다. 그러나 이 정도만 해도 다행이라며 스스로 만족해하면 행복의 문이 그 순간부터 열리기 시작합니다. 행복의 열쇠는 금고를 여는 열쇠가 아니라 마음을 여는 열쇠이며, 삶의 가치를 어디에 두고 어떻게 살아가느냐에 의해서 그 의미가 달라집니다.

마음이 너그럽고 지혜롭게 살아가는 사람은 하는 일마다 발전적이고 자기도 모르게 남을 돕습니다. 선한 일을 하면 보이지는 않지만 모르는 사이에 밝아지고 어리석은 일을 하면 그만큼 자신도 모르게 어두워집니다. 누구나 건강하고 편안하며 행복하게 살려고 노력을 하는데도 원하지 않는 아픔이나 슬픔 같은 괴로운 일들이 생깁니다.

그것은 개인 업(個人業)이든 공업(公業)이든 업에 의한 자업자득이요 인과응보라고 합니다. 이 세상 누구도 생노병사(生老病死)를 피할 수 없으며 살아 있는 한 우비고뇌(憂悲苦惱)는 있기 마련입니다. 도피안을 향해 항해하는 불제자들은 푸른 정신으로 번뇌의 파도를 넘으며 의타심보다는 배움과 체험을 통해서 지혜롭게 건너가고자 합니다.

맑고 밝은 생각이 자신의 얼굴을 좋은 인상으로 가꾸어 가고 좋은 인상은 사회적 관계를 개선해 갑니다. 자신의 운명은 요행이 아니라 자신의 행위가 만들어 가며 그 인상은 관계 속에서 형성되어지므로 이룩해야 합니다. 배움의 시기나 좋은 인연들이 기다려 주지 않는다고 오늘 하루도 잘 살았는데 해는 서창으로 지고 있습니다.

全境界萬治緣(전경계만치연)
모든 경계와 많은 인연을 다스리는 것은
皆爲自己入路(개위자기입로)
다 스스로를 위해 들어가는 길이오.
束縛中脫透徹(속박중탈투철)
속박 속에서 투철히 벗어나면
何逆境有無碍(하역경유무애)
어찌 역경에 걸림이 있으리오.

눈도 쌓이면 무게가 된다

아침부터 하늘이 무겁게 내려오며 어두워지더니 한낮부터 많은 눈이 내리고 있습니다. 시작부터 굵은 눈송이로 3시간 이상 끊이지 않고 퍼붓고 있으며 그 사이에 내린 눈만 해도 무릎이 넘게 쌓여 있습니다. 이따금씩 가는 자동차도 거북이 운행을 하고 있으며, 어쩌다 한두 명씩 걷는 사람도 발걸음이 무척 조심스럽고 굼뜹니다.

삼면이 유리로 된 이층 방에서 사는 혜택으로 밖의 풍경이 잘 보이므로 오늘같이 눈 오는 날은 커튼을 열고 밖을 향해 앉아 있습니다. 설경을 바라보고 있노라면 눈빛 따라 마음도 깨끗해지고 차분해지며 포근해지는 느낌입니다. 바람 없이 눈이 내리는 날은 설화가 소담스럽게 피어오르며 순수를 일깨워 주기에 그런 날은 기도하는 마음으로 창가에 앉아 있곤 합니다.

지난 1월 23일 일요일에 보스턴에는 많은 눈이 내렸으며 그 중에서도 유별 바닷가 쪽이 더 많이 내렸다고 합니다. 우리 동네도 1미터 가량의 폭설이 내렸으며 모든 교통이 두절되어 평균 백여 명씩 모이는 문수사 일요법회에 신도님들이 한 분도 참석을 못했습니다. 그리고 3일 후에 또 무릎 가까이 눈이 내렸는데 제설차가 마당 가장자리로 밀쳐다 쌓은 눈 무더기가 전깃줄 높이까지 쌓였습니다.

금년 겨울은 1004년 만의 강추위라고 하며 유별 많은 눈이 자주 내리고 혹한의 추위가 계속되고 있습니다. 날씨까지 춥다보니 눈은 녹지 않고 옆집과의 눈 울타리가 4월 초순까지 남아 있습니다. 강 건너 산이 푸르게 보이듯, 눈이 내리지 않는 곳이나 눈이 내려도 이내 녹아 버리는 따뜻한 지방에 사는 사람들은 설경을 좋아하며 무척 그리워합니다.

문수사에서 2시간 거리에 화이트 마운틴(White Mountain)이 있는데 한국교과서에도 나왔던 '큰 바위 얼굴'이 있는 산입니다. 산이 높고 다양한 코스를 갖춘 스키장이 많기로 이름난 곳이며 다른 주에서도 자동차나 비행기로 원정 오는 곳입니다. 이곳 보스턴 사람들도 스키를 타는 사람들은 물론 눈을 좋아하며 5개월의 겨울을 즐깁니다.

그러나 스키를 타지 않는 사람들은 추운 날씨에 눈이 많이 내리는 보스턴의 긴 겨울을 싫어하며 오히려 두려워합니다. 순결하게 보이는 눈도 도시에 내리면 이내 밟히고 지저분하게 오염되며 빙판을 만들어 위험과 피해를 줍니다. 눈이 아무리 가벼워도 모이면 무게가 되고, 쌓일수록 무게가 가중되고, 얼면 돌 같이 단단해집니다.

그와 같이 순수한 사람도 피해를 입다보면 가슴이 차가워지고 그러다가 등 돌리면 얼음처럼 냉정해지며 딱딱하게 돌변합니다. 개인은 별 힘이 없지만 여러 사람이 모이면 힘이 되고 그 힘이 차가운 분노로 돌변할 때는 권력이나 무력으로도 막지 못합니다. 인연은 여러 가지 형상으로 나타날 수도 있고 하나로 합쳐지기도 하며 소멸하기도 합니다.

인연에 의해 하나의 현상이 나타나며 직접적인 인과 간접적인 연이 어떻게 만나느냐에 의해 여러 가지 변수가 생깁니다. 물과 바람이 만나면 파도가 일고, 물과 찬 공기가 만나면 얼음이 되며 물과 열이 만나면 수중기가 됩니다. 한랭한 날씨는 결코 눈 무더기를 녹일 수 없듯이 사람도 으름장이나 폭력으로는 냉정이나 무거운 침묵을 깨트릴 수 없습니다.

겨울이 가고 따뜻한 봄이 오면 그토록 딱딱하게 지키던 눈 무더기도 자리를 내주고 녹아 흐르면서 모든 생명의 생명수가 되어줍니다. 그와 같이 냉정은 따뜻한 온정만이 녹일 수 있으며, 온정은 누구에게나 고마움과 기쁨 및 희망을 줍니다. 우리가 살아가는 과정도 상황에 따라서 각각 달라지며 때로는 원하지 아니해도 지금의 상황에서는 그렇게 살아갈 수밖에 없는 처지도 있습니다.

눈이 쌓이다 보면 무게가 되고 그 무게에 소나무가 꺾이듯 주위의 여건에 의해 올바른 뜻도 꺾일 때가 있습니다. 앙상한 가지만으로 겨울을 극복하는 잡목 숲은 눈의 피해를 적게 보지만, 가지와 잎을 그대로 두고 겨울을 나는 상록수는 꺾이는 아픔을 크게 겪기도 합니다.

하지만 사계절 푸름을 지키기 위한 소나무의 의지와 투지는 변함이 없으며 뜻 있는 일이라면 고생이 되더라도 그 일 자체에 삶의 의미를 두어야 합니다.

깊은 바닷물은 흙탕물을
오히려 푸르게 맑힙니다

바쁘게 살다보면 생활에 찌들어 있을 때가 있습니다. 그럴 때마다 그걸 씻고 싶어서 가까운 바다를 찾아갑니다. 바닷가에 이르면 막히지도 아니한 가슴이 확 트이며 갯바람에 파도소리와 바다 냄새가 반깁니다. 줄기차게 움직이는 바다가 살아있음을 확인하게 하고 다시 도전하게 하는 의식을 일깨워 줍니다.

육지는 하나 더하기 하나는 둘이요, 둘 더하기 셋은 다섯이지만, 바다는 하나 더하기 하나는 하나요, 둘 더하기 셋도 하나입니다. 즉 수많은 빗방울이 모여도 하나요. 아무리 많은 강물이 모여도 바다는 하나의 바닷물로 만듭니다.

바다는 사상이나 이념이나 국경을 초월하여 맑은 물, 흙탕물, 오염된 물까지도 다 받아들입니다.

어느 땐 스스로에게 가려져 앞이 안 보일 때가 있습니다. 그럴 때는 조수차가 심한 갯벌을 찾아 갑니다. 갯벌이 질펀한 밑바닥을 다 드러내놓고 밀물을 그리워하듯이 업장에 덮여있는 속내를 다 들추어내며 도피안을 상상하기도 합니다. 거울을 볼 때 거울을 보지 않고 자신의 얼굴을 비추어 보듯이 바다를 바라보되 바다를 거울삼아 스스로를 반추해보곤 합니다.

진주 품은 조개처럼 수행자는 화두를 품고 있기에 화두 참구로 가슴앓이를 해도 화두는 늘 가슴속에 있습니다. 아울러 무지갯빛 전복 속껍질 같이 내실은 그렇게 환하게 닦아야겠다는 다짐도 하게 합니다. 해송과 잡목으로 그늘진 해변의 편안한 의자에 앉아 바다를 바라보고 앉아 있노라면 바다는 바람과 함께 파도로 소리칩니다.

바닷바람은 세파의 귀를 씻어가라며 솔깃하게 하고 파도소리는 푸른 목소리를 되찾도록 반복해서 외칩니다. 바닷가 절벽에 온몸으로 부딪쳐 부서지는 물거품은 바람에 흩날리는 파도의 꽃잎입니다. 꽃이 떨어지지 않고 그대로 피어 있다면 꽃은 꽃이 아니요 피었다 지므로 외려 아름답습니다.

좋은 날들이 세월 따라 가고 있기에 그래서 이 순간을 소중히 하라며 파도는 청각적인 효과뿐만이 아니라 시각적으로도 많은 것을 보여줍니다. 바람 따라 솟구쳐 올랐다가 굽이치고 말리며 접혔다 부서지면서 물거품을 만들고 그 속에 많은 허상을 만들었다 사라지게 하곤 합니다. 물거품이 파도요 파도가 곧 물인데 바다는 그 행위를 왜 끊임없이 반복하는지 의문이 들게 합니다.

물색이 투명하지만 깊어지면 깊어질수록 에메랄드 빛으로 짙어집니다. 하늘색과 바다의 깊이 그리고 구름이 드리울 때마다 물색은 달라지고 있습니다. 해를 등지고 있을 때 바다색은 검푸른 색이 되고, 태양을 마주보고 서 있을 때는 엷은 청색이나 초록색을 얼핏 띄기도 합니다.

때론 은빛 여울로 눈부시게 찰랑거리지만 바다의 변화보다 더 중요한 것은 바다를 바라보고 있는 그때의 심경입니다. 때로는 파도가 춤사위 같이 아름답게 보이지만 그 반대로 격동하는 분노같이 보일 때도 있기 때문입니다.

  얕은 바닷가의 물은 출렁이는 물살로 약간 흐려 있으며 깊은 바닷물은 맑고 푸르게 넘실거립니다. 얕은 바닷가의 물은 잔바람에도 뒤집혀 흙탕물이 되지만 깊은 바닷물은 흙탕물을 오히려 푸르게 맑힙니다.

  얕은 물에는 작은 배가 떠있고, 깊은 물엔 큰 배가 떠있으며 되돌아 보건대 얕은 내 가슴 바람에 얼마나 흔들려 왔는가 그리고 얼마나 흐려 왔으며 지금은 어떤 배를 띄우고 있는가를 반문하게 합니다. 먼 바다 그리고 깊은 바다만 바라보고 있어도 근시안에서 벗어나 생각이 넓어지고 맑아지며 깊어지는 것 같아서 자주 찾습니다.

  바다는 찾아올 때마다 '망상을 쉬고 가라 헛길을 가지 마라(巨息妄想必不得)' 하며 당부를 반복하곤 합니다. 풋풋한 배추를 소금물에 절여 김치를 담듯 파도는 짠물에 간을 하고 가라며 소리칩니다.

  그래서인지 바다에 다녀오면 한동안 속상할 일이 없고 다른 사람과 간을 맞추며 사는 맛을 씹게 합니다.

길 찾는 사람은
그 자신이 샛길이다

바람이 물을 밀어 결을 거스르며 파도의 물무늬를 만들 듯 세파에 시달리면서 접히게 되는 주름살이 한 생의 아픔과 맞서고 있는 듯합니다. 어쩌면 얼굴에 나타난 업보의 그늘이 곧 삶의 터전이며 누구나 개인으로 살면서 주위 환경과 인간사에 어쩔 수 없이 쓸리고 밀리나 봅니다.

무슨 일을 하는지 바다는 끊임없이 움직이면서 변모하고 있지만 항상 본래의 옛 모습 그대로입니다.

바다는 끊임없이 도전을 받지만 그래도 스스로를 잘 지키고 있으며, 그런 모습은 배가 떠가며 물을 뒤집어도 그 흔적을 이내 지워 버리는 데서 볼 수 있습니다. 바다는 같은 모습으로 머물러 있지 않으며 바람과 함께 리듬으로 많은 파도를 만들어 냅니다. 그 파도가 방파제에 부딪히면 물거품으로 흩어졌다가도 다시 모이고 아무런 걸림 없이 하는 일을 다시 계속합니다.

깊은 바다는 기후나 계절에 상관없이 수면은 기울지 아니하고 수심도 변하지 않습니다. 수평선에 바람이 일면 파란 물결이 악보의 음자리표와 같이 오르내리면서 시원한 음악을 연주합니다. 감청색 파도는 빛이 편만하는 물무늬로 역경을 오르내리며 모험과 도전심을 다시금 열망케 합니다.

　배를 타고 바다를 항해하는 사람은 누구나 바다에서 파도를 만나지 않을 수 없습니다. 살다 보면 예기치 않은 여러 일들을 자주 만나므로 인생을 파란만장한 삶으로 표현하기도 합니다. 아무리 뛰어난 선장이나 일등 항해사도 파도를 멈추게 하거나 암초를 제거할 수는 없습니다.

　하늘을 믿든, 허공을 믿든, 해신을 믿든, 지신을 믿든 어떤 종교의 기도도 태풍을 멈추게 할 수는 없습니다. 그러나 훌륭한 선장은 일기에 대한 정보나 지식 또는 경험을 통해 미리 관찰하고 예측하며 피할 줄을 압니다. 갑자기 돌풍을 만나 피할 수 없는 상황에서도 항해의 지식과 경험으로 파도를 능수능란하게 타고 넘습니다.

　물살이 센 곳에서 사는 고기가 더 날쌔고 힘차며 퍼덕이듯이 사람도 세파에 시달릴수록 강해지고 민첩하며 지혜로워지나 봅니다.

　어떤 사람은 치열한 밥그릇 싸움에 굶고 굶기지 않으려고 심한 모멸이나 자괴감도 감내하며 아류에 편향하면서 사는 사람도 있습니다. 그런가 하면 목구멍이 포도청이라, 하기 싫은 일을 어쩔 수 없이 하며 산다는 사람들을 가끔씩 만나게 됩니다. 어떤 직업을 가졌든 간에 바로 그 직업이 정신적인 자질을 계발하는 수단으로 전환되어야 한다고 생각합니다.

　그러므로 고정관념이나 이기적인 생각만을 고집할 수 없으며 인격적인 마음으로 전환해 갈 때 수행의 메아리가 되돌아옵니다. 의식의 변화를 전향시키지 않고서는 자기의 무한한 인격을 향상시킬 수 없으며 그리하여 불제자들은 수행을 통해 지혜를 터득하고자 꾸준히 정진하고 있습니다.

무엇보다 자기가 하고 싶은 일들을 조건에 구애받지 않고 열심히 할 수 있다면 아주 바람직한 일이며 그것은 곧 희망입니다. 자신에게 맡겨진 일에 전심전력을 기울일 때 그 직업은 귀찮거나 싫증이 나는 짐 거리에서 벗어날 수 있습니다. 자신의 일에 그처럼 최선을 다할 때 어찌 숙달되지 않을 수 있으며 지혜의 눈이 열리지 않겠습니까?

인간이 무엇인가에 종속되어 있으면 괴로운 일이고 좋아서 하는 일이면 즐겁고 행복한 일입니다. 즉 고용인으로서 보수만 받으면 된다는 생각으로 사는 사람은 스스로를 고용인으로 종속시켜 버리게 됩니다. 그러나 지금은 고용인이라 할지라도 창조적인 삶을 살아가는 사람은 스스로 자유인이 되어가는 삶이 될 것입니다.

자신의 역량을 발휘할 수 있는 경험의 장으로 바뀌게 되면 어느 고해를 건너지 못하겠습니까?

꿈을 젊어서 한때 반짝 꾸고 말면 꿈에 지나지 않지만, 평생을 두고 끝까지 꾸어 간다면 반드시 현실로 이루어진다고 합니다. 꾸준히 준비하다 보면 기회가 오고, 희망 찬 사람은 그 자신이 희망이요, 길 찾는 사람은 그 자신이 샛길이라는 말도 있습니다.

파도가 없으면 바닷물도 썩는다

바다에 파도가 없다면 바닷물은 썩고 말 것이며 세상사도 아무 일이 없이 평탄하기만 하다면 삶이 오히려 무의미할 것입니다. 파도의 리듬 속에서 바다가 살아 있듯이, 인간사회도 많은 활동이 함께하는 리듬 속에서 꿈이 이루어지게 되는 것입니다.

그러나 살다 보면 의욕적일 때도 있지만 가끔씩 무력감에 빠지거나 회의적일 때가 있습니다. 어렵지 않는 일인데도 하기가 싫어 방치해두기도 하고 마냥 미루기도 하는데, 가령 청소기나 세탁기 돌리는 일이며 냉장고 안을 정리하는 일들이 그렇습니다. 화분에 물을 주는 일도 게을리 하다 메말라 죽게 하는 실수도 하고 약간씩 새는 수도꼭지를 방관했다가 물세를 크게 내기도 합니다. 책장이나 서랍을 정리하지 않은 채 계속 그대로 사용하는가 하면 벽에 걸린 액자도 바꾸어 걸지 않고 몇 년씩 방치해둡니다.

좁은 환경에서 같은 생활이 반복되다 보면 나태해지거나 무기력해지기 쉬우며 그렇게 세월이 갑니다. 일상에 갇힌 삶에서 잠시 벗어나 새로운 의욕을 되찾을 수 있는 사유의 정신력은 누구나 다 갖추고 있습니다. 실천으로 옮겨지기까진 작심을 해야지 그렇지 않으면 차일피일 미루며 답답한 생활을 그대로 하게 됩니다.

가장 어려운 싸움은 게으름과의 싸움이며, 가장 가치 있는 일은 어제보다 오늘이 좀 더 나아지는 삶입니다. 자신을 위해 시간을 낼 줄 모르는 사람은 시간에 끌려가거나 뭔가에 쫓기며 불안하게 사는 사람입니다. 가끔씩 똑같은 생활 속에서 빠져나와 다른 환경에서 자신을 돌아보면 비교도 되고, 또 다른 자신을 만나게 됩니다.

우리가 어떤 풍경을 보는데도 있는 그대로를 보는 것이 아니라 보이지 않는 다른 면까지 보기도 합니다. 보이지 않아도 분명 존재하는 것들이 있으며, 이곳과 저곳, 오늘과 내일, 존재와 부재 그 사이에서 또 다른 세계가 있음을 찾게 합니다. 보이지 않는 것들도 존재의 뒤에서 새롭게 나타나며 결코 없는 것이 아님을 확인시켜줍니다.

하루의 시간 중에 잠시만이라도 머리를 맑히는 혼자만의 시간을 가질 수 있다면, 어느 때든지 우리들의 삶은 지금보다 훨씬 더 여유 있는 삶으로 바꾸어질 수 있습니다. 잠시도 자리를 비울 수 없이 바쁘게 사는 사람일수록 남모르는 고달픔과 외로움이 있습니다. 집착된 일상생활에서 잠시 떠나 보면 홀가분해지면서 보이는 것마다 새롭고 신선하며 신비합니다.

부정적인 생각도 이해나 관용으로 밝아지며 점차 긍정적인 생각으로 바뀌게 될 때가 있습니다. 사물을 고달픔 속에서 응시할 때 삶과 비교가 되고 인생이란 무엇인가를 묻게 되며 대답을 위해 생각은 계속됩니다. 응시란 눈길을 한 곳에 모아 주시해서 본다는 뜻이요 바다를 바라보고 있으면 곧바로 사색이나 명상이 뒤따르게 됩니다.

무슨 일을 하는지 바다는 끊임없이 움직이면서 변모하고 있지만 그러면서도 옛 모습 그대로입니다. 땅은 인간에 의해 파괴되고 건설되며 계속적으로 본래의 모습을 잃어가고 변형되어 갑니다.

바다 역시 끊임없는 도전을 받지만 그래도 스스로를 잘 지키고 있으며 아무런 걸림 없이 하는 일을 계속하고 있습니다. 그 예로 배가 떠가도 그 흔적을 이내 지워버리며 같은 모습으로 머물러 있지 않습니다.

깊은 바다는 기후나 계절에 상관없이 수면은 기울지 아니하고 수심도 그대로이면서 끊임없는 움직임으로 변화를 일으킵니다. 수평선에 바람이 일면 파란 물결이 악보의 음자리표로 오르내리며 생동적으로 음악을 연주합니다. 어느 곳이나 바람 없는 곳이 없지만 바다는 수평선 저 너머에서 불어오는 바람이 파도를 몰고 오면서 가슴을 활짝 열어주는 곳입니다.

물이 가지고 있는 네 가지 덕

곡기를 끊고 단식을 해도 물을 먹을 수만 있다면 대부분 3주일은 버틸 수 있지만 먹는 물마저 없으면 일주일도 버티기가 어렵다고 합니다. 물 없는 삶은 상상할 수 없으며 물의 일상적인 필요성은 종교적으로도 신성하게 승화되어 왔습니다.

『물의 신화』(나다니엘 앨트먼)에서 보면 고대 '스칸디나비아인'들은 신들이 성스러운 물에서 태어났다고 믿었습니다. 아마존 서부 원주민인 '슈와르족'은 태초의 남자와 여자가 성스러운 폭포 위의 무지개에서 탄생했다는 신화를 갖고 있습니다.

예로부터 힌두교 교도들은 아침마다 강이나 저수지에서 목욕하고 시바신 등의 신상(神像)에 예배한 뒤에 식사를 한다고 합니다. 문화의 혜택을 받고 있는 요즈음 현대인들은 역시 아침에 일어나서 가장 먼저 샤워를 하고 하루를 시작합니다.

이때 물은 정화(淨化)의 이미지이며 몸과 마음의 때를 씻고서 깨끗하고 새롭게 시작하겠다는 삶의 의미일 것입니다. 옛 할머니들은 장독대가 기도하는 장소였으며 정안수를 떠놓고 자식들을 위해 기도했습니다.

우리는 어머니 뱃속의 양수(羊水) 속에서 자랐으며 그래서인지 물이 보이면 마시고 싶고, 씻고 싶으며, 뛰어 들고 싶습니다. 옛 물병 같이 긴 목을 보면 어머니 목에 매달리듯 그래서 매달리고 싶기도 한가 봅니다. 우리의 몸은 70%가 수분으로 구성되어 있는 말 그대로 물 자루며 그래서 항상 내추럴 미네랄로 유지할 수 있었으면 하는 희망사항입니다.

추운 곳에서 사는 사람은 따뜻한 물을 좋아하고 더운 곳에서 사는 사람은 차가운 물을 좋아합니다. 물질도 마찬가지로 용도에 따라서 더운물을 사용하기도 하고 찬물을 사용하기도 합니다. 따뜻한 물은 온기와 정 그리고 감성을 부드럽게 하므로 대부분 사람들이 좋아합니다.

하지만 물질은 차갑기 때문에 본래대로 돌아가기 위해 반복되는 열을 찬물로 식힙니다. 예를 들어, 자동차 엔진이나 철공소의 선반 제철소의 압연기 같은 기계는 거의 냉수로 식히며 돌아갑니다.

미국식당에서는 추운 겨울에도 거의 손님에게 묻지도 않고 제일 먼저 얼음 섞인 물(ice water)을 가져다 줍니다. 물질적인 산업 문명에 익숙해져서 그 문화 속에서 이루어진 삶의 변모(變貌)가 아닌가 하는 생각을 해보게 합니다.

물은 높은 곳에서 낮은 곳으로 흐르고 흐르면서 더러운 것을 깨끗하게 씻어주며, 담겨있을 때는 평등하게 언제나 같은 높이를 유지합니다. 그 물은 머나먼 산에서부터 계곡과 들과 마을을 거쳐 수많은 생명을 살리며 바다로 흘러갑니다.

막히면 낮은 곳으로 돌아 흐르고 그래도 막히면 기다렸다가 모여서 넘쳐흐르며 쉬지 않고 흘러서 큰 바다에 이릅니다. 바다는 맑은 물이나 흙탕물이나, 남쪽 물이든 북쪽 물이든 국가나 지역차별 없이 어떤 물이라 해도 다 받아들입니다.

  그렇게 받아들이지만 모자라거나 넘치지 아니하며 온갖 물을 한 물결로 출렁이면서 맑고 푸르게 정화합니다. 낮에는 햇빛의 각도와 구름의 그늘 및 습도에 의해서 그리고 밤에는 달빛과 별빛에 맞춰 가며 색다른 물색을 보여줍니다.

  예로부터 물이 가지고 있는 네 가지 덕을 '수유사덕(水有四德)'이라 했습니다.
  첫째는 만물의 생명수이니 인(仁)이요
  둘째는 더러운 것을 깨끗하게 하니 의(義)이며
  셋째는 부드러우면서도 강한 것을 이기니 용(勇)이고
  넷째는 어떤 물이던 가리지 않고 바다는 다 받아들여 포용하니 지(智)라고 했습니다.
  어느 곳에서나 바람은 시도 때도 없이 불어오지만 유별 바닷바람은 더 쉬지 않고 불어가며 파도를 깨어있게 합니다.
  바닷가에서 복잡한 생각을 쉬고 망연히 앉아 쉬었다 오면 텅 빈 상태나 본래의 마음 그 자리로 되돌아갈 수가 있습니다. 혼자 앉아 있다는 생각마저도 지워진 상태가 오래 지속될수록 그만큼 번뇌에서 씻기게 됩니다.

바다가 가르쳐 주는 지혜

깊은 물에는 큰 고기가 살고 큰 배가 떠다니며, 얕은 물에는 작은 고기가 살고 작은 배가 떠다닙니다. 얕은 물은 잔바람에도 뒤집혀 흙탕물이 되지만 깊은 물은 오히려 온갖 물을 다 받아들이며 푸른 물로 정화합니다. 맑은 날도 있지만 가슴 흐린 날도 더러 있으며 가끔씩 심신이 피폐해질 때도 있습니다. 그럴 때는 하루에 한 번씩 해변이 갯물을 밀어 내듯 더러는 밀려오는 일들을 밀어내고 싶습니다.

썰물에 바닥이 다 드러나면 보이지 않던 것들이 보이듯 명상을 통해서 자신의 밑바닥까지 새삼 보고 싶을 때가 있습니다. 허세에 가려졌거나 망각 속에 빠져 있었거나 스스로 숨겨둔 부끄럼이 뭔지 확인하고 싶습니다.

물색은 맑고 투명하지만 그 투명함 속에 숨어있는 청색은 깊을수록 짙어지며 본색을 드러냅니다. 한 빛깔도 겹칠수록 진해지고 기후와 주위의 배경에 의해 반사되며, 양떼처럼 이동하는 구름의 명암에 의해 물색은 수시로 달라집니다. 은빛 여울도 바다 속으로 해가 지는 석양노을에는 용광로의 쇳물처럼 끓는 물빛으로 부글거립니다.

파도는 시각적인 효과뿐만 아니라 청각적인 효과도 대단하며 물과 바람이 만들어 내는 굴곡과 부딪침이 곧 파도소리입니다. 물굽이가 솟구쳤다가 굽이치면서 말려 접혔다 부서지는 상태는 시시각각 변하고 있는 우리의 감정 변화를 보는 것 같습니다.

때론 거센 파도가 산 같이 밀려와 방파제에 무섭게 부서질 땐 장엄하고 위협적이며 용맹이 치솟는 또 다른 풍경을 볼 수 있습니다. 어느 땐 흰 물보라 사이로 그 모습을 잠시 보였다가 사라지는 빛깔은 뭔가 아쉬움을 말해줍니다.

물의 깊이를 알려면 물빛을 보면 알 수 있고 사람의 마음을 알려면 눈빛을 보면 알 수 있다고 했습니다. 늘상 살아 움직이는 바다같이 푸른 눈빛을 갖고 싶고 파도 소리처럼 시원한 목소리를 갖고 싶게 합니다.

바닷가에 가면 항시 바람이 불고 있으며 끊임없이 변하고 있는 바람결은 그가 가진 독특한 숨결이요 리듬입니다. 모든 것은 진동하고 동시에 고유한 파동을 가지고 있으며 파동에는 소리가 나게 되어 있습니다. 그러나 우리가 모든 소리를 들을 수는 없고 대개 15헤르츠에서 2만 헤르츠까지의 소리를 들을 수 있다고 합니다.

헤르츠는 1초 동안 몇 번 진동하는지 나타내는 진동수를 말하며 이렇게 제한된 소리만 들을 수 있는 것이 한편으론 다행이라는 생각이 듭니다. 지구가 돌아가는 소리가 엄청나게 큰데 너무 크기 때문에 안 들린다는 학설도 있습니다. 환경에 따라 자연이 내는 소리가 다르므로 뜨거운 사막에서 부는 바람소리와 해변에서 부는 바람소리가 다른 것은 진동이 다르기 때문입니다.

생명이 있는 한 모든 만물이 생동적이고 새로우며 영원할 수 있다면 관계로 맺어진 일들이 권태롭거나 싫증나며 의심할 일이 없을 겁니다. 자연이 가르쳐 주는 교훈에 고마워 할 줄 알면 그때마다 쓸쓸히 피었다 지는 잡풀 꽃들도 또 다른 의미로 다가옵니다.

산에나 들에는 늘 새로운 것들이 태어나며, 새로 태어난 것들을 축하해주기 위해 이름 모를 야생화는 여러 색깔과 향기로 그렇게 피어나나 봅니다.

어른들의 눈으로 보는 자연은 늘 보았던 것들이라며 변화 속에서 상징하는 의미를 보지 못하고 무심히 스쳐 보냅니다. 그러기에 어른들은 일상이 무료해지고 피곤하지만 어린이들의 세계는 항상 새롭고 신비로우며 호기심에 눈빛이 빛납니다. 같은 공간에서 반복하는 공부에 지쳐있는 어린이에게 때로는 자연에 대한 통찰력을 기르는 기회도 좋은 교육입니다.

가끔씩은 바다와 좋은 대화를 나눌 수 있는 시간을 가져보면 좋겠습니다. 아마 바다 앞에 서면 몸의 때는 물로 씻지만 마음의 때는 무엇으로 씻느냐며 바다가 질문을 할 수도 있을 것입니다.

파도의 푸른 목소리

내 귀는 소라껍질
파도소리가 하 그립다.
〈콕토〉

우리는 일상생활 속에서 매스컴과 접하는 시간이 무척 많아졌으며 거의 습관화 되어 있습니다. 방송 뉴스를 듣다 보면 분노를 느끼게 하는 사건들이 연일 보도되고 있는가 하면, 어떤 사람은 매스컴을 통해 들은 뉴스 때문에 날마다 분개하며 살고 있기도 합니다. 고장 난 녹음기 같이 사건사고 이야기만 반복하는 사람이 있는가 하면 자기의 삶보다 남의 삶에 관심이 더 많은 사람이 있습니다.

전염병이 있는 환자를 멀리해야 하듯이, 상대방의 이야기를 듣다 보면 불평불만의 독이 자기도 모르게 전염되고 닮아갑니다. 매스컴에서 보도하는 것처럼 세상이 그렇게만 돌아가는 것 같고 자신도 모르게 불신하는 의식으로 바뀌고 있습니다.

흙탕물이나 오염된 물이 흘러들어와 맑은 물을 흐리게 하듯 밖에서 일어난 일들이 집에까지 이어져 혼란스럽게 할 때도 있습니다.

우리는 반복되는 생활 속에 갇혀 흐르지 못하거나 고여 썩고 있을 때가 있습니다. 틈만 나면 텔레비전 채널만 돌리거나 컴퓨터 속에 들어가 흥밋거리를 탐색하는 사람도 있습니다. 누구나 가끔씩은 TV나 컴퓨터 등 갇혀 있는 공간에서 벗어나 자신을 돌아볼 수 있는 혼자만의 시간과 신선한 환경이 필요합니다.

우리는 길을 가다가 자동차에 치어 죽은 짐승들을 가끔씩 보게 되며 까마귀가 날아와 달리는 자동차 사이사이를 교묘하게 피하면서 포식을 하는 것도 봅니다. 까마귀가 위험을 무릅쓰고 먹이를 포기하지 않듯이, 생태계는 경쟁적이고 도전적이며 더불어 스피드까지 갈수록 탄력이 붙고 있습니다. 자동차를 운전하다 보면 대부분 질서를 유지하지만, 곧잘 앞차를 추월했다가 뒤차에 따라 잡히며 앞서거니 뒤서거니 경주하듯 달리기도 합니다.

어느 때는 '5분 빨리 가려다 50년 빨리 간다'는 표어를 망각한 채 달려가다 단속하는 경찰에 적발되기도 합니다. 바쁘지 않을 때도 속도에 중독이 된 현대인들은 자신도 모르게 제한속도를 초과하며 곧잘 다른 차를 앞지르곤 합니다.

어쩌면 후회스러웠던 지난날을 등지고 싶었던 생각만큼 더 멀리 그리고 빨리 달아나려는 잠재의식의 작용인지도 모릅니다.

경쟁과 속도로부터 해방되거나 아니면 새장 안에 있는 새처럼 갇혀있지 말고 자유로운 생각으로 날개를 펴보십시오. 어둡거나 부정적인 생각에서 벗어나 새로운 계기의 창을 열고 나설 때, 자기가 찾는 이상의 세계가 보일 것입니다. 실질적인 현상과 의식적인 상상력이 적절한 간격으로 다가갈 때 찾는 일들이 서서히 나타납니다.

생각이 바뀌기 전에는 삶도 새롭게 바뀌지 않고, 삶이 새롭게 바뀌지 않는 한 의식도 바뀌지 않습니다. 요즈음 같이 무더울 때 바

닻가에 나가 보면 막힌 가슴이 확 트이며 갈매기나 물오리 같이 자유로워지는 기분을 느끼게 될 것입니다. 아득히 물무늬를 일으키는 은빛여울이 있으며 수평선 그 너머에서 밀려오는 푸른 목소리의 파도가 있습니다.
　바다는 갈 때마다 새로운 모습을 보여주고, 느낌이 새삼스러우며 상쾌한 바닷바람은 머리를 식혀 줍니다. 바다가 잔잔하고 투명할 때는 마음도 따라서 고요해지고 편안해지며 파도가 넘실댈 때는 율동적인 활력을 되찾게 해주는 곳입니다.

물이 흐르듯
아픈 기억들을 보내기

우리 몸의 원소는 지수화풍(地水火風)으로 이루어졌습니다. 인간이나 짐승이나 곤충이 대부분 수정란으로 생명이 이루어지며 수정란이 물이랍니다. 물은 생명수이며 육체는 물로 태어났으며 살아가는데도 물을 통해 영양분을 섭취하고 혈액이나 체액이 물을 통해서 순환합니다.

물이 고여 있으면 썩으며 물의 성질은 계속 흐르거나 바람에 의해 파도치며 스스로 정화합니다. 우리 체내의 혈액도 깨끗하지 못하면 순환하는데 지장이 많으며 그러다가 막히면 죽습니다. 몸이 아프면 마음도 아프고 마음이 아프면 몸도 아프기 때문에 몸과 마음이 둘이 아니라고 합니다.

의학계에서도 마음의 상태가 몸에 큰 영향을 준다는 사실을 오래 전에 이미 밝혔습니다. 기쁘고 행복하면 우리의 몸도 건강하지만 괴로운 일이나 화가 나는 일이 생기면 머리가 아프거나 화병이 납니다. 기쁘고 슬픈 일은 감정에 의해서 생기며 그 감정이 어떤 상태로 흐르느냐에 의해 건강에 영향을 미칩니다.

우리의 몸이 물로 시작했고 물로 유지하고 있으니 물의 정체를 알면 인간의 본질을 이해하는데 해답을 얻을 수 있습니다. 물의 실체를 이해한다면 대자연의 진리와 모든 생명의 근원을 알 수 있을 것입니다.

일본에서 물 분자를 연구하는 '에모토 마사루' 라는 과학자가 『물이 전하는 말』과 『물은 답을 알고 있다』라는 책을 출판했습니다. 그 책의 머리말에 '물을 얼려서 결정 사진을 찍는 새로운 방법으로 물을 연구하는 동안 물은 실로 다양한 표정과 많은 메시지를 우리에게 보여주고 있습니다. 수돗물과 달리 멋진 결정을 보여주는 자연수, 좋은 음악을 들려주었을 때 물이 보여주는 아름다운 결정, 그리고 물에게 '고맙습니다' 라는 말을 했을 때와 '멍청한 놈' 이라는 말을 보여줄 때 나타나는 선명한 대비, 그것들은 우리가 어떻게 살아야 하는지를 알려줍니다' 라고 했습니다.

같이 소개된 사진첩에는 물에게 나쁜 말을 했거나 화를 냈을 때 물 분자가 흐려지거나 깨지는 사진과 좋은 말을 하거나 고마운 말을 했을 때 아름답고 선명한 물 분자의 사진이 있었습니다.

우리 몸의 70퍼센트 이상이 물이라 화를 낼 때마다 물 분자가 그렇게 깨지므로 스스로 병을 만들 수 있다는 결과를 설명해 주었습니다. 그리고 '물을 둘러싼 드라마는 세포 하나부터 우주까지 이어져 있는 끝없는 이야기이다' 라고 했습니다.

즐겁고 행복하며 긍정적이고 희망적일 때는 '베타엔트로핀' 이 생성되고 시기질투나 두려움 및 화를 내며 부정적일 때는 '아드레날린' 이 나온다고 합니다.

어떤 힘든 일도 시간이 지나고 나면 상처가 아물 듯 점차 잊히게 되므로 세월이 약이라는 말도 있습니다. 아무리 긴 시간도 지나간 세월은 한순간같이 느껴지기도 하고 또한 과거를 잊을 수 있다는 것은 다행스러울 수도 있습니다.

이미 지나간 과거의 아픈 기억들을 교훈으로 삼되 도움이 안 되는 사건은 하루 속히 무거운 짐을 내려놓듯 내려놓아야 합니다. 오래된 기억들이 마음속에 남아서 되뇌는 것 때문에 성격의 문제가 있는 것처럼 비춰질 때가 있습니다.

그때의 마음이 다스려지지 못하고 마음속에 담겨서 현재의 마음을 계속 상하게 하고 있기 때문입니다. 성격이 나빠서가 아니라 그때의 마음을 계속 새기고 있기 때문에 아픈 마음으로 살게 되는 것입니다.

그 마음을 그대로 담고서 생각하고 있다면 과거의 마음이 곧 지금의 마음이며 그렇지만 그 마음은 누구의 마음도 아닙니다. 그 마음이 원래의 내 마음이 아니라고 알아차리는 순간 떨쳐버릴 수 있으므로 흘러가는 세월로 치료할 것이 아니라 마음을 마음으로 치료해야 합니다.

죽이고 싶도록 미워도 그 화나는 분노와 감정을 이겨내야 하며 그러기 위해선 먼저 자기감정을 극복해야 합니다. 그래서 보복이나 응징으로부터 오는 불상사를 피할 수 있으며 가벼운 마음으로 살아갈 수 있는 것입니다.

1만년의 생명력,
연(蓮)꽃을 흠모하며

연꽃은 진흙 속에서 피어나며 꽃 향은 멀리까지 맑고
우아하고 화려한 꽃잎인데도 요염하지 아니하다.
홀로 우뚝이 솟아 있고 그러면서도 교만하지 아니하며
감히 꺾지 못하게 있는 듯 없는 듯 가시가 돋아 있다.
뿌리나 줄기는 몇 개의 구멍으로 적당히 속을 비웠기에
욕심 없이 슬기롭고 신성하도다.
강한 비바람에 꺾이지 않는 줄기는 강직하면서도
사뭇 유연하기 때문이리라.
번거로운 가지나 넝쿨도 없이 줄기는 곧고 푸르며
넓고 푸른 연잎은 물에 살면서도 젖지 않는다.
물속에 살면서도 젖지 아니함은 어떤 환경 속에서도
물들지 아니함이로다.
오탁진흙을 바탕으로 살면서도 속 색깔이 하얀 뿌리는
근본적으로 보시를 알기에 뿌리를 널리 공양하고
인과를 알기에 처음부터 연실을 받들어 꽃을 피웠으며
꽃과 열매 사이에 황금 꽃술로 장엄했도다.
연실은 인연을 기다릴 줄 알므로 몇 백 년 후에도

싹을 틔우니 시공을 초월하였으며
이러한 연꽃을 흠모하며 닮아 가고자
불교 신도는 그렇게 살아가노라.

연꽃씨앗의 생명은 1만 년을 간다고 합니다. 경남 함안박물관에서는 1999년 국립가야문화연구소가 진행 중인 성산산성 발굴 작업에 합류해서 연꽃씨앗을 찾았답니다. 산성은 6세기 중반 이후 아라가야 시대에 축조된 것으로 기록되어 있습니다.

5월 8일 오후 4-5m쯤 파내려가다가 진흙층이 나오고 그곳에서 '함안 박물관 성재기 계장' 이 씨를 발견했습니다. 요즈음 것보다 작아 고대 씨앗이라는 걸 직감할 수 있었다 합니다.

씨앗을 한국지질자원연구소에 연구를 측정한 결과 한 알은 1160-1300년, 다른 것은 1270년-1410년이 95.4%로 나타났다 합니다. 7세기 전 고려시대의 것으로 밝혀졌습니다. 함안 농업기술 센터는 두 알을 성공적으로 발아시켰고 첫해는 연잎만 무성했고 그 이듬해부터 꽃을 피웠습니다. 700여년 만에 새싹을 틔웠고 꽃을 피웠다 합니다.

700년 세월을 뛰어넘어 화려한 꽃을 피운 연꽃이 화제가 되고 있다. 경남 함안박물관은 농업기술센터의 지원을 받아 700년 전 고려시대 연씨를 발아시켜 개화시키는데 성공했다고 최근 밝혔습니다. 박물관 입구 기배지에서 개화된 연꽃은 홍련(紅蓮)으로 이 지역 고려시대의 명칭을 따 '아라홍련' 으로 명명됐다.

박물관이 연씨를 발견한 것은 지난 2009년이다. 함안군 성산산성(사적 67호) 발굴조사 과정에서 지하 5m터 퇴적층에서 연씨 10알을 발견해 농업기술센터에 의뢰한 결과, 3알이 지난해 발아됐다.

이에 박물관 입구에서 시배지를 조성해 증식시켜 150촉을 식재한 결과 연꽃이 피어났다. 박물관 관계자는 "연꽃은 불교의 상징이면서 우리 겨레에게 매우 친근하고 유용한 작물이었다"며 "고려불화에 나타나는 연꽃 형태와 색을 확인할 수 있었다는 점에서 이번 발아의 의미가 크다"고 말했다.

─「불교신문」(불기2555년 8월 10일)에서

노을빛이 가슴을 물들일 때

늘상 보고 살았던 풍경인데도 저런 풍경도 있었구나! 하고 감탄할 때가 있습니다. 계절마다 다 특징이 있지만 이곳 문수사가 있는 동네 웨이크필드(Wakefield)는 여름이면 대부분 어느 집이나 문을 열어 놓고 삽니다.

오가며 닫힌 집만 보다가 여름철만 방문이 열려 있으며 열려 있는 방안이 들여다보일 땐 새로운 삶의 현장이 보입니다. 문을 열어 놓을 땐 의심하거나 두려움이 없으며 짐짓 여유가 있어서 좋아 보입니다.

우리도 창문을 열어놓고 밖을 향해 맑은 바람을 쏘이곤 하는데 해질 무렵이면 바람이 꽃밭을 서서히 지휘하기 시작합니다. 바람이 강하게 불면 꽃들은 일제히 한쪽으로 쏠리면서 세차게 흔들리고 바람이 약하게 불면 꽃들도 부드럽게 물결처럼 흔들립니다.

때로는 바람이 꽃밭의 한 부분을 스쳐가기도 하고 전체를 휘몰아쳐 가기도 합니다. 그러다가 연주가 끝난 듯 어느 땐 바람이 잠잠해지며 꽃들은 침묵 속에서 꽃대를 세우고 고개를 반쯤 숙입니다.

보스턴 팝이 연주하는 것을 가까이에서 봤을 때 오케스트라 지휘자가 무척 인상적이었습니다. 바람이 꽃밭을 흔드는 것처럼 지휘자에 의해 단원들이 움직였으며 자연의 리듬이나 소리와 같이 팝도 그렇게 연주되었습니다.

바람에 흔들리는 숲 소리나 풀벌레 소리며 새소리 등이 각각 다른 소리를 내도 자연의 소리는 한 화음으로 어우러집니다. 오케스트라 단원들은 음을 맞춰가며 연습을 수없이 거듭해야 하지만 자연의 소리는 연습도 없이 곧바로 하모니를 이룹니다.

산수화를 그리는 노 화백이 지금은 돌아가셨지만, 그분은 한평생 시골에 살면서 고향풍경만 고집스럽게 그렸습니다. 거의 한정된 대상을 변화나 구도의 차이 없이 같은 색감으로 반복해서 그리고 있었습니다.

어느 날은 차를 한 잔 같이 나누면서 "화백님은 산수를 좋아하시면서 여행도 안 가시고 이렇게 고향만 그리십니까?"라고 여쭙자, 그 화백님이 말씀하시기를, "같은 산과 물도 아침 점심 저녁으로 다르고 봄여름 가을 겨울 계절마다 다릅니다. 기분이 좋을 때와 슬플 때 또는 배고플 때와 술이 취했을 때 그때그때 또한 다 다릅니다. 같은 고향도 쉬지 않고 끊임없이 변해가고 있으며 그 과정 속에 아름다움도 있고 새로움도 있으며, 의미 있는 소재들이 보이기 때문입니다"라고 하셨습니다.

자기최면에 걸리셨는지 아니면 창작이란 말도 안 들어 보셨나 하는 생각이 들 때도 있었고 작품이 잘 팔리지 않는 것 같아 걱정도 되었지만, 어찌 변하는 대상과 심경의 변화를 그리는 일이 쉬운 일이었겠습니까. 자연을 비롯하여 모든 인연으로 살아가고 있음을 소홀히 하지 않은 작가였습니다.

부족하다고 불만스러워 하는 것은 자기가 가지고 있는 물질의 가치나 자연의 변화를 제대로 보지 못하고 있기 때문입니다. 부족함을 밖으로부터 채우려 하지 않고 지금 이쯤해서 이 정도만 해도 다행으로 생각한다면 부족함이 없습니다.

약속되어 있지 아니한 미래를 꿈꾸다가 이 순간을 헛되이 보내면 결국 현재도 미래도 헛되이 사는 것 아니겠습니까? 자신의 생각이 곧 자신의 운명을 만들어 가고 있으며 어떤 삶을 살아 갈 것인가는 전적으로 자기에게 달려 있습니다.

지금까지 살아왔는데도 어디로 가고 있는지 모르는 길을 가고 있으며, 가는 세월이 갈수록 빠르게 느껴지는 것은 알 수 없는 의문입니다. 자신을 답답하게 가두는 것은 고정관념이며 끊임없이 새로워지기 위해 사려 깊고 신중하게 판단하여 적응해 가는 것이 자유로워지는 길이라 봅니다.

누구나 자기 주변에서 도와주고 아껴 주며 지켜 주는 사람이 있다 해도 자기 가슴이 그들에게서 식어 버린다면 그는 혼자가 되고 말 것입니다. 다른 사람이 자기를 버리고 떠났을 때보다 자기 마음이 그들에게서 떠나 버린다면 그때는 절대적으로 혼자가 되고 말 것입니다.

석양에서 밤으로 가는 하루는 어두움을 받아들이면서 눈앞의 풍경들을 서서히 지워가고 있습니다. 저물어 가는 노을빛이 가슴을 물들이기에 차 한 잔 음미하면서 석양의 노을빛에 마음의 색깔을 비춰보았습니다.

우리 인생이 컴퓨터와 같다면

요즈음은 연필이나 볼펜으로 글을 쓰는 사람보다 컴퓨터로 쓰는 사람이 점점 더 많아지고 있다 합니다. 우리의 인생도 컴퓨터로 글을 쓰듯 그렇게 살 수 있다면 얼마나 좋을까 하는 생각을 해봅니다.

연필이나 볼펜은 자기 필체로 쓰는 필기도구이므로 개개인마다 글씨 모양이 다릅니다. 그러나 컴퓨터는 또닥또닥 두들기면 누가 치든지 글씨체가 똑같으며 몇 가지의 글씨 모양 중에서 마음대로 선택해서 쓸 수 있습니다. 마음에 안 들면 지우고 다시 쓸 수 있으며 두 번 세 번 아무리 많이 썼다 지워도 흔적 없이 처음과 똑같습니다. 처음부터 끝까지 쳤다가도 다시 돌아올 수 있으며 다른 화면으로 얼마든지 갈 수도 있고 또다시 만들 수 있습니다.

글 내용이나 글자 모양뿐만이 아니라 크기와 색깔도 언제든지 다양하게 바꿀 수 있습니다. 밑줄을 잘라다가 윗줄에 붙이기도 하고 윗줄을 잘라다가 중간 줄에 붙이는 등 줄 바꾸는 것도 자유롭습니다.

단어나 문장을 뺄 수도 있고 덧붙일 수도 있으며 바꾸지 않으면 항상 그 자리를 지키고 있습니다. 모든 길을 한 번씩 탐색할 수도, 잊고 가다가 중간에 다시 돌아올 수도 있습니다. 전체를 다 지우고 새롭게 얼마든지 시작할 수 있으며 많은 양을 저장할 수도 있고 또 기억 역시 아주 쉽게 찾아냅니다. 그런 컴퓨터 화면 같이 우리 인생도 그렇게 자유자재로 살며 괴로움은 지우고 즐거움만 찾아서 살면 좋겠다는 생각을 해보게 합니다.

전자 출판(ebook)에 대한 관심이 고조되고 있음은 IT 기기의 급속한 발전과 보급 때문입니다. 아이패드가 크게 주목받고 있는 것은 기존의 종이매체 즉 신문, 잡지, 책 등 어마어마한 양의 텍스트를 전자기기에서 언제 어디서나 찾아볼 수 있기 때문입니다.

스마트폰, 킨들, 아이패드 등 전자기기의 발달은 하루가 다르게 발전하고 있으며 세상사 정보가 손바닥 안에 들어오고 있습니다. 나무를 잘라 만드는 종이로 인쇄하여 대량 보급하는 기존 종이매체들은 자연의 한계나 환경보호의 차원에서 볼 때 새로운 변화를 계속 요구 받아왔습니다.

유선 전화기가 무선 전화기, 휴대폰으로 바뀌듯이 종이로 만드는 책이나 신문 잡지는 컴퓨터 안으로 들어 왔습니다. 그것도 부피가 큰 컴퓨터가 아니고 IT를 통해 점차 작아지고 있으며 머지않아 획기적으로 실현될 줄 믿습니다.

연필이 만년필에게 밀리다가, 만년필이 볼펜에게 밀리고, 볼펜이 컴퓨터에게 밀렸습니다. 컴퓨터가 스마트폰, 킨들, 아이패드 등 작은 기기에게 밀리고 있으며 그에 관한 과학이 급속도로 발전하고 있으므로 예측조차 할 수 없습니다.

그러나 기기가 너무나 빠르게 변하고 발전하는 과정에서 대중적으로 받아들이기는 숙제로 남아 있습니다. 각종 기기를 만드는 과학자들의 노력도 중요하지만 그 문명을 받아들이고 사용할 줄을 아는 일반적인 정신 교육도 뒷받침이 되어야 한다고 봅니다.

젊었을 때 배움에 게으르지 말라고 늘 들어 왔지만 젊음이 얼마나 좋은지 모르고 지나갔습니다. 이젠 지나고 나니 빈 화장품 그릇같이 가슴 한구석 어느 빈자리에 젊은 날이 은은하게 향기로만 남아 있습니다.

컴퓨터처럼 지울 수도 되돌아 갈 수도 없는 나이가 이따금씩 지금은 바로 가고 있느냐, 그리고 어디를 향해 가느냐고 묻습니다. 자신도 모르고 가는 죽음의 길과 육도윤회 길을 밝혀 가고 있지만 어둡기는 마찬가지입니다.

컴퓨터도 열지 않으면 사용할 수 없듯이 우리의 마음도 열리지 않으면 한 치 앞도 못 봅니다. 과학은 객관적인 검증이 필요하지만 불교는 주관적인 체득이 필요합니다.

불교는 수행을 통해 전체적으로 어떤 사물의 근본을 통찰지로써 꿰뚫어보고 증득하여 깨닫게 합니다. 기억은 지식으로부터 쌓이므로 문명을 받아들이며 활용하고 지혜는 명상으로 밝아지니 고요히 혼자 있는 시간을 주로 즐깁니다.

할머니의 옛이야기

　어느 해 설날 밤, 그 해가 '쥐의 해'였으며 고등학생인 저에게 할머니는 우리 민담에 전해오는 쥐의 이야기를 들려주셨습니다. 금년은 무자년(戊子年)이요 '쥐의 해'이라서 문득 할머니의 옛 이야기가 떠올라 적어봅니다.

　쥐들은 고양이를 비롯하여 족제비, 여우 등 천적(天敵)들이 많이 사는 무서운 땅보다는 푸른 하늘이 늘 부러웠습니다. 낮이면 눈부신 태양이 빛나고, 달과 별이 반짝이는 밤하늘이 아름다웠으며 하늘을 마음대로 나는 새들이 자유로워 보였습니다.
　하루는 쥐의 왕이 회의를 하기 위해 대신들을 불러 모아 놓고 "우리가 사는 땅은 하루도 편한 날이 없구나! 고양이를 비롯하여 족제비, 여우, 뱀 등 우리를 먹이로 사냥하는 짐승들이 너무나 많으니 어떻게 하면 편하게 살 수 있는지 좋은 의견을 수렴하겠노라"고 말했습니다.
　여러 의견이 분분했지만 현실성이 없었으며 최종적으로 모아진 의견은 하느님께 쥐들의 소원을 비는 것이었습니다.
　"하느님! 하느님께서는 이 세상에서 제일 높고 넓은 푸른 세계를 가지고 계시며 무슨 일이든지 할 수 있는 절대적인 힘을 가지고 계십니다. 우리에게 높고 넓은 하늘 아래에서 평화롭게 살게 해주시면 하느님을 잘 받들고 살겠습니다."

그러자 하늘에서 들려오는 소리가

"그렇게 봐주어서 고맙지만 사실은 그렇지 않노라. 한 없이 높고 넓은 푸른 하늘을 가지고 있지만 해와 달과 별의 덕행이 없으면 캄캄한 흑암지옥이 되고 만단다. 그러니 해와 달과 별을 찾아가 봐라."

그래서 해와 달과 별을 찾아가서 소원을 말하였습니다.

"내가 비록 빛을 널리 비추고 있지만 우리의 광명을 가리는 구름이 있으니 그 구름은 시도 때도 없이 몰려와 우리 앞을 캄캄하게 가리기 일쑤다. 또한 비구름이나 눈구름을 몰고 다니며 하늘을 마음대로 통치하고 있으니 구름이 광명보다 위란다."

다시 쥐들이 태양과 달과 별이 무서워하는 구름을 찾아가서 부탁을 드리니 "나보다도 더 무서운 바람이 있단다"라고 구름이 말했습니다.

"바람은 우리 구름을 이리저리 몰고 다니며 모이게도 하고 흩어지게도 하며 사라지게도 하고 있다. 그래서 그렇게 시키는 대로 따를 뿐이지 우리 마음대로 할 수 있는 일은 아무것도 없단다."

이번에는 쥐들이 바람을 찾아가서 말씀드렸습니다.

그러자 바람이 "저 언덕에 우리보다 더 센 돌부처님이 천 년도 더 넘게 서 있으며 아무리 바람을 세차게 불어도 끄덕도 않는단다. 그러니 우리보다 힘이 더 막강한 돌부처님을 찾아가서 사정을 해봐라" 하고 그렇게 친절하게 가르쳐 주었습니다.

바람의 이야기를 듣고 이번에는 발길을 돌려 돌부처님을 찾아갔습니다. 돌부처님이 쥐들의 이야기를 다 듣더니 심각한 표정을 지으며 대답하기를, "내 비록 바람은 무섭지 않으나 나에게는 쥐들이 제일 무서운 존재다. 내 발 밑에 너희들 쥐들이 구멍을 뚫고 집을 지으면 기울어지고 마침내는 넘어지고 마는데 어찌 나에게 부탁을 한단 말인가?"

그 이야기를 듣고 쥐들이 너털웃음을 웃으며

"그래 우리가 이 세상에서 제일 힘이 세고 무서운 존재야!" 라고 큰소리쳤다는 우화가 있습니다.

어느 세계나 천적이 있으며 그래서 겸허함을 일깨워 주기도 하지만 스스로 자신을 비하시켜도 안 되고 신분을 망각해서도 안 된다는 교훈이었습니다.

이야기를 좋아해 중학교 때는 할머니를 무척 귀찮게 했는데, 어느 날 사자와 호랑이를 괴롭히는 녀석이 뭔지 아느냐? 하고 물으셨습니다. 모른다고 하니 낮에는 파리요, 밤에는 모기라고 알려주셨습니다.

어느 해 겨울에는 조웅전(趙雄傳)에 관한 이야기를 밤마다 이어서 해주시곤 했습니다. 고등학교에 들어가서 역사 선생님이 권하는 책이 조웅전(趙雄傳)이었으며 그때서야 조선왕조 때의 군담소설(軍談小說) 중의 대표작임을 알았습니다. 중국 송(宋)나라 문제(文帝) 때 조승상(趙丞相)이 간신 이두병(李斗柄)에게 몰리어 죽었습니다. 조승상의 아들 웅(雄)은 태자에게 후일을 기약하고 헤어져 방랑하던 중 장소저(張小姐)와 만나 백년가약을 맺고, 위태롭게 된 태자를 구하고 수십 만 대군으로 송나라를 회복한다는 내용을 아직까지 기억하고 있습니다.

존재하는 모든 것은 변화한다

위(魏)나라 왕이 '미자하'라는 젊은 후궁을 무척 좋아했으며 무슨 청이든 잘 받아주었습니다.

어느 날 임금과 '미자하'가 함께 정원을 거닐면서 '미자하'가 잘 익은 복숭아를 따서 먹다가 임금님에게 주었습니다. 임금님은 먹다 주는 복숭아를 받아 자시며 맛있는 복숭아를 혼자 먹지 아니하고 반쯤 주는 '미자하'의 마음씨가 곱다는 생각을 했습니다.

어느 날 어머니가 아프다는 소식을 들은 미자하는 임금님의 수레를 몰래 타고 다녀왔는데 탄로가 났습니다. 법을 어겼으니 처벌을 받아야 하는데도 임금님은 효성이 지극하다고 오히려 칭찬을 해 주었습니다.

그로부터 세월이 흐르며 '미자하'의 젊은 미모가 시들면서 임금님은 마음이 변하기 시작했습니다.

젊은 미모를 보고 좋아했으니 젊은 미모가 사라지면 또 다른 젊은 미모를 찾기 마련입니다. 지난날 감히 임금에게 먹다만 복숭아를 주어? 하면서 괘씸한 생각이 들었습니다. 또 허락도 없이 임금의 수레를 자기 맘대로 타고 다녀? 하면서 미워하게 되었다는 고사가 「식여도(食餘桃)」의 내용입니다.

예쁠 때는 다 예쁘게 보이지만 미워지기 시작하면 모든 시각이 미운 쪽으로 맞춰집니다. 눈에 보이는 겉모습은 나이가 들수록 사라져 가지만 모양이 없는 마음의 아름다움은 나이가 없습니다. 존재하는 모든 것은 계속적으로 변화하면서 소멸되므로 형상에 집착하면 실망하기 마련입니다.

삶의 여러 과정에서 일시적인 호기심에 의해 좋아 보이는 것도 어느 정도 시간이 흐르면 시들해집니다. 그러다 보면 겉모습이 얼마나 헛된 것인가를 경험하게 하고 그 속에 과거가 있었으며 현재의 마음이 곧 내일을 가늠하게 합니다. 나이가 들수록 겉모습 가꾸는 시간보다 생각이며 감정을 잘 다스리는 시간을 더 많이 가져야 한다고 했습니다.

생각은 잠시도 가만히 있지를 아니하고 미운 생각, 고운 생각, 싫은 생각, 잘한 생각, 못한 생각, 섭섭한 생각, 고마운 생각 등 끊임없이 떠돕니다. 강으로, 바다로, 산으로, 들로, 도시로, 동서남북을 떠돌아다니며 하늘의 달과 별들을 향해 모르는 하늘나라까지 상상합니다. 과거, 현재, 미래의 삼세를 헤아리며 생각이 생각을 낳고 무의식 속에 저장된 과거사며 미래에 대한 근심 걱정이 끊임없습니다.

망상 중에서도 제일 많이 반복하고 있는 대상이 인간관계와 돈이라고 합니다. 인간의 마음이 뇌의 작용이라 하지만 슬픈 일을 당했을 때 머리보다는 가슴이 아픕니다. 머릿속에 기억된 것보다 가슴에 맺힌 한이 망상을 더 일으키므로 머리로 망상을 지울 수는 없습니다.

동양인들은 마음을 따뜻한 감성에 비유하는 반면 서양인들은 뇌를 논리적으로 분석하는 차이가 있습니다. 뇌를 아무리 분석해 봐도 괴로움을 찾을 수 없고 또한 수술을 해서 괴로움을 제거할 수도 없습니다. 괴로움을 잘 관조해 보면 오랜 시간 이전에 생각이나 행동으로 형성된 업의 파도임을 알 수 있습니다.

무슨 일에서건 때가 있으므로 웃을 때도 있고 울 때도 있으며 좋아할 때도 있고 미워할 때도 있습니다. 일출의 장엄함이 하루 종일 계속되지 않으며 일몰의 아름다움이 밤중까지 이어지지 않습니다. 어떤 것을 가지려 하면 어떤 것도 집착함이 없이 가져야 합니다.

우리가 만약 타인들의 필요에는 무관심하며 개인에게만 유익한 것을 추구한다면 결국 타인들뿐만이 아니라 자신을 해치는 결과를 초래하게 됩니다. 누구나 살아있는 한 세월은 스쳐가고 있으며 자신에게 일어나는 모든 일도 스쳐 지나갑니다.

금강경이나 열반경에서도 모든 형상이 변하지 않는 형상이 없고 영원하지 않으며 세월 따라 소멸되어 가고 있다 했습니다.

도운회 박사를 기리며

　옛날에 어떤 큰스님이 깊은 산중 절을 찾아가시다가 날이 저물어서 하는 수 없이 신도님 댁에서 하룻밤 머무르게 되었답니다. 아침에 일어나 좌선을 하고 있는데 그 집 행랑채에서 살고 있는 하인이 대감마님을 부르는 소리가 들렸습니다.
　"대감마님. 대감마님" 하고 부르니
　"어험, 무슨 일이냐?"
　"간밤에 윗동네와 옆 동네 두 곳에서 초상이 났다고 합니다."
　"그래 누구누구가 돌아가셨다고 하던가?"
　"윗동네에서는 김 노인이 돌아가셨고 옆 동네에서는 박 노인이 돌아가셨답니다."
　"그래? 안됐구나! 어서 가서 뭘 도와주어야 할지 양쪽 상갓집 살펴보고 오시게나."
　"예, 대감마님!"
　한 시간쯤 지나서 아침 식사를 하기 위해 큰스님과 대감마님이 밥상을 마주하고 있는데 하인이 다녀왔다고 아뢰었습니다.
　그러자 대감마님이 쪽문을 열고
　"그래 뭘 도와주어야 하는지 잘 알아보고 왔는가?"

"예, 대감마님"

"그리고 돌아가신 두 분 다 극락에 가시겠던가?"

"윗동네 김 노인은 당연히 극락에 가시겠지만 옆 동네 박 노인은 극락에 가실지 지옥에 가실지 잘 모르겠습니다."

"알았네! 어서 가서 아침 자시고 양쪽 상갓집 다 부지런히 도와주시게나. 나도 서둘러서 문상 가겠네!"

"예, 대감마님"

잠자코 이야기를 듣고 계시던 큰스님이 대감에게 물었습니다.

"아니, 산승은 평생을 수행했는데도 누가 죽으면 극락에 갈지 지옥에 갈지 내생사(來生事)를 모르고 있는데 어찌 대감님 댁은 하인도 그걸 안단 말이오?"

"큰 스님도 모르신다는 내생사를 우리 속세 사람들이야 어찌 알겠소이까? 다만 조문객이 많이 오면 한 생을 잘 살았다는 증명이오. 삶을 잘 살았다면 극락세계에 가지 어디를 가겠소이까?" 그렇게 답변하더랍니다.

문수사 신도 중에 도운회 박사님이 계셨는데 지난 7월 1일에 67세로 돌아가셨습니다. 문수사 법당에서 7일에 영결식을 했으며 많은 조문객이 오신 것을 봐도 한 생을 잘 살다 가셨다는 것이 증명되었습니다.

간경화로 병원에 입원한 지 2주 만에 돌아가셨고 아직도 할 일이 많으신데 너무 일찍 돌아가셨다고 모두가 애도하며 슬퍼했습니다. 무척 근면 성실하셨으며 과학자요, 인도주의자였으며 자연주의자이면서 사회적으로 많은 활동을 하셨습니다.

특히나 뉴잉글랜드 지역 '아시아인을 위한 가정폭력 반대위원회 및 보스턴 지역 빈민'을 위한 'Walk for Hunger'를 위해 일했습니다.

문수사에서는 국제 포교사를 하시면서 서양인들에게 불교를 열심히 가르쳤습니다. 그리고 자칭 문수사 정원사라고 하시면서 울타리 쪽으로 꽃보다는 나무를 위주로 심으셨으며 특히 무궁화를 많이 심으셨습니다.

심고 가꾸어 준 주인은 잃었어도 요즈음 무궁화 꽃이 한창입니다. 저 세상이 나이대로 가는 것이 아니다 보니 더 많은 생각을 하게 합니다.

저 역시 앞으로 꽃이 피고 지는 모습을 몇 번이나 더 보고 밥값을 어떻게 하다 가야 할지를 생각해보게 합니다. 불교에서는 자기가 닦은 공덕이 자기 자신만을 위해서가 아니라 모든 중생을 위하여 되돌려 주는 보살 행원으로 회향되어야 한다고 가르칩니다.

도운회 박사님은 불교의 자비와 지혜를 몸소 실천하셨으며 그 보살정신으로 내생사도 자유자재로 선택할 수 있는 인연공덕을 지으셨습니다.

진각 도운회 영가시여
지금까지 67년을 사대육신에 의지하여 한세상을 사셨지만 결국은 버리고 떠나시니 허무하기 그지없습니다.
이제 육신에 집착하지 마시고 부처님의 가르침인 지혜광명을 몰록 밝혀 생사고해 벗어나서 절대의 자유를 찾으시기 바랍니다.
이 세상에 오시기 전에는 어디에 계셨으며 지금은 육신을 버리시고 어디에 계시며 다시 어디로 환생하시겠습니까?
그동안 육친으로 맺은 정을 가볍게 거두시고 청정해진 업식으로 극락왕생하소서.

애착하던 사바 일생 하룻밤의 꿈과 같고 나다 너다 모든 분별 본래부터 공이거늘 무엇에 연연하리오.

다시 더 큰 원력으로 인도 환생하셔서 많은 중생을 제도해주시기를 기원합니다.

100년 만에 나타난 사건

　어떤 사람은 부유한데 어떤 사람은 가난합니다. 어떤 이는 건강한데 어떤 이는 허약합니다. 어떤 분은 잘 생겼는데 어떤 분은 그렇지 못합니다. 이와 같은 차별 현상은 어떤 신(神)의 장난도 아니오. 저절로 우연히 그렇게 되는 것도 아니며 반드시 원인과 관계된 조건들이 있습니다.

　한 생명체의 탄생뿐만 아니라 그가 지니는 성격, 모양 그리고 모든 괴로움의 원인을 찾으려 하면 전생으로 거슬러 올라가야 합니다. 길게 보면 태어나기 전이 전생이지만 짧게 보면 지나간 시간이 다 전생이며 몸 가는데 그림자 따르고, 소리 나는데 울림이 있듯이 원인 없는 결과가 없습니다. 인연과 연기 그리고 인과응보와 윤회의 주기를 역사 속에서 수없이 헤아려볼 수 있으며 그 중에서 한 사건만 예를 들어보겠습니다.

　'링컨'은 1860년에 미국대통령이 되었고 '케네디'는 꼭 1백년 후인 1960년대에 대통령이 되었다고 합니다. '링컨'의 비서 이름은 '케네디'였고, '케네디'의 비서 이름은 '링컨'이었습니다.

　두 대통령이 시해 당했을 때 대통령직을 승계한 부통령의 이름은 모두 '존슨' 이었습니다. '앤드루 존슨' 은 1803년생이고, '린드 존슨' 은 1903년생으로 100년의 차이가 납니다.

링컨을 저격한 '부스' 와 케네디를 저격한 '리 하비 오즈월드' 는 다른 범인에 의해 재판 전에 죽었으며, 둘은 태어난 생일이 같은 날짜라 합니다. 또 '부스' 는 링컨을 극장 안에서 쏘고 창고로 도망갔으며 '오즈월드' 는 케네디를 창고 안에서 쏘고 극장 안으로 도망갔습니다.

위와 같은 인연의 고리에 묶여 비슷한 삶과 윤회를 거듭하고 있지만 확인하기가 어려우므로 모르고 있는 일이 얼마든지 있다고 봅니다.

나뭇잎 하나하나가 봄부터 가을까지 일해 온 실적이 가을빛에 의해 여러 색깔로 잘 나타나고 있습니다. 저마다 봄부터 가을까지 역할이 달랐기에 그래서 나뭇잎마다 모양과 색깔의 차이가 두드러지게 나타나나 봅니다.

나뭇잎들은 계절의 의미를 잘 알기에 비련의 가슴 빛을 감추지 못하여 붉은 물이 배어 나오는 걸까요? 순연한 삶을 위해 숨겨온 상처가 늦가을의 서릿발에 못 이겨 더없이 덧이 나는 건가요? 아니면 지난날을 회상하다 곱게 살아왔다고 화려하게 자랑을 하는 건지! 바로 뜰 앞의 나뭇잎들은 열꽃처럼 온통 붉습니다.

떨쳐버려야 할 때를 아는 나무는 가을로 접어들면서, 자신을 곱게 보내기 위해 잎사귀들을 아름다운 색깔로 그렇게 물들이는지도 모릅니다. 그래서인지 단풍잎들은 바람에 깃발처럼 휘날리다 화려함도 잠시요 이내 지는 잎들이 더 많습니다. 나이가 들수록 단풍 빛처럼 곱게 늙어가라며 물들여 보이더니 만추에 접어들면서는 노탐을 버리라는 듯 아낌없이 버리게 하고 있습니다.

　우리의 인생살이도 단풍처럼 곱게 늙어가다가 마침내는 이것저것 훌훌 떨쳐 버리고 홀가분하게 가기를 원합니다. 늦가을 석양은 황홀함도 잠시요 삽시간에 어두움이 덮여지듯이 인생 석양도 낙엽의 뒷모습과 다를 바 없는 것 같습니다. 나이 든 사람에게는 나이가 낙엽에 비유되므로 그래서 나이가 쌓이면 쌓일수록 더 허전해지는지도 모릅니다.

　한낱 잎사귀에 지나지 않는 대상이지만 보는 이의 심경에 의해 조명되기 때문에 그래서 각각 다르게 나타나 보이나 봅니다. 가을이면 생과 사를 더욱 사색하게 하고, 사후의 세계까지 어떤 법칙으로 돌아가고 있나 더 깊이 생각해보게 합니다.

　이 세상에서의 모든 명예나 권력 및 재산은 자기 것이 아니며 오직 가지고 가는 것은 자기가 쌓은 업뿐이라고 합니다.

　인연론은 이 세상 만법이 생기고 변하며 멸하는 일체의 현상에 대해 설명할 수 있는 논리라고 했습니다. 인연법의 철학적인 해석은 아주 다양하지만 전문적으로 알고 싶으면 구사론(俱舍論)의 업감연기(業感緣起), 유식론(唯識論)의 뢰야연기(賴耶緣起), 기신론(起信論)의 진여연기(眞如緣起), 화엄경(華嚴經)의 법계연기(法界緣起) 등이 있습니다.

흐르는 것은 시간이 아니라 관성(慣性)이다

이 세상 모두가 같은 모습으로 머물러 있지 아니하고 계속해서 변하고 있는 가운데 우리는 살고 있습니다. 그 가운데가 무엇을 의미하는지 모르겠습니다. 그 가운데가 마음 가운데 있는지, 몸 가운데 있는지, 어느 공간 가운데 있는지, 공간 밖에 있는지. 또는 일정한 시간 가운데 있는지, 무한(無限)한 시간 가운데 있는지, 아니면 따로 있는지, 함께 있는지, 그것도 저것도 아닌 정답이 분명하게 있는지, 궁금하게 합니다.

달리는 기차에서 창밖을 내다보면 많은 풍경들이 언뜻언뜻 스쳐 지나가지만 내려서 보면 풍경이 지나가는 것이 아니라 기차가 달리고 있습니다. 고정되어 있는 풍경은 스쳐 지나가고, 달리는 기차는 그대로 서 있는 느낌이듯이 흐르는 것은 시간이 아니라 자기의 관성(慣性)이 아닐까 하는 생각을 해봅니다.

우리가 기차에서 내리듯 삶에서 내렸을 때 관성은 어떻게 될까요? 돌아가신 영혼들은 나이를 더 먹지 않는 걸로 저는 알고 있습니다. 세월이 아무리 오래 흘렀어도 귀신의 세계는 어린애로 죽었으면 어린애로, 어른은 어른으로, 노인은 노인으로 즉 살아 생전의 모습 그대로 꿈에 나타납니다. 우리가 이십대에서 돌아가신 조상에 대한 꿈을 꾸고 다시 오십대에서 꿈을 꾸어도 조상의 영혼은 이십대 때 본 그 모습 그대로 나타납니다.

점하는 무속인도 신(神)이 처음 몸에 내려 지핀 그대로 점을 치며 즉 무속인은 늙어가도 접신(接神)된 신은 늙지 않습니다. 왜 영혼의 세계는 나이를 먹지 않는지 알 수 없으며 그래서 관성과의 관계를 생각해보게 합니다. 삼십대는 삼십 마일, 오십대는 오십 마일, 칠십대는 칠십 마일로 시간이 점점 **빠르게** 느껴지는 이유는 무엇일까요?

또 다른 이론은 누구나 여행을 통해서 경험하셨겠지만 이박 삼일쯤 여행을 다녀오면 일주일 이상 다녀온 느낌입니다. 새로운 세계를 많이 보고, 체험하며, 느낄수록 많은 시간을 여행한 느낌이 듭니다.

같은 거리도 가고 오는 소요시간은 다르게 나타나며 즉, 처음 찾아가는 길은 멀게 느껴지고 돌아올 땐 가깝게 느껴집니다. 찾아갈 때는 세심하게 주위를 살피며 거리를 머릿속에 기억하지만 올 때는 이미 알고 있는 길이라서 신경을 덜 쓰기 때문이라고 합니다. 그런가 하면 그 반대의 현상이 나타나는데 예를 들어 보면 가만히 앉아서 기차시간을 기다려보면 10분도 따분하고 지루합니다. 그러나 같은 공간 안에서 재미있는 TV프로를 보며 기다리면 10분은 잠깐 지나갑니다.

왜 TV를 통해 10분 동안 새로운 것을 많이 보고 들었는데도 시간이 빨리 지나간 느낌이고 할 일 없이 앉아 있으면 10분이 길게 느껴질까요. 앞서 여행을 통해서도 새로운 것을 많이 보고 들었는데도 많은 시간이 걸린 것처럼 느껴지는 것은 서로 상반된 느낌입니다.

또 다른 경험으로 재미없는 시간은 느리게 가고 재미있는 시간은 빠르게 가는 느낌입니다. 그러나 나이가 들수록 인생사가 더 재미없는데도 왜 빠르게 느껴지는지 그것도 반대의 현상입니다.

시간의 표준인 '불변의 시간' 과 자기 자신에게 비교된 '상대적인 시간' 사이를 무의식중에 왔다 갔다 합니다. 공간이나 시간을 말할 때도 어느 때는 과학적으로 정한 '불변시간(不變時間)'과 개인이 비교해서 생각하는 '상대적인 시간(相對時間)'이 있습니다.

불변적인 시간은 한 시간이 60분이요, 하루가 24시간이며 일 년은 365일로 정해진 시간입니다. 상대적인 시간은 누구를 초조하게 기다릴 때 '일각이 여삼추(一刻如三秋)', 같다고 할 때의 시간입니다. 같은 시간인데도 과학적인 불변의 시간과 감정적인 상대적인 시간 차가 크게 다르게 나타납니다.

일곱 살 먹은 어린애가 생일 때 작년 생일을 상기시켜 본다면 일 년이 인생의 칠분의 일입니다. 그러나 칠십 할아버지에게 1년은 인생의 70분의 1밖에 안 되므로 '평생' 살아온 길이에 따라 비율도 달라지고 더 빠르게 느껴진다고 볼 수 있습니다.

그래서 같은 시간을 살아가는데도 나이가 들면 드는 것만큼 상대적인 시간 때문에 세월이 빨리 가는 것같이 느껴지는 것 같습니다. 모든 존재의 모습을 시간적인 관계 속에서 밝힌 것을 무상(無常)이라 하고 공간적인 관계 속에서 밝힌 것을 무아(無我)라고 합니다. 나이가 들수록 무상과 무아가 달리는 기차와 스치는 풍경처럼 관성(慣性) 속에서 오락가락하나 봅니다.

어디서나 똑같은
한가위 달이건만

　오늘은 산들산들 나뭇잎 나부끼는 소리가 귀를 솔깃하게 하며 불현듯 어디론가로 떠나고 싶은 계절병을 도지게 합니다. 한편으로는 결실의 계절을 실속 없이 맞이해서인지 한쪽 가슴이 허전한 쪽으로 자꾸만 비어가고 있습니다. 눈부신 초가을 햇살을 그냥 보내기 아까워 뒷마당 한 모퉁이에 줄을 매고 여름 이불과 가을 이불, 홑청 빨래를 말렸습니다.
　세탁기 통속에 갇혀 곤두박질치며 숨차게 돌아가는 고통 속에서 빨래를 해방시켜 주었습니다. 몸에서 벗어나 냄새며 찌든 때를 말끔히 씻고 온통 날개가 되어 바람이 부추길 때마다 신바람이 나는지 무척이나 펄럭였습니다. 미관상 밖에다 빨래를 말리지 않는 이곳 도시환경인데도 뒤뜰에서 말리는 빨래가 좋게 보이는 것은 한국식 관념인 것 같습니다.
　때로는 누구나 동심의 세계를 그리워하듯 하얀 빨래도 때 묻기 전 자기의 본래 모습을 갈망하나 봅니다. 지난 날 모두를 떨쳐 버리고 통속 같은 생활 속에서 벗어나 보겠다고 저 역시 정처 없이 떠돌며 살았던 그런 나이도 있었습니다.
　그때는 전 재산인 걸망 하나를 짊어지고 바람 부는 대로 물결치는 대로 발길 가는 대로 가고 갔습니다. 가다보면 지리산이 나오고 태백산도 반기며 설악산도 오르고 동해안 서해안 섬마을까지 다다랐습니다.

  명절 때가 가까워 오니 이미 사라져 버린 옛 고향마을의 다듬이질 소리와 떡치는 소리가 그립습니다. 해운대 앞바다에서 보스턴 앞바다까지 바닷물이 밀려오는 것이 아니라 물의 파동(波動)이 굽이쳐 오듯 향수도 그렇습니다.

  명절이라고 해서 잠시 다녀올 수 있는 거리가 아니기에 고향을 향한 마음만은 물결마냥 약간씩 움직이고 있습니다. 물색이 투명하지만 투명한 물빛도 깊어지면 푸른색으로 짙어지듯 관심도 가지면 가질수록 정이 깊어지고 고운 색으로 짙어지나 봅니다. 한 통화의 전화가 대화의 꽃이요, 인간미의 빛깔이며 보답의 향기인 줄 알면서도 왠지 미루게 됩니다. 차일피일 미루다 보면 점차 서먹서먹해지고 그러다가 생각지도 않은 오해로 남게 되는 것 같습니다. 흐르지 않는 물은 썩게 되듯이 나의 감정도 흐름이 없다면 메말라 가는 가슴임을 확인해야 한다고 자신에게 말하곤 합니다.

  넓은 바다에서 성장하여 다시 고향을 찾아 세찬 파도를 거슬러 올라가는 긴 여정의 고행이 없는 고기라면 연어도 한낱 물고기에 지나지 아니했을 겁니다. 한 송이의 꽃을 피우기까지는 뿌리와 줄기 그리고 잎들의 노력이 있어야 하듯 누구나 등 뒤에는 부모 형제와 스승 및 친구며 조국의 은혜로운 하늘이 있습니다.

  한가위 달은 어느 곳이나 누구에게나 똑같이 비추어 주지만 보는 이들은 저마다 다른 추억이 떠오를 것입니다. 그러나 달빛은 모두가 우러러 보게 하고 누구의 마음이나 똑같이 사무치게 하나봅니다.

예로부터 농가에서 '깐깐유월' '어정칠월' '건들팔월' 이라는 말이 전해 내려오고 유월은 무척이나 무덥고 일거리도 많아 서 지나갔으면 해서 나온 말이랍니다. 7월로 접어들면 일거리가 줄어들면서 그래저래 더위를 피하다가 백중이 지나고 나면 한풀 꺾인 더위 속에서 8월을 맞이합니다.

8월도 중순 지나면 햇곡식이 차례로 나면서 '과일도 제철을 만나 풍요로우니 이 좋은 절기를 어찌 무심히 보내리오' 했습니다.

"한 놈은 구덩이를 파고 아홉 놈은 묻으며 다독거리는 것이 뭐냐?"

어려서 송편 만들 때 할머니께서 물으시던 수수께끼가 생각납니다. 그 수수께끼의 숨은 뜻을 알고 싶으면 송편 만드는데 참여해야 하고 그 뜻을 알면 송편을 예쁘게 만들 수 있다고 가르쳐 주셨습니다.

가족끼리 아니면 여러 사람이 오순도순 둘러앉아 송편에 엄지손가락으로 구덩이를 파서 흥허물을 파묻어 주고 아홉 손가락으로 서로가 등을 다독거려 주다보면 알게 모르게 미운 정도 고운 정으로 바뀐다고 했습니다.

좋은 명절이 되시라고 추석 소식 띄웁니다.

명절에 드는 상념

　잊고 싶다고 잊을 수 있고, 그리워한다고 해서 옛날로 돌아갈 수 있다면 마음 아파하고 슬퍼할 일이 없을 것입니다. 우리의 추억 속에는 흑백 사진처럼 고향이 찍혀 있으며 특히나 명절 때가 되면 더욱 아련한 정서로 되살아납니다. 추석명절을 위해 밤마다 달이 둥글어 가고 있으며 그 달빛이 본래의 마음을 비추어보게 하고 있습니다.
　고향은 내 과거가 있는 곳, 옛정이 담긴 곳, 조상의 산소가 있는 곳이며, 뿌리가 살아있는 곳입니다. 작년 이맘 때 추석 법회를 마치고 같은 식탁에 앉아 계시는 신도님들께 "추석 하면 어떤 생각이 먼저 떠오릅니까?" 하고 물어봤습니다. 대부분 맨 먼저 부모님과 형제들이 떠오르고 어릴 적 친구들 소식이 궁금하다고 말씀하셨습니다. 시골이 고향인 신도님은 넓은 들과 동네의 골목길이 보이며 달 밝은 밤 박꽃이 하얗게 피어있는 초가지붕이 생각난다고 하셨습니다.
　그리고 마을 앞을 돌아 맑게 흘러가는 시냇물 소리가 듣고 싶고 어머니가 끓여주신 토란국 이야기도 나왔습니다. 말씀해주신 분들은 세파에 시달린 잔주름이 눈 밑에 얕게 드리워져 있는 연세들이었습니다.

우리 민족은 동방예의지국이며 어느 민족보다 조상과 부모님에 대한 효심이 지극합니다. 어른을 공경하고 은혜에 보답하며 인심 좋은 전통 등, 그 고귀한 정신과 정서가 우리 민족의 추억이요 향수입니다. 자신의 무의식은 그동안 살아온 과정이요 총체적인 기억이며 의식의 세계 속에 무의식의 세계가 있습니다.

어릴 적부터 만들어진 기억은 우리의 무의식 속에 저장되어 있기에 현재만 보면 잘 보이지 아니해도 과거에 비추어 보면 연결되어 보입니다. 우리는 기억 때문에 즐거워하고 행복해 하며 때로는 고민하고 괴로워하면서 새로운 것을 창출해 냅니다.

추억은 지나간 시간 속에 있는 것일까? 아름다운 기억 속에 있는 것일까? 자신도 타인도 모두가 변하고 있다면 변하지 않는 것은 무엇일까?

삶의 어떤 무게가 그렇게 의식의 지층을 어긋나게 할 때가 있으며 자신의 존재를 나타내고, 잊혀져가는 것들을 다시금 상기시켜 주기도 합니다. 명절이 가까워지면 우리는 서로 생활이 다르고 아무리 힘이 들어도 혈육지간에 공경하고 우애하며 지켜주고 있음을 다시금 확인하곤 합니다. 나무마다 뿌리가 있듯이 조상은 나무의 뿌리와 같으며 우리가 이렇게 푸르게 살고 있는 것도 뿌리가 있기 때문입니다.

달은 끊임없이 반복해서 돌고 있지만 밤마다 조금씩 새로운 모양과 다른 느낌으로 나타납니다. 비구름에 가려도 젖지 않고, 가는 길 구애 없이 그렇게 돌고 돕니다. 달에서 토끼가 방아를 찧고 있다는 내용은 인도의 전설이고 불사약을 훔친 '항아'가 계수나무 밑에서 약 방아를 찧고 있다는 것은 중국의 고사입니다. 그래서 '달아달아 밝은 달아'로 이어지는 동요는 그 속의 '이태백'이나 '계수나무' 때문에 중국 문화의 인용 '시'로 이해하기가 쉽습니다.

하지만 초가삼간 집을 지어 양친부모 모시고 살겠다는 효행 사상을 보면 우리 민족의 '시'요, 이태백 같은 시정이 있으면서도 멋의 문화를 갖추고 있습니다. 이곳 보스턴 날씨는 한국과 비슷하지만 봄은 늦게 오고 가을은 먼저 오며 그래서 한국은 아직 덥다고 하는데 보스턴은 벌써 산들바람이 불어오고 있습니다.

높은 밤하늘에 휘영청 보름달이 밝으니 그래서 가을 추(秋) 저녁 석(夕)이라 한 것이 아닌가 싶습니다. 대체로 지금까지 전해온 제록(祭錄)에 의하면 정초에는 차례(茶禮)만 지냈고 한식에는 성묘(省墓)를 했으며, 추석에는 차례와 성묘를 함께 모셨습니다. 그리고 3대 고조(高祖)까지는 제사를 지냈고 10월에는 4대 이상의 조상 묘제(墓祭)를 올렸습니다.

거리상 성묘(省墓)도 할 수 없고, 집에서 차례 준비가 어려우신 분들을 위해 문수사에서는 한가위 합동 차례(茶禮)를 모십니다. 문수사 식당에 모여서 송편도 같이 빚으시고, 차례 상(床)도 같이 준비하곤 합니다. 지금은 핵가족 시대라 전통가문의 음식이나 예절을 배울 기회가 없으므로 배울 수 있는 특별한 자리를 마련하고자 하는 마음입니다.

추석제사

　옛날 어느 산골 암자에 배가 고픈 들고양이가 찾아와서 야옹거려 노스님이 먹이를 챙겨 주셨습니다. 그로부터 고양이는 노스님 곁을 떠나지 않아 고양이와 함께 살게 되었으며 고양이가 노스님 가는 곳마다 곧잘 따라다녔습니다.
　어느 날 법당에서 제사를 지내려고 제사상을 차리고 있는데 고양이가 제사상 위로 성큼 뛰어올라 음식을 먹었습니다. 제사음식을 망친 고양이는 화가 난 노스님에게 혼쭐이 나도록 야단을 맞고 법당 밖으로 쫓겨났습니다.
　음식을 다시 정성껏 장만하여 제사상을 차리고서 막 제사를 지내려고 하는데 이번에도 고양이가 또 상 위에 뛰어올라 제사 음식을 망쳐 놓았습니다. 언제 어느 틈으로 들어왔는지 살짝 들어와 음식을 보자마자 들고양이의 습성대로 일을 두 번이나 저질렀습니다.
　야단을 쳐도 짐승이라 분별을 못하고 본능적으로 음식을 탐하는 것을 보고 노스님은 고양이 잘못이 아니라 자기 잘못임을 뒤늦게 알았습니다. 그 뒤부터는 제사를 지낼 때마다 고양이를 법당 한쪽 기둥에 묶어 놓고 제사를 지냈습니다.
　연세가 더 많아지면서 혼자 살기가 어려워지자 도움이 필요한 노스님은 상좌들을 불러들여 시봉을 받고 사셨습니다. 몇 년을 그렇게 살다가 어느 날 노스님이 열반(涅槃)하셨고 고양이도 나이가 많아 그해 겨울에 죽었습니다.

그 후에 상좌들은 제사를 지낼 때마다 없는 고양이를 아랫마을에서 빌려 오든지 아니면 시장에서 사다가 법당 한쪽 기둥에 묶어 놓고 제사를 지냈습니다. 노스님이 제사를 지낼 때마다 고양이를 법당 한쪽 기둥에 묶어놓고 지내는 걸 보고 제자들은 그 이유도 모르면서 그대로 따랐습니다.

때로는 뜻도 모르고 웃어른들이 그렇게 해 왔으니까 우리도 그렇게 해야 한다며 법 아닌 법을 고집하는 사람이 있습니다. 그런가 하면 유교 제사법도 잘 모르고, 불교 제사법도 잘 모르다 보니 어깨 너머로 본 눈짐작으로 대충 지내는 가족도 있습니다. 제사는 원래 맑고 향기로운 차(茶)로 차례(茶禮)를 갖추어 모셨으므로 이름도 차례입니다.

불교의 제사(祭祀)법은 혼령이 생전의 사집(邪執)이나 유견(謬見) 및 번뇌(煩惱)의 업(業)으로 육도(六道) 윤회(輪廻)를 하므로 천도(薦度) 의식에 그 의미를 둡니다. 제사상을 차리는 법도(法度)는 사후에도 생시의 '업' 그대로이기 때문에 혼령의 식성 위주로 식사와 별식 그리고 후식의 순서로 차립니다.

절에서 지낼 때는 살생과 관계되는 음식을 피하고 오신채(五辛菜)도 금하며 정갈하게 준비합니다.

제사를 지내는 순서도 먼저 불보살님께 불공(佛供)을 올리고 이어서 영가(靈駕)에게 독경(讀經)과 시식(試食)의 천도재(薦度齋)를 지냅니다. 진리의 말씀을 전해드리고 천상(天上)이나 극락세계에 왕생하도록 기원하는 천도의식이므로 정신이 맑아지는 '차(茶)'와 '향(香)'을 올립니다.

언제부터인지 유교(儒敎)에서는 차보다는 술을 올리는 풍속으로 변하였습니다. 유교에서의 차례(茶禮) 상(床)은 다음과 같은 순서로 진설(陳設)합니다.

    紅東白西(홍동백서)하고
    붉은 색 제물은 동쪽에, 하얀색 제물은 서쪽에
    頭東尾西(두동미서)하며
    머리는 동쪽에, 꼬리는 서쪽에
    魚東肉西(어동육서)하고
    어찬은 동쪽에, 육찬은 서쪽에
    左脯右醯(좌포우혜)하니
    말린 어포나 육포는 왼쪽에, 식혜는 오른쪽에
    棗栗梨柿(조율이시)니라
    대추, 밤, 배, 감의 순서로 놓는다.
    造菓東天實西(조과동천실서)라
    유밀과(油蜜菓) 등은 동쪽에 천연과일은 서쪽에 차린다.

우리의 민속은 태양이 떠오르는 동쪽방향을 양(陽)으로 하여 남성을 상징하고 서쪽은 태양이 지는 방향이라 음(陰)으로 하여 여성을 상징했습니다. 그에 따라서 붉은색 제사음식은 남성방위인 동편에 놓고, 하얀색에 가까운 제물은 여성방위인 서편에 놓는다고 하여 '홍동백서(紅東白西)'라고 했습니다. '두동미서(頭東尾西)'도 역시 머리는 남성을 상징하고 꼬리는 여성을 상징했으며 '조율이시(棗栗梨柿)'는 양동(陽東)과 음서(陰西)의 순위(順位)입니다.

'어동육서(魚東肉西)'도 어물은 동편에 육류는 서편에 놓아서 음양의 상징체계를 세웠습니다. 이렇게 유교에서 제사상을 차리는 법을 보면 음양(陰陽)과 남존여비(男尊女卑)의 사상에서 발상되었던 것으로 나타납니다.

차례(茶禮)의 진정한 의미

추석(秋夕)하면 맨 먼저 고향(故鄕)이 떠오르기에 고향이란 낱말을 국어사전에서 찾아보았습니다.
1. 자기가 태어나서 자란 곳.
2. 제 조상이 오래 누려 살던 곳으로 풀이를 했습니다.
일요법회 때마다 부모님 따라 문수사에 오는 다섯 살 먹은 윤주에게 고향이 어디냐고 물었습니다. 윤주는 고향이란 단어를 모르고 있었습니다. 그러자 그 옆에 서있던 윤주 엄마가 "너 태어난 곳 어디야?" 하고 물으니 병원이라고 대답했습니다.
어느 날 유학생이 신도님 따라 문수사에 찾아와서 이야기를 나누다가 "고향이 어디냐?"고 물으니 대구라고 했습니다. 그러자 옆에 있던 신도님이 "군산이지 어찌 대구냐?" "군산은 우리 부모님 고향이에요." "그럼 너희 할머니 고향은?" "황해도예요"라고 했습니다.
한 집에서 같이 사는 가족인데도 태어난 곳이 각각 다르다 보니 고향이 달랐습니다. 조상의 뼈가 묻힌 곳이 고향인지? 태어난 곳이 고향인지? 어렸을 때 자란 곳이 고향인지? 언뜻 대답이 떠오르질 아니했습니다.

어떤 노스님께 고향을 여쭈어보니 "어머니 뱃속까진 아는데 그 이전은 잘 모른다"라고 대답을 하셨습니다. 나이가 50이 넘으면 대부분 〈동물의 왕국〉 같은 자연 다큐멘터리 TV프로를 즐겨본다고 합니다.

식물이나 동물이나 모든 생명체들이 종족보존에 본능적으로 생존을 모색하고 번식해가는 것을 보면 경이롭습니다. 만물의 영장이라고 하는 인간도 그 자연의 일부분이며 구성체요 섭리에서 벗어나지 아니했습니다.

틱낫탄 스님은 고향인 베트남을 40년 만에 찾아가서 "우리의 조상이 무덤 안에 있는 것이 아니라 내 몸 안에 있다. 내 몸을 조상이 물려주었다. 우리의 참 마음이 마음의 고향이며 신체적인 고향이나 마음에 고향이 다 나에게 있다. 그래서 자기 자신을 잘 반조해봐야 한다. 나의 행위와 생각을 깊이 관찰해보면 행복의 열쇠는 나에게 있다"라고 했습니다.

나이 드신 어른들은 명절 때가 되면 '나의 살던 고향은 꽃피는 산골'의 콧노래가 자신도 모르게 나온다고 합니다. 요즈음 유학생이나 젊은 이민자들은 어떤 향수를 가지고 있는지 궁금합니다. 혹 '나의 살던 고향은 강남아파트 99동 909호 고층 아파트, 집집마다 자가용, 거리에는 상가들, 원조 식당들―.' 그런 내용의 동요가 나올 법도 합니다.

「증일아함경」 '역품(力品)'에서 '여섯 가지 감각'이란 그 성향이 각각 다른 짐승과 같습니다.

예를 들면 개, 여우, 원숭이, 물고기, 독사, 새를 가두었다가 풀어주면 가는 곳이 다를 것이다. 개는 마을로, 여우는 산으로, 원숭이는 숲으로, 물고기는 물로, 독사는 땅 구멍으로, 새는 공중으로 날아갈 것이다' 라고 했습니다. 민족마다 다르고, 사람 따라 차이가 나며, 나이대로 정서가 다르다보니 고향이나 조상이나 효행사상이 각각 다를 수밖에 없습니다.

「잡보장경」을 보면 '소박한 식사를 대접 받았거나 하룻밤만이라도 그 집에서 쉬어갔거든 그에게는 나쁜 생각을 가지지 말라. 은혜를 알고 보답할 줄 알면 모든 성인이 칭찬한다. 혹은 나무그늘에서 쉬었다 가더라도 그 나무의 잎과 꽃과 열매를 상하지 말라. 조금이나마 고마움에 보답하지 아니하고 오히려 악행을 하면 그에게는 영원토록 즐거움이 없으리라' 하였습니다.

차례(茶禮)는 이승과 저승이 맞닿는 효도의식입니다. 차례가 어찌 소망의 기도가 아닐 수 있으며 숭고한 공경과 효도가 아닐 수 있겠습니까? 영혼과 영혼이 만나는 시공의 초월이며 가훈의 전통교육과 효행의 제의식입니다. 우리 민족의 전통 안에는 혼과 넋과 얼이 있으며 윤리 도덕 및 효행사상이 투철합니다.

수채화를 그리는 가을비

 일주일 가까이 산발적으로 내리는 가을비가 시시각각 화폭을 뒤바꾸어 가며 수채화처럼 그려가고 있습니다. 평년보다 일주일가량 늦게 물이 들고 있지만 갑자기 기온이 떨어지면서 비가 적절하게 내리고 있으므로 단풍잎들이 더 곱게 물이 들 것 같습니다.
 뉴잉글랜드는 대부분의 수목이 활엽수요, 기온차가 심해서 다른 지역보다 단풍 색깔이 훨씬 더 다양하고 단풍물이 선명하게 드는 곳이랍니다. 특히 문수사에서 자동차로 2시간 거리에 있는 국립공원(White Mountain)은 여행객들이 가을 여행지로 가장 선호하는 유명한 산입니다. 인디언 헤드(Indian Head)도 '큰 바위얼굴'에서 2-3분 거리에 있습니다.
 나이가 들수록 우리의 인생살이도 단풍처럼 곱게 나이가 들어가다가 마침내는 이것저것 훌훌 떨쳐 버리고 애착 없이 홀가분하게 가기를 원합니다. 불교의 교리 중에 인연과 윤회가 근본을 이루며 인(因)은 직접적이고 연(緣)은 간접적이랍니다. 명예, 권력, 재산뿐만 아니라 이 세상의 어떤 것도 가지고 갈 수 없고 자기가 쌓은 업만 유일하게 가지고 간다고 합니다.

그 업을 어느 쪽으로 길들이느냐에 의해 다음 생도 그 업을 따라 간다고 했습니다. '영혼의 무게가 21g'이라는 학설이 있는데 그럼 영혼이 있다는 것일까? '영혼이 있다면 어떤 업으로 태어났을까?' 하는 의문이 꼬리를 물고 돌게 합니다.

업도 개인 업이 있는가 하면 공업이 있으며 개인 업과 공업이 함께 어우러져 태어난다고 했습니다. 부모를 비롯하여 조상의 혈통을 이어받기도 하고 자신의 업과 주위의 환경을 비롯하여 많은 관계가 함께 작용된다고 합니다. 그러므로 쌍둥이도 서로 공통점이 있는가 하면 전혀 다른 점이 있으며 성격이나 살아가는 과정에 의해 많은 차이가 남을 주위에서 볼 수 있습니다.

그간 수행을 통해 어느 정도는 영적인 체험을 하고 있지만 그에 대한 의문은 더욱 본질적으로 정진하게 합니다. 체험을 바탕으로 가는 방향의 지도를 내심 그리고 있으며 그리하여 황량한 정신의 들판을 수행자의 길로 건너가고 있습니다.

생과 사, 사후의 세계는 어떤 원리로 이루어졌으며 어떤 법칙으로 돌아가고 있을까? 이 우주는 시작과 끝이 있는 유한한 존재인가 아니면 불교에서 설명하듯 시작과 끝이 없는 무한한 존재인가. 이 세계가 유한하다면 절대적인 신은 그 의미를 상실하게 되는데 시작이 있으면 반드시 끝이 있기 때문입니다. 즉 이 세계가 시작과 끝이 있다면 신의 존재도 시작과 끝이 있다는 이론이 성립됩니다.

인연과 윤회를 헤아려볼 수 있는 사건이 얼마든지 있지만 간단한 예를 들어보겠습니다.

한 번도 배우지 않은 외국어를 제법 잘하는 어린아이를 TV를 통해 보았습니다. 그런가 하면 조상이나 부모가 음악하고는 전혀 관런이 없음에도, 그런 집안에서 유전과 상관없이 유명한 피아니스트가 나오기도 합니다.

아기가 말을 배우기 시작하던 어느 날 교육받은 내용을 뛰어 넘어 상당한 수준의 단어를 사용합니다. 전혀 가르쳐 주거나 부모가 흔히 사용하는 말이 아닌데도 비약적으로 발전하는 아이들의 언어를 엄마들은 다 경험하셨을 겁니다.

같은 인연의 고리에 묶여 비슷한 삶과 윤회를 거듭하고 있음을 평범한 가정에서도 전생기억의 예를 쉽게 찾아 볼 수 있습니다. 누구나 업이니 윤회니 인과니 하는 것을 살아가면서 어렴풋이 느낄 것이며 그 이치가 세상사가 변하고 소멸했다가 다시 생하는 윤회를 설명하는 논리입니다.

見色聞聲從隨業(견색문성종수업)
보고 들으면 쫓고 따르며 업이 되고
不見不聞自願獄(불견불문자원옥)
보지도 듣지도 아니하면 스스로 갇히게 되나니
生有閑見色聞聲(생유한견색문선)
살아있는 한 보고 들을 수밖에 없으므로
見不見又不聞聲(견불견우불문성)
보되 보지 않고 또한 들어도 듣지 않으리라.

낙엽에 대한 연민

　초가을엔 풀벌레소리가 귀를 여리게 열어주며 사색하게 하더니 늦가을로 접어들면서 낙엽 지는 소리가 잠을 뒤척이게 합니다. 자다 일어나 망연히 앉아 있노라면 흩날리는 낙엽소리가 가슴 언저리 그 너머에서 소슬하게 들려옵니다.

　한동안 구름 한 점 없는 푸른 하늘이었으며 맥없이 낙엽이 지면 바람은 가만히 받아 내려놓는 날씨였습니다. '나무는 가만히 있고 싶지만 바람이 분다'는 속담이 있지만, 바람이 불지 않으면 나무는 살 수가 없습니다. 바람은 구름을 몰고 오고, 구름은 비를 내려 주며 또한 바람은 계절을 몰고 갑니다. 어떤 나무든지 바람에 흔들리지 아니하고 자라는 나무는 없으며 이 세상 어떤 사람도 흔들리지 않고 살아가는 사람은 없을 겁니다.

　나무는 흔들리면서 줄기를 곧추 세우고 필요한 만큼 가지를 뻗으며 잎을 펼치고 꽃을 피우며 열매를 맺습니다. 사노라면 몸도 마음도 흔들릴 때가 더러 있으며 그것은 살아 있기 때문에 겪어야 하는 과정이며 삶의 의미인 것 같습니다. 그러면서 각자가 다른 여건 속에서 자기 능력껏 일을 해내며 꿈을 이루어가고 있습니다.

경쟁 속을 쫓아가다 보면 하루가 잠시요, 계절이 어떻게 바뀌었는지 한 해가 다 가도 모르고 살 때가 있습니다. 반복되는 일상생활 속에서 잠시 쉬며 창밖을 내다보거나 여행을 떠나보면 또 다른 자신의 세계를 만나게 됩니다. 어떤 집착이나 자기 속박에서 벗어나 잠시 자유로운 길로 가는 것이 여행이며 자기가 살고 있는 곳을 떠나보면 평소에 어떻게 살아 왔는지 되돌아봐집니다.

여행은 목적지에 도착하는 일이기보다 일상적인 반복 속에서 벗어나는데 그 일차적인 의미가 있는 것 같습니다. 떠난다는 것은 또 다른 정신세계를 향한 시도요 추구이며 새삼스럽게 자기 존재의 가치를 되돌아 볼 수 있는 기회입니다. 늦여름에 떠나면 여름 풍경이 끝물이라 시들하고 그렇다고 초가을에 가면 단풍은 아직 이르므로 와 닿는 느낌이 적습니다.

여행은 계절과 관계가 깊기 때문에 귓가에 바람소리가 솔깃해지면 떠나 다시 가보고 싶은 곳도 있지만 대부분 새로운 곳을 찾아가게 됩니다. 인간의 감각으로는 보이지 않지만 존재하는 것이 있고 들리지 않아도 소리 내는 것이 있으며, 맡을 수 없는 냄새도 있습니다. 그러나 관심을 가지고 보면 나타나며 아름답다고 찬탄을 할 때 단풍 숲은 더 고운 빛으로 가슴을 물들여 줍니다.

보는 이의 눈빛을 따라 단풍 숲은 전체적으로는 조화를 이루면서 서로 각각 다른 모습으로 나타납니다. 신선한 공기를 깊이 마시면 생명에 대한 고마움이 새삼스러우며 한 잎 낙엽마저도 어떤 법칙으로 세상사가 돌아가고 있는지를 보여줍니다. 산에 오르다 보면 고운 색깔로 치장했어도 여전히 겸허하고 듬직하면서도 우뚝이 지키고 있음을 볼 수 있습니다.

그런가하면 넓은 황무지에선 바람에 몸을 가누지 못하고 물결 짓는 파도처럼 들풀이나 야생화들이 순응하고 있는 풍경이 마냥 감응케 합니다. 수많은 오르내림과 돌아가는 모퉁이에서도 모든 것을 감싸며 돌고 돌게 하는 것이 길이요 방향입니다. 지난해도 스스로를 방에 가두고 답답해 하다가 모든 허울을 바람에 날려 보내고 싶어 목적지 없이 여행을 떠났습니다.

허전함을 무언가로 채우기 위해 지향 없이 먼 길 떠나 보면 가을 가슴은 오히려 더 비우고 돌아오게 했습니다. 뭘 얻어 오는 것이 아니라 공연한 망상들을 버리고 오게 되며 여행을 다녀오면 해답이 먼 곳에 있지 아니하고 내 안에 있었음을 알게 됩니다.

나이가 조금 더 들어 지금의 색깔 진 가슴을 펴 보면 어떤 색으로 퇴색되어 있을까 하는 회의적인 생각도 들었습니다. 그보다 나이가 더 들어 지금의 언어들을 추억으로 태우면 무슨 냄새가 날까 하는 무상한 생각을 해 보기도 했습니다.

'행락이불여좌고(行樂而不如坐苦)'라. 즉 '다니는 즐거움이 앉아있는 괴로움만 못하다'라는 말이 있습니다. 여행을 다녀오면 자기 집이 제일 편안함을 다시 알게 되며 정신적인 해답도 자기 안에서 찾아야함을 확인하게 됩니다.

보스턴의 가을 하늘을 보며

　보스턴의 가을 얼굴은 고운 단풍잎이요, 늦가을 단풍 빛은 더 찬연하며 만추에 흩날리는 낙엽은 온갖 사유의 빛깔입니다. 단풍은 음지보다 볕이 잘 드는 양지가 먼저 빨간 빛으로 가을을 맞이하고, 비가 적절하게 내려 주고 일교차가 심할수록 더 곱게 물이 듭니다.
　물론 나무의 종류나 나이테, 토질, 기후 차이에 의해 변하는 생태적인 현상이 변수가 되어 가속화되기도 합니다. 보스턴 지방의 기후와 풍토가 단풍을 색색으로 물들이는데 적합하고 나무 종류도 다양해서 다른 곳에 비해 빛의 선명도가 더 찬란하다고 합니다.
　컴퓨터, 오디오, 텔레비전 등 전자제품도 하루쯤 쉬게 해주고 휴대폰이 연결 안 되는 곳이라면 더욱 좋겠습니다. 그런 곳은 자연의 생명력이 훼손되지 않은 곳이며 한적한 곳입니다.
　여행은 목적지가 있어야겠지만 가다가 마음 드는 곳이 있으면 그곳이 목적지가 되기도 합니다. 추억이나 그리움이 있는 곳을 향해 달려도 좋고 그보다도 틀에 갇힌 삶에서 벗어나는 것이 우선입니다.
　열심히 살면서도 건강과 자신을 되돌아 볼 수 있는 정신적인 한가함과 몸을 위해 휴식시간이 필요합니다. 머리를 맑히는 혼자만의 시간을 가끔씩 가질 수 있다면 먼 훗날에는 지금보다 훨씬 더 발전적인 삶으로 바뀔 수 있습니다.
 철학을 모르면 자신을 모르고, 과학을 모르면 물질의 세계를 모르며, 예술을 모르면 아름다움을 모른다고 합니다. 짜인 틀 속에서도 자유로워지려면 쉬는 시간도 있어야 하고 자신이 하고 있는 일을 되돌아 볼 수 있는 여유가 있어야 합니다.

 하찮은 들꽃들이나 흔한 단풍을 왜보러 가느냐 하면서 무시하다보면 가을은 속절없이 떠나갑니다. 그렇게 살다보면 어느 날 풀 한 포기 없는 메마른 뜰이 자기 내면의 풍경임을 뒤늦게 발견하게 될 것입니다.
 만추로 접어든 요즈음 숲길이나 도시의 거리는 흩날리는 낙엽, 뚝 떨어진 기온, 찬바람까지 동원되어 스산합니다. 각각 다른 색깔로 바람에 들떠 있던 여러 종류의 활엽수들이 며칠 전부터 밤마다 내리는 서리를 맞고선 시들합니다. 굴참나무와 떡갈나무 잎도 늦장을 더 이상 못 부리고 적갈색으로 물들여 가며 만추를 맞이하고 있습니다.
 참나무나 도토리나무 잎은 무슨 미련인지, 아니면 집착인지, 떨어지는 낙엽보다 악착같이 매달려 있는 잎이 더 많습니다. 단풍잎이 아무리 고와도 정작은 인생노을 빛에 속가슴 타는 색깔이라서 나이가 들수록 오히려 허무의 심연에서 내다보입니다. 허전함도 나 이만큼이나 족하다고 생각했는데 낙엽처럼 쌓이는 나이는 쌓일수록 공허해지나 봅니다.
 단풍잎 앞에서 겸허해지는 자신을 문득 보았고 그것이 속을 어느 정도 비워내고 그만큼 허공으로 채운 것 같아 위안도 됩니다. 그런 저런 세월을 지나오며 아직까진 병이 없지만 천기를 미리 감지하는지 비 내리기 전이면 으레 몸이 무엇에 짓눌리며 무거워집니다.
　세월이 흘러도 속담은 변함이 없으니, 속담이 떠오를 때마다 그동안 체험을 통해 공감하는 나이를 확인하게 합니다. 단풍처럼 곱게 물들다 어느 날 속절없이 떨어지고 싶은 간절함은 노인들의 공통된 기도가 아닌가 생각됩니다.

　벌써부터 가지만 앙상한 나무는 너무 일찍 정년퇴임하고 좋은 세상 할 일 없이 소일하는 사람과 비교되어 쓸쓸하게 보입니다. 그런가 하면 곱게 물이 들었다가 단풍잎을 한두 잎씩 떨어뜨리며 계절에 순응하는 나무는 마치 순리대로 사는 사람 같아서 좋아 보입니다. 어떤 나무는 여태껏 뭘 했는지, 만추가 되어도 서슬 퍼렇게 초록색 잎들로 남아있습니다.
　하필이면 문수사 뒤뜰 울타리 나무가 아직까지 초록색으로 버티고 있기에 세상물정 모르고 철없이 사는 주인 닮았나! 하는 생각에 눈길이 곱게 안갑니다.
　떨어지는 낙엽이 노탐을 버리라는 듯 훌훌 떨쳐버리고 홀가분하게 내려앉고 있습니다. 공성신퇴(功成身退)라고 할 만한 공은 없지만 책임 없는 고문이름만 남아있고 몇 개의 회장 실무는 다 물려주었습니다.
　나이 탓인지 단풍도 예사로 안보이며 인생사도 단풍과 비교가 되어 요즈음 차를 몰고 단풍 숲을 곧잘 달려가곤 합니다. 늦가을이면 석양의 황홀함도 잠시요 삽시간에 어두움이 덮여지듯이 인생 석양도 언제 어떻게 될지 믿을 수 없는 것이 나이요 뒷모습인 것 같습니다.

노후 빛 같은 단풍

　아쉬움에 얼뜬 시월은 단풍 빛도 황혼 빛 같고 황혼 빛도 노후 빛 같이 보입니다. 순연한 삶 속에 숨겨온 상처가 만추의 서릿발에 못 이겨 아픈 가슴 핏빛으로 실토하는지, 지난날을 후회하는 잎들이 부끄러워 낯을 붉히는지, 아니면 곱고 화려하게 살아왔다고 자랑을 하는 건지.

　나무는 차마 떨쳐버릴 수 없지만 나뭇잎들은 계절의 의미를 잘 알기에 비련의 가슴 빛을 감추지 못해 저마다의 슬픔이 배어 나오는 걸까요? 아무리 잘 살았어도 보내야 할 때를 아는 나무는 가을로 접어들면서 잎사귀들을 곱게 보내기 위해 물들여 왔는지도 모릅니다. 하루가 다르게 뜰 앞에 나뭇잎들은 더욱 열꽃으로 앓고 있으며 청랭한 바람기만 있어도 몸 둘 바를 몰라 소스라칩니다.

　왜 단풍이 고우면 고울수록 곱다는 생각보다 서러운 감정이 들까요? 스산하게 불어가는 소슬바람이 눈빛을 더 흔들리게 합니다. 나뭇잎 하나하나가 봄부터 가을까지 일해 온 실적이 여러 색깔로 의미 있게 나타나고 있습니다. 저마다 봄부터 가을까지 역할이 달랐기에 나뭇잎마다 모양과 색깔의 차이가 천차만별로 알록달록 한가 봅니다.

약간의 바람기만 있어도 깃발처럼 휘날리다 화려함도 잠시요 이내 지는 잎들이 더 많습니다. 나이가 들수록 단풍 빛처럼 곱게 늙어가라며 곱게 물들이더니 만추에 접어들면서는 모두를 떨쳐버리라는 듯 불호령인지, 바람마저 쌀쌀해지면서 나무들을 마구 흔들며 고운 잎마저도 아낌없이 버리게 하고 있습니다.

나이든 사람에게는 나이가 낙엽에 비유되므로 그래서 나이가 들수록 가랑잎같이 허전함이 쌓이나 봅니다. 삶에 찌들고 시간에 쫓기며 자신도 모르게 덮어쓴 허울을 짐짓 벗게 하기 위해서 만추에는 여행을 떠나도록 들뜨게 할 때가 있습니다. 어제는 시간이 있기에 목적지를 정하지 아니하고 새로운 길을 선택해 자동차로 달리다 보니 황량한 벌판과 갈대밭을 만났습니다.

큰길보다는 들길이 더 정겨웠으며 들풀이나 야생화들이 바람에 휩쓸리는 순응도 마냥 감응케 했습니다. 야생화는 대부분 작은 꽃으로 군집해 있었으며 꽃마다 꿀샘이 솟는지 벌 나비들이 바쁘게 날아드는 달콤한 꿀밭이요 향기로운 꽃밭이었습니다. 그리고 누구나 자세를 낮추어야 그 아름다움을 더 자세히 보여주고 가까이 갈수록 고귀한 향기를 풍겨주었습니다.

어제 나들이에서 야생화나 들풀 한 잎까지도 계절을 실속 있게 갈무리 하며 상징해주는 의미가 사뭇 신기했습니다. 하찮게 생각했던 야생화 한 폭도 아름다움과 향기 그리고 꿀을 베푸는데 과연 나는 자연이나 이웃에게 무엇을 베풀고 있는가를 반성하게 했습니다. 그리고 언제, 어떤 모습, 어느 마음이 '나' 인가를 돌이켜 보게 했으며 많은 의문을 갖고 돌아왔습니다.

태어나기 전이 나인가, 어렸을 때가 나인가, 젊었을 때가 나인가, 좋을 때가 나인가, 나쁠 때가 나인가, 좋지도 나쁘지도 않을 때가 나인가, 건강할 때가 나인가, 아플 때가 나인가, 아니면 그 모두가 나인가. 잠시도 머물러 있지 아니하고 계속해서 변해가고 있는 제행무상(諸行無常)을 알면서도 왜 '나'에게 집착되어 있을까?

내가 나라고 한다면 왜 내 몸과 내 마음을 내 맘대로 할 수 없으며 무엇에 의해 그렇게 헤매 도는지 알 수 없습니다. 피곤하다, 힘들다, 배 아프다, 머리 아프다, 좋다, 나쁘다, 잘났다, 못났다 등 쉴 사이 없이 끌려 다닙니다. 마음 따라 몸 가고, 몸 따라 마음 가며 몸 따라 병이 오고, 병 따라 괴로움이 옵니다.

이 세상엔 영원한 것이 없기에 늘 새로우며 늙어가는 모습도 새로운 모습이라고 생각하니 위안이 됩니다. 새것이 헌 것 되고, 헌 것이 파괴되며, 파괴되면 소멸되고 소멸되어야 새로운 것이 창조되니 다가올 일도 미루어 돌립니다. 밝아질수록 초라해지는 자신의 모습을 보며, 또 한편으로는 자의적으로 의미부여한 단풍 빛이 곧 노후 빛 같이 보입니다.

지금 그대는 쉬어야 할 때다

 '떨어지는 낙엽을 보면서도 느낌이 없다면 지금 그대는 쉬어야 할 때다.' 귀 익은 목소리가 나직이 들려오기에 뒤돌아보니 나의 지친 목소리였습니다. 대답도 없이 묵묵히 창밖을 마주하고 앉으니 이내 바람소리가 들려오고 흩날리는 낙엽도 가볍게 눈에 들어옵니다. 문은 몸이 드나들도록 만들었고, 창은 시선을 위해 만들었다고 하며 그래서 문은 행위의 통로요, 창은 인식의 통로가 되나 봅니다.
 세잔느가 즐겨 그린 앙상한 나무 같이 절 앞의 잡목 숲도 그리 멀지 아니한 곳에서부터 삭막하게 보입니다. 해마다 십일 월 초순이면 눈이 내리고 중순쯤은 눈이 제법 쌓여 있는데 금년은 왜 그런지 아직 첫눈도 내리지 않고 있습니다. 몇 차례의 비와 세찬 바람을 더 맞으면 곧 바로 추워지면서 「샤갈의 마을에 내리는 눈」 같은 눈이 내리겠지요!

 언젠가 젊은 나이 때 첫눈이 흩날리는 밤에 음악을 들으며 기쁨과 설렘으로 하염없이 창가에 앉아 있었습니다. 슈베르트의 '아르페지오네 소나타' 중 1악장을 들은 추억이 있으며 오늘도 우연히 FM 방송에서 그 곡이 흘러나와 기억을 새롭게 떠올려 주었습니다. 보스턴은 눈이 너무 많이 내리는 곳이라서 그런지 아니면 강추위 때문인지 그 때의 순수는 어디 가고 음악을 들으며 긴 겨울을 걱정하고 있습니다.

금년도 실속 없이 또 한 해를 보내는 빈 가슴 그 공허에는 낙엽 날 듯 한숨만 날리고 있습니다. 어제는 무심히 걷다가 낙엽 밟히는 소리에 발길이 멎었고 그리하여 떨어진 낙엽들의 표정들을 내려다보게 되었습니다. 다시 고개를 들어 나뭇가지를 올려다보니 나무들은 전혀 다른 모습으로 저만큼 겨울이 오는 북쪽을 향해 강하게 서 있었습니다.

나이든 눈에 비치는 낙엽의 표정은 퇴색된 세월의 색깔로 보이며 지금도 창 밖에는 여전히 할 일 다 했다는 듯 세월 저쪽으로 지고 있습니다. 노을이 지는 그 뒤로 어두움과 찬 기운이 서서히 엄습해 오고 있으며 밤에는 영하의 기온에, 낮에는 낮은 영상의 기온으로 약간 쌀쌀합니다.

겨울이 오면 태양과 지구 사이가 멀어지기 때문이 아니라, 우리가 살고 있는 곳과 태양의 각도가 기울어지기 때문에 추위를 느낀다고 합니다. 또 그 기울어지는 각도만큼 태양열이 비껴 비치고 그러면서 점차 그늘이 많이 덮이며 밤이 길어진다고 합니다.

사람과 사람 사이도 그런지, 거리가 멀다고 해서 마음도 거리 따라 가는 것은 아니랍니다. 생각이 서로 다른 방향으로 기울기 시작하면 정이나 관심의 열이 식게 되는 것 같습니다.

누구나 생존경쟁 속에서 환경에 적응을 해야 하고 육신에 끌려 다니다 보면 그렇게 현실로 기울게 되나 봅니다. 생활은 달라도 서로가 관심을 가질 수 있다는 것은 취향이나 뜻이 같을 때가 아닌가 생각됩니다. 외롭고 고달픈 이민 생활이요 겨울이 무척 춥고 길다 해도 부처님의 가르침을 같이하는 신도님들이 계시니 서로 의지하고 삽니다.

　세월 속에서 변하지 않는 것이 없듯이, 어떤 힘든 일도 영원하지가 않으며 살아가는데 어려움만 있는 것도 아니고 좋은 일만 있을 수도 없습니다. 남과 비교해서 자신의 상황을 묻는 것보다 스스로가 자신에게 물어야 한다고 생각합니다. 나는 어떤 일을 하고 있으며 어떻게 살고 있는가에 따라서 삶의 가치관이 달라지는 것 같습니다.
　나무를 빨리 키우고자 비료를 듬뿍 주어도 시간이 할 일은 따로 있으며 아무리 서둘러도 나무는 시간이 걸려야 자랍니다. 한 개의 과일이 열리기까지는 계절의 변화 속에서 뿌리와 줄기 그리고 잎들과 꽃들의 노력이 필요합니다. 그리고 벌 나비를 비롯하여 흙과 비와 바람과 태양의 도움이 있어야 하듯 모든 것이 균형과 조화와 흐름으로 이루어집니다.
　누구나 등 뒤에서 자기도 모르게 밀어주는 도움이 있는가 하면 노력으로도 이루어지지 않는 장애가 가로막기도 합니다. 그동안 어떻게 살았느냐의 반문에도 독백과 변명의 장단이 장조를 이루며 분명 내 살고 싶은 대로 여전히 살지 못하고 있다는 대답을 합니다.

국립공원의 가을

 가을은 누구에게나 공평하게 베풀고 있지만 그냥 지나치는 사람도 있고 실속을 거두는 사람도 있습니다. 기계적으로 돌아가는 시간의 강요나 치열한 경쟁 속에서 조급한 욕망에 의해 힘들고 분주하게 따라가기가 쉽습니다. 내 몸의 리듬과 감각은 늘 새로운 세계를 향하고 있으면서도 운동은 하지 않고 똑같은 행동반경에서 마냥 맴돌게 됩니다.
 날마다 뭔가를 더 가지려고 바쁘지만 아무리 채워도 부족하고 안 해도 될 잡다한 생각으로 번민하고 있습니다. 막상 해야 할 일은 미루면서 또 다른 일을 구상하며 몸은 굼뜨고 실적은 없습니다. 새옷을 갈아입으려면 우선 헌 옷부터 벗어야 하는 것과 같이, 같은 생활에서 잠시만이라도 벗어나야 새로운 생각으로 깨어날 수 있습니다.

 요즈음 더 높아지고 푸르러지는 하늘이 마냥 우러러 보이며 단풍나무도 맨 위에서부터 점차 물이 들고 있습니다. 잘 아시는 바와 같이 단풍으로 유명한 이곳 국립공원(White Mountain)은 10월 초순부터 중순까지 단풍으로 절정을 이루는 곳입니다. 정상에는 침엽수가 대부분이고 그 아래부터 산허리까지는 자작나무가 많으며 단풍나무보다 먼저 노랗게 물이 드는 자작나무 잎들이 요즈음 한창 곱습니다.

단풍도 처음에는 노란색으로 부드럽게 시작하여 절정기에는 골짜기나 산능선마다 붉은 색을 위주로 한 오색단풍이 감동을 줍니다. 만추가 지나면 굴참나무나 떡갈나무의 적갈색 잎이 일색을 이루고 끝물은 잎 넓고 두터운 단풍잎이 노란색으로 갈무리를 합니다. 단풍나무도 종류가 다양해서 빨갛게 물이 먼저 드는 잎은 작고 얇으며 뒤늦게 눈이 내리기 시작해야 물이 드는 노란 단풍잎은 넓으면서도 두텁습니다.

어제는 새털구름에 노을 비낀 하늘이 잠시 천상의 날개를 연상케 하더니 오늘은 산들산들 나뭇잎 나부끼는 바람 소리가 귀를 솔깃하게 합니다. 며칠 전까지만 해도 푸른 색조를 띤 맑은 숲의 공기가 이젠 아침, 저녁으로 소슬한 갈색바람으로 바뀌었습니다. 갈수록 잦은 바람에 나뭇가지가 가벼워지고 있으며 서둘러 물들어가는 단풍잎들이 수줍은 듯 반쯤 붉습니다.

자연의 흐름은 시작도 끝도 없이 이어지고 질서를 어기지 않으며 스스로 조화를 부리고 있습니다. 바람도 결을 따르면 순풍이 되고 거스르면 역풍이 되듯이 계절의 변화도 따르게 하며 또 다른 의미를 찾게 합니다. 변화의 흐름을 따르지 않고 숨 가쁘게 쫓아만 가다 보면 마음 바다에 격랑을 일으키고 따라서 안정을 잃을 수가 있습니다.

반면 반복되는 생활이 안정적이지만 고여 있는 물이 썩듯이 자칫 권태나 나태 속에 스스로를 빠트릴 수가 있습니다. 가끔씩 연휴나 주말에는 일손을 놓고, 전혀 환경이 다른 곳이나 아니면 취미를 즐길 수 있는 여유가 필요한 것 같습니다. 자신을 위해 시간을 낼 줄 모르면 시간에 묶여 있거나 어느 한 곳에 빠져 헤어나지 못하고 있는 상황입니다.

잠시의 틈도 낼 수 없이 산다면 오히려 능률이 오르지 않고 답보적인 생활 속에서 건강을 잃을 수도 있습니다. 일 다 하고 죽은 사람 없다고 하며, 일만 하다가 좋은 시절 다 보내고 뒤늦게 후회하는 삶은 더러 있습니다. 가슴을 닫고 살면 어두워지고 답답해지지만 열고 살면 밝아지며 자유로워집니다.

나들이를 하다보면 망각과 무심 속으로 사라질 우리 주변의 모든 것으로부터 다시금 깨어나고 그 의미를 되찾게 합니다. 특히나 가을에는 높은 산 아름다운 단풍 숲을 향해 달려가다 보면 숨죽이고 살았던 가슴이 활짝 펴지기도 합니다. 나뭇잎이 계절 따라 새싹부터 낙엽까지 색깔로 반응하듯 가을에 찾아가면 아름다운 단풍 빛으로 반색을 합니다. 오색 과일과 오색 음식 속에 맛과 영양이 골고루 들어 있는 것처럼 단풍잎도 가슴을 아름답게 물들이는 오색 빛이 들어 있습니다.

눈이 많이 내리는 보스턴

 한동안 변화도 없고 한랭한 날씨에 쓸쓸함만 보이더니 이른 새벽에 나가보니 발목 위까지 눈이 덮입니다. 어제 오후에 비가 내리다 밤부터 기온이 내려가면서 눈으로 바뀌어 얼어 쌓인 그 눈송이가 나뭇가지마다 눈꽃으로 장관을 이루고 있습니다. 아직까지 눈은 계속되고 있으며 얼어 핀 설화는 떨어지지 않고 오히려 그 위에 더 소복소복 피어나고 있습니다.

 영화 〈러브스토리(Love Story)〉를 보스턴에서 촬영하였으니 그 영화를 보셨으면 설경이 곧바로 떠오르며 눈이 얼마나 많이 오는 곳인지 상상이 되실 줄 믿습니다.

 이곳도 삼한사온이 몇 년 전부터 없어졌으며 폭설이 자주 내리고 강추위가 계속되고 있습니다. 한겨울에 인디안 썸머(Indian Summer)라 해서 갑자기 여름 날씨만큼 온도가 올라가는 날이 있습니다. 그런 날은 눈이 한꺼번에 녹아 길에는 물이 넘치고 집집마다 지하에 물이 스며들어 홍수가 나기도 합니다. 땅속이 얼어있으므로 물이 스며들지 못하고 건물 틈 사이로 스며드니 대책이 없으며 밤이면 다시 꽁꽁 얼어 빙판이 되기도 합니다.

금년 겨울은 인디안 썸머가 한 번도 없었고 눈이 열한 번째 내리고 있습니다. 현재 밖의 온도가 화씨 20도(섭씨 영하7도)이며 눈은 계속 내리고 바람까지 부니 몹시 춥습니다.

1997년 4월 1일에는 하루 밤사이 내린 눈이 허리 닿는 곳까지 쌓여서 문밖으로 나갈 수 없었던 기억이 있습니다. 봄이 오면 쫓겨 가는 겨울이 심술을 잔뜩 부리고 가는 곳이며 그래서 한겨울보다 3월에 눈이 더 많이 내리는 고장입니다.

눈송이 한 잎 한 잎이야 부드럽고 가벼우며 아름답지만 눈이 쌓이다 보면 무게가 되어 가지 많은 나무들은 고개도 못 들고 모두가 등이 굽게 됩니다. 큰 나무들은 오랜 세월 동안 뿌리도 깊게 박고 가지도 많이 펼치며 온갖 시련 속에서 모질게 자라왔습니다.

웬만한 가뭄이나 태풍에는 끄떡도 않지만 폭설에는 버티지 못하고 꺾이니 눈이 얼마나 많이 오는 곳인지 짐작할 수 있습니다. 가지 위에 눈이 많이 쌓이는 날은 더 이상 휠 수도 없고 털어낼 수도 없으니 가중되는 무게를 이기지 못하여 꺾이거나 찢깁니다.

미국은 아직도 전선을 땅에 묻지 않고 전봇대에 전선을 연결한 그대로 사용하고 있는 곳이 많아 폭설이 내리면 설해목에 의해 전선의 피해가 막중합니다. 많은 곳에서 전선이 끊기면 일손이 부족하여 전기 공사가 늦어지고 모든 생활이 전기로 연결되어 있으니 고생이 많습니다. 냉장고 음식도 다 썩고, 밥도 해먹을 수 없으며, 냉방에서 떨어야 하니 그래서 폭설 예보가 있는 날은 식료품 가게가 무척 붐빕니다. 요리하지 않고 먹는 음식이나 마시는 물(생수)이 거의 동이 날 때가 많다고 합니다.

간밤에 눈이 많이 내렸거나 새벽부터 눈이 그치지 않고 내리는 날은 학교도 쉬고 공항도 패쇄되고, 정전사태에, 교통사고의 소식이 방송에서 이삼 일씩 이어집니다. 보스턴은 눈이 많이 내리는 곳이라 눈 치우는 제설차가 중무장되어 있고 경험도 많아 제설기술이 잘 발달된 지역입니다.

눈이 내리면 밤낮 없이 제설차가 고속도로뿐만 아니라 동네 길까지 부지런히 눈을 치우며 염화칼슘과 모래를 뿌립니다. 그래서 밤낮을 가리지 않고 자동차를 몰고 다니는데 별지장이 없게 해줍니다.

그러나 눈길 운전 경험이 많은 이 지방 사람들은 눈길 제일 안전 운행은 차 몰고 밖에 나가지 않는것이라고 속담처럼 말합니다. 차가 다니는 도로는 국가에서 눈을 치우고 개인집에 들어가는 길이나 마당은 집주인이 치워야 합니다. 개인집을 맡아서 눈을 치워 주는 제설회사가 있으며 문수사는 절 마당이 넓어서 눈 한 번 치우는데 200불씩 받아갑니다. 눈이 많이 내리면 하루에 2번도 치우고 값을 배로 받아가므로 설경은 아름다우나 제설비가 걱정되곤 합니다.

국가나 제설작업 회사나 개인집 모두 눈 치우는 기구를 잘 갖추고 있으며 종류도 다양합니다. 눈을 안 치우면 자동차가 마당을 통해 도로까지 나갈 수가 없으므로 집집마다 눈 치우는 일이 큰 일거립니다. 눈을 안 치워서 자기 집 앞길을 지나가던 사람이 넘어지면 집주인이 치료비를 다 부담해야 하니 게으름을 피울 수도 없습니다.

눈이 많이 내리는 날 창가에서

호젓한 시간에 듣는 클래식

　차(茶) 한 잔하며 낙엽이 흩날리는 석양을 바라보다가 FM방송 다이얼을 돌리니 굵직한 첼로의 선율이 흐르고 있습니다. 별다른 생각 없이 창밖을 바라보고만 있는 사이에 음악이 바뀌어 익히 들어 아는 곡이 귀를 솔깃하게 합니다.

　바흐의 '무반주 플루트 소나타 A단조' 한 음절에 실려 가볍고 자유롭게 나는 느낌입니다. 이어서 바흐의 '관현악 모음곡 제 2번 B단조' 플루트가 흘러나오면서 어느덧 노을이 지며 어두워지고 있습니다.

　호젓한 시간이 좋아서 차 한 잔 다시 따르니 흐르는 감흥이 바흐의 곡을 더 듣도록 FM 방송보다 음반을 찾게 합니다. 한참을 찾다보니 바흐의 '골드베르크 변주곡' CD가 눈에 띄기에 다음 곡으로 정했고 이어서 쇼팽의 감성 어린 피아노 소품도 찾았습니다. 젊은 날에는 슈베르트의 '죽음과 소녀' 제 2악장이 가슴으로 느껴져 녹음 테이프를 반복해서 돌릴 때도 있었습니다.

　지금도 가끔씩 석양녘쯤이면 애절한 연주곡에 빠져 들기도 하지만 오늘은 좋아하는 음반을 찾다보니 브람스의 달콤한 '현악 사중주곡'이 보입니다.

뒤늦게 물들어 만추를 곱게 보내는 단풍잎 사이로 가로등이 켜지며 모차르트의 화려한 협주곡을 하나 더 듣고 싶게 합니다. 같은 음악이라 해도 소음 속에서 듣거나 아니면 분주한 상태에서 들으면 딴 생각 속에서 건성으로 듣게 됩니다.

그러나 일과를 마치고 차분하게 쉬는 상태에서 들으면 음의 파장이나 리듬이 더 온전하게 전달되어 감동을 줍니다. 소리는 습도에 의한 차이도 있고 주위환경과 듣는 사람의 심경에 따라서 달라지므로 낮보다 밤에 쉬면서 들으면 더 감성적인 느낌으로 몰입하게 합니다.

밤에 밖으로 나가보면 주변의 숲은 보이지 아니해도 바람 소리에 의해 숲이 어떻게 움직이고 있는지 그 모습이 선하게 상상됩니다. 낮에는 시각적으로 나타나는 현상에 모든 소리가 스쳐가기 쉽지만 밤에는 바람 소리, 물소리, 풀벌레 등 자연의 소리가 더 생동감 있게 들려옵니다.

어젯밤에는 인디언의 피리와 북소리로 함께 연주되는 '밤의 음악(Music of the Night)'을 관능적으로 받아들였습니다. 그동안 방에서는 음악 감상을 따로 할 한가한 시간이 없었으므로 달리는 차 안에서 즐겨 듣곤 했습니다.

어제 오후에는 캠브리지를 다녀오면서 베토벤의 장엄한 교향곡을 듣다가 음악에 빠져 잠시 길을 잃고 헤매었습니다. 길을 잃고 헤매다 보면 길이 뚫린다는 빌헬름 뮐러의 시를 읽고 큰 감동을 받은 슈베르트가 작곡한 곡이 연가곡이라고 하죠?

음악은 모든 인류의 공통 감성이요, 생동적인 삶의 리듬이며 그 시대를 상징하는 문화의 소리입니다. 어떤 음악이나 자연의 소리와 인간의 본능적인 움직임이 화음으로 발전되었는지 비교적 나직한 소리에 늦은 템포로 연주를 시작합니다.

　어떤 음악이든 가리지 않고 잘 듣는 편이지만 클래식을 더 많이 듣는 편이며 그 중에서도 종교적인 바흐의 곡을 선택해서 들을 때가 많습니다. 클래식은 사람의 목소리가 없고 일을 하면서 들어도 지장이 없으며 무료함이나 나태해질 때 인체의 생동감을 되살려 주곤 합니다.

　음악 해설가가 없어도 내 느낌대로 느낄 수 있어서 좋고 어떤 곡은 반복해서 들어도 싫증나지 아니해 그래서 좋아합니다. 모차르트는 어떤 의미로 작곡 했는지 몰라도 모차르트의 '클라리넷 5중주'의 첫 소절이 흐르면 무심히 듣다가도 귀가 열립니다.

　서정적인 실내악이 특색인 브람스의 '현악 6중주' 제 1번을 들으면 나직하면서도 깊숙이 수묵 빛으로 떠오릅니다. 비발디의 '사계' 중에서 봄을 더 좋아하는 이유는 보스턴의 봄이 너무 짧은 아쉬움 때문인가 봅니다.

　어찌 클래식만 좋아하겠습니까? 때와 장소에 따라서 분위기에 맞는 음악이면 다 좋아합니다. 때로는 흑인 악사가 광기로 두들기는 피아노 건반소리가 듣고 싶고, 클라리넷의 청량함에 흥겨운 재즈가 좋을 때도 있습니다. 어루만지지 아니하고 두드리기 때문에 흑인들의 분노가 재즈라면 슬픔은 블루스인지도 모릅니다. 허스키한 색소폰 소리와 묵직한 더블베이스가 흑인들의 감정을 아련히 느끼게 합니다. 어느 땐 Rock을 듣기도 하는데 미친 듯이 춤추며 호소하는 노래가 때로는 강렬하면서도 리듬 있게 들려와 소리를 크게 키우고 듣습니다. 장거리 운전을 하다가 지루하거나 졸릴 때에는 우리 민족의 옛 대중가요를 더 좋아합니다.

살풀이 춤

 인체의 생동적인 움직임이 원천적인 율동이요 멋과 흥으로 어우러져 아름답게 표현된 것이 춤입니다. 춤은 느낌에서 일어나는 감흥으로 음률에 맞춰 흥취를 일으키는 행위예술입니다.
 춤을 크게 분류하면 궁중무용, 의식무용, 민속무용, 향토무용이 있으며 민속무용 중 무속 춤은 인간과 신령 사이를 영적으로 통하는 혼령의 춤이요 신명의 춤입니다.
 민속 무속무용 중 억울함의 한을 풀어 주는 살풀이춤이 있습니다. 액을 막아 어두움에서 빛의 세계로 나아가게 하는 춤으로 그 기원은 무속에 있다고 합니다. 무당들이 신을 접하기 위해 남도 무악장단에 맞춰 추는 춤으로 오랜 역사와 함께 전승되어 왔습니다.

 중요 무형 문화재 제 97호 '이매방 살풀이 춤 이수자' 박수연(불국화) 명인이 초청장을 보내주셨습니다. 보스턴에서 뉴욕 맨해튼 극장까지 자동차로 5시간의 거리를 멀다하지 않고 찾아가 관람을 했습니다.
 어두운 무대가 조명에 의해 서서히 밝아지면서 맨 먼저 머리에 장신구로 장식한 아얌이 눈길을 끌었습니다. 연녹색 쾌자 사이로 빨간 옷고름과 진자주색 치마폭이 언뜻 선뜻 나타나는 옷차림이 무슨 뜻을 상징하는지 궁금했습니다. 하얀 버선발의 사뿐한 디딤새에서부터 온 몸으로 이어지는 춤사위는 유연한 몸매에 곡선의 미가 리듬을 타며 점차 격조를 이루어 갔습니다.

잔가락이 많이 들어가는 무악 장단에 감흥이 고조되면서 맺고 풀며 어우르다 돌아가며 슬쩍 당기는 두 자 남짓 비단수건이 하얗게 너울너울 구름처럼 흘러가는 듯, 혼령을 부르는 듯 또 다른 정신세계를 넘나들곤 했습니다. 빠름과 느림이 물굽이처럼 오르내리며 나뭇잎의 바람처럼 옷자락을 스쳐 갔습니다.

그 사이에도 어떤 율동은 의식을 집행하는 듯 신중하고, 움직임 속에서도 잠시 숙연한 멈춤이 있는 듯 이어지니 곡선의 멋과 흥으로써 혼령을 제압하는 것 같았습니다. 유연하면서도 응축된 힘이 어깨에서 팔 끝으로 감각적으로 펼쳐질 때마다 개성 있는 기개가 멋스럽게 엿보이기도 하였습니다.

하얀 비단수건의 흐름이 오른팔에서 왼팔로, 팔에서 허리로, 허리에서 어깨로, 어깨에서 허공으로 감길 듯 풀어지며 걸림 없이 돌고 돌았습니다. 살며시 돌면서 떨어뜨린 하얀 비단수건을 서서히 고개 숙여 집을 듯 엎드리다 지나치고 다시 휘돌아 달래듯 아우르는 그 장면이 혼령의 억울함을 대신 하소연하는 듯 애절했습니다.

울음으로, 한숨으로, 참음으로도 어찌하지 못하는 천년의 한을 돌아설 듯 휘감아 돌고, 다시 펼쳐 너울너울 소매 끝으로 풀어냈습니다. 헌칠한 키에 날씬한 허리의 곡선미로 신명을 풀어내는 매혹이 타고난 춤꾼이 아니고서야 어찌 가능할까라는 생각을 했습니다.

느낌에서 일어나는 감흥으로 음률에 맞춰 이루어내는 춤은 오래 맺힌 살(煞)을 비단자락같이 풀어냈습니다. 인간과 신령 사이를 영적으로 일체감을 갖게 하였으며 억울함의 한을 풀어 주는 듯 했으며 선도적인 이끎의 춤이었습니다.

상징적인 여러 율동 속에서 타고난 흉살(凶煞)을 예방하고 원진살(元嗔煞), 상충살(相沖煞)이 풀어지는 듯 했습니다. 혼자 해서도 안 되면 가르쳐도 안 된다는 말이 있는데 이 말은 예능이란 타고난 재질이 있어야 된다는 뜻일 겁니다.

선천적으로 타고난 재질과 후천적인 끈질긴 노력이 아니고서는 감히 풀어낼 수 없는 이수자다운 살풀이 춤이었습니다. 한민족의 숨결이 스며있는 이 전통 문화를 세계의 중심도시 뉴욕의 맨해튼에서 승화시키려는 의지가 찬란하게 실현되었습니다.

우리 민족만이 해낼 수 있는 독창적인 예술세계였으며 그러면서도 세계의 예술 문화와 한 장르로 연결될 수 있는 가능성을 보여주었습니다. 한국의 전통 예술문화를 전수받아 계승 발전시킬 수 있는 책임을 지고 세계적인 예술문화로 발전시키는 예술인이 되시도록 찬사와 아울러 기원합니다.

뉴욕에서 피어나는
우리의 전통예술

　국악(國樂)은 우리가 함께 살아온 민족의 혼(魂)이요 수천 년의 한(恨)과 멋과 낭만의 전통예술입니다. 우리 민족의 예술은 신명과 해학과 풍자가 근원이며 노래와 춤과 연극으로써 어두움을 밝음으로 승화시켰습니다.

　삶을 통해 겪어온 비극을 희극으로, 눈물을 웃음으로 맺힌 한을 곡조 있는 목소리로 슬기롭게 풀어왔습니다. 판소리의 사설 속에는 한 맺힌 사연이 있는가 하면 삶을 달관(達觀)한 지혜가 해학적으로 잘 묘사되어 있습니다.

　민요란 일상생활 속에서 자연적으로 발생하여 흥얼거려온 민족의 감정이 순수하게 반영된 흥겨운 가락입니다. 민요는 전문가만이 부르는 노래가 아니라 말 그대로 누구나 불러온 민중의 노래입니다. 민요는 모든 인류의 가슴에 문화의 생명을 지니게 하는 힘이 있으며 문화는 그 시대에 존재하는 공통적인 의지의 표현입니다. 우리 민요에는 정서와 수난을 담고 있는 역사의 한이 서려 있기도 하고 질그릇과 같은 고향의 소박한 음성이 배어 있기도 합니다.

　우리나라는 한반도의 지리적인 조건으로 외침이 잦았으며 그리하여 국악도 전쟁으로 인해 수난과 애환을 수없이 겪었습니다. 그런 역사 속에서도 수천 년 그 맥을 면면히 이어오고 계승 발전되어 왔으며 민족의 혼으로 불러져 왔습니다.

　전통은 낡은 것이고 국악은 시대에 뒤떨어진 예술로 한동안 잘못된 사고 속에서 우리의 전통 문화는 서구의 문화에 밀렸습니다. 국악은 과거와 현재 그리고 미래로 연결되어지는 민족문화이면서도 스스로 발전하는 기회를 잃어왔습니다.

　이러한 시점에서 우리의 예술문화를 어떻게 한 차원씩 높여가느냐는 이 시대를 살아가는 우리 민족 모두의 책임과 의무입니다. 한국전통예술과 다양한 세계의 예술이 어떤 정신문화로 유대 되느냐에 의해 우리 민족의 삶과 예술 문화가 더욱더 향상되고 창달될 것입니다. 사람은 누구나 '혼'이 있으며 그 혼에 의해 언어나 행위가 아름답게 이루어지면 곧 예술이라고 합니다.

　미국에 이민 온 지 삼사십 년이 넘어 한국을 다 잊어 버렸다고 하며 스스로를 서양 사람으로 착각하는 사람들을 종종 봅니다. 그런 사람일수록 한국문화뿐만 아니라 미국이며 세계의 문화에도 어둡고 또한 피부 색깔이 하얗게 되었다거나 눈동자가 파랗게 변하지 아니했습니다.

　미국에 이민 온 한국인 2-3세는 미국에서 태어나 미국 시민권을 얻고 미국 집에서 미국말을 하며 미국 교육을 받습니다. 태어나서 한 번도 한국에 가보지 않았고 미국에서만 살았어도 그 사람을 누구나 동양 사람이라 하지 서양 사람으로 보지 않습니다. 아무리 오래 살아도 변하지 않는 얼굴이라면 우리는 어느 얼굴로 살아야 할까요? 이방인이 아닌 미합중국의 시민으로서 거울 앞에 나타나는 당당한 자기 얼굴로 살아야 합니다.

　한국에서도 존경받고 미국에서도 존경 받으며 세계 어디에서도 존경 받는 얼굴로 살아가야 합니다. 소리와 몸짓과 감정의 원시성이 하나로 어우러진 율동이 춤의 세계라 합니다. 우리 민족의 무속 춤은 인간과 신령 사이를 영적으로 통하는 혼령의 춤이요, 원한을 푸는 춤이며, 소원을 비는 춤입니다.

박수연 회장님이 그간 온갖 어려움을 잘 이겨내며 한국의 전통예술을 세계문화의 중심지인 뉴욕에서 널리 선양하신 그 능력이 자랑스럽습니다. 특히 한국인의 자긍심과 정체성을 일깨워주고 입양아를 비롯하여 한국인 2, 3세에게 한국전통예술을 꾸준히 가르치며 계승 발전시키고 있습니다.

훌륭한 뜻은 끊임없는 노력으로써 이루어지고, 잘하는 것보다 열심히 하는 것이 더 좋으며, 열심히 하는 것보다 좋아서 하는 일이 더 발전적이라고 합니다. 박수연 회장님이 그 모두를 다 좋아하고 터득하여 혼신의 힘으로 투혼하시므로 우리 민족의 전통문화가 무척 희망적입니다.

1997년부터 미국연방정부 예술진흥회(National Endowment for the Art- NEA)로부터 National Heritage Fellow(한국의 인간문화재와 같음)로 지정되었습니다. 또한 뉴욕 주정부의 예술협회인 NYSCA(New York State Council on the Arts)에서 그랜트를 받아 해마다 국악 대잔치를 열어오고 있습니다.

천부적인 재능에 놀라울 정도의 노력으로 명인이 되어 한국인으로서는 최초로 미국의 인간문화재가 되셨고 부군은 한국의 목관훈장을 받으신 큰 공로자이십니다. 걸출한 예술인이요 남달리 능력이 뛰어나시니 머지않아 한국 전통예술을 세계의 예술문화 속에 큰 꽃으로 피어나게 하리라 믿습니다.

판소리 김영옥 명창

　국악(國樂)은 우리 민족과 함께 살아온 민족의 예술이요 우리 문화는 주체적인 정신적 추구로써 형성된 심원한 의식입니다. 판소리는 민속악(民俗樂)의 한 갈래요, 광대(廣大) 혼자서 고수(鼓手)의 북 반주에 맞춰 서사적(敍事的)인 사설(辭說)을 연창(演唱)하는 일종의 극가(劇歌)입니다.

　판소리에는 여섯 마당과 열두 마당으로 구분하는데 여섯 마당은, 춘향가(春香歌), 심청가(沈淸歌), 흥부가(興夫歌), 적벽가(赤壁歌), 수궁가(水宮歌)의 오가(五歌)에 변강쇠 타령이 포함됩니다.

　판소리는 순수한 우리말이요 수천 년의 한(恨)과 멋이 서려있는 우리 민족의 전통음악입니다. 또한 소쇄한 삶의 소리로 생각하기 쉽지만 문학, 음악, 연극, 놀이가 곁들어진 융합적인 예술입니다.

　판소리의 사설 속에는 가슴 저미어 오는 한 맺힌 사연이 있는가 하면 삶의 지혜가 풍자적으로 잘 표현되어 있습니다.

　인간의 마음이 뇌(腦)의 작용이라는 걸 모르는 사람이 없지만 그럼에도 불구하고 슬픈 일이 생겼을 때는 누구나 가슴이 아프다고 합니다. 판소리는 고달픈 삶의 현장에서 사무치게 얽힌 애환을 사설(辭說)과 곡조로써 절절히 풀어냅니다.

판소리는 질그릇처럼 투박한 고향 냄새가 흠뻑 배어 있어서 정겹기도 하지만 가슴 저 깊숙이 파고 나오는 쉰 목소리는 듣는 이의 가슴을 저미게 합니다. 그것은 목으로 부르지 않고 한 맺힌 가슴에서 우러나오는 울림의 소리이기에 더욱 그런가 봅니다.

궁 딱 궁딱 궁궁 딱 궁딱 고수의 어르고 휘몰아치는 북소리에 맞춰 소리를 꺾으며 오르내리는 판소리는 감흥이 여울져 있습니다. 춤은 흥취의 예술이며, 예술적 자질을 타고난 우리 민족은 오래전부터 춤을 잘 추었다고 합니다.

국악 하는 예능인의 발걸음만 봐도 흥겹고 그 흥겨움 뒤에는 너울너울 신명이 뒤따릅니다. 율동은 인체의 생동적인 리듬이요 그 율동이 멋과 흥으로 어우러져 격조 있게 표현된 것이 춤이라 할 수 있습니다. 가락에 실어 추는 춤은 격식을 갖춘 궁중 무용과는 달리 개인의 창의를 바탕으로 춤을 춥니다. 그러므로 화려한 의상이나 현란한 무대장치가 없어도 언제 어디에서나 장단에 어우러져 즉흥적으로 흥을 이루어냅니다.

이와 같이 신명이 어우러진 노래와 춤은 일상생활에서 일어난 일을 무대로 하기에 누구나 쉽게 이해하고 즐길 수 있습니다. 판소리에서 조선왕조 말기의 명창 박유전(朴裕全)의 법제(法制)에 따르는 창법의 유파 서편제(西便制)는 음색(音色)이 곱고 애절하며 섬진강 서쪽에서 성하였습니다.

또한 같은 시대에 명창 송흥록(宋興祿)의 법제에 따르는 창법의 유파 동편제(東便制)는 음색이 웅건(雄建)하고 청담(淸談)하며 섬진강 동쪽지방에서 성하였습니다.

판소리 '김영옥' 명창(名唱)은 중요 무형문화재 제 5호 동편제 중 흥부가(興夫歌) 이수자입니다. 소리에는 맑고 고운 귀음(貴音)과 천박하고 간교한 천음(賤音)과 슬픔이 섞여있는 비음(悲音)과 부처님이나 신(神)에게 올리는 범음(梵音) 등으로 구분을 합니다. 타고난 천성도 중요하지만 성장과정에서 교육과 인격에 따라 음색과 선율의 구조가 변하기 때문에 판소리 하는 사람마다 다르게 감동을 전합니다. 김영옥 명창은 천성이 귀성이며 남다른 노력으로 얻은 또 다른 이면은 마냥 끌려가게 하는 매혹의 여음이 있습니다.

우리나라의 판소리는 세계문화의 유산 중에 걸작으로 유네스코에 지정되어 있습니다. 10월 9일 뉴욕 Carnegie Hall에서 초청 공연을 하고 곧 바로 귀국하신다고 해서 공연 후에 차 한 잔 같이했습니다.

여독도 풀 겸 문수사에서 잠시 쉬시면서 일요일에 공연을 해주십사 하고 특별히 부탁을 드리니 허락해주셨습니다. 김영옥 명창은 그림 속에서 소리를 듣고, 소리 속에서 그림이 보일 때 득음(得音)의 경지에 이른다 했습니다.

또한 귀명창이 되어야 소리명창이 될 수 있다고 하며 먼저 들을 줄 아는 귀가 열려야 한다는 말씀을 강조하였습니다. 세파에 시달리면서 겪어온 괴로움도 판소리를 통해 새겨들으면 감회도 새롭고 애틋한 사연들이 다시금 각성될 줄 믿습니다.

집착을 버리니

우리의 일상생활이 숟가락이나 젓가락으로 밥 먹듯이 그렇게 쉽지만은 않은 것 같습니다. 젓가락질이 나이만큼 숙련되어 있지만 도토리묵이나 생 두부를 들어 올릴 때는 실수가 따릅니다. 조심스럽게 집어 올려도 힘을 주면 잘리고, 힘이 모자라면 빠져나가며 어느 때는 잘 집어 입 가까이까지 올리다가도 떨어트릴 때가 있습니다. 숟가락도 국수나 라면 등 '면' 종류의 음식에는 무력하며 젓가락도 국물에는 무용지물입니다.

국수를 먹는데 숟가락을 들거나, 국을 떠먹으려고 젓가락을 드는 것처럼 뒤바뀐 행동은 웃음거리가 되기도 합니다. 잘하는 것도 습관적으로 하다보면 방심하여 실수를 하고 쉬운 일도 실수하며, 다 된 일도 그르칠 때가 더러 있습니다.

작은 실수는 그런대로 넘어가지만 큰 실수는 인생을 망치게 되므로 매사에 신중해도 본의 아니게 실수는 따르기 마련입니다. 자칫 분수를 잃기도 하고, 재산을 잃는가 하면 명예를 잃기도 하고, 건강을 잃기도 합니다.

밥이 있어도 숟가락과 젓가락이 있어야 하고 젓가락은 두 개가 하나의 역할을 합니다. 숟가락을 들 때마다 합장을 하고 감사히 먹는 사람이 있는가 하면 후회와 한숨과 슬픔을 먹는 사람도 있습니다. 밥값을 한 날은 보람 있게 숟가락을 들고 밥값을 못한 날은 숟가락이 무거운 쇠붙이가 됩니다. 나이가 들면 정신은 멀쩡한데 몸이 따라주지 아니해 더 이상 숟가락을 들 수 없어 인생을 놓아버리기도 합니다.

불교에서는 모든 법이 인연 따라서 생겨나므로 거기에 아체(我體), 본체(本體), 실체(實體)라 할 만한 것이 없다고 했습니다. 그러므로 자성적 실체가 존재하지 않기 때문에 항상 변화하며 변화의 관점에서 볼 때 어떤 것을 소유하는 것은 불가능하다 했습니다.

소유할 수 없는 것을 소유하고자 집착하면 곧 괴로움이 생기므로 괴로움에서 벗어나고자 하면 집착을 버리라 하였습니다. 하지만 영원히 가질 수는 없으나 현실에서 필수품마저 없이 빈손으로 살아가란 뜻은 아니며 청정한 삶을 의미합니다.

의식주(衣食住) 없이 살 수 없고, 학생은 여러 권의 책이 필요하듯이 갖출 건 갖추고 또한 용도에 맞춰 사용할 줄 아는 것이 일상생활입니다. 물질적으로 필수품만 간소하게 갖추고 사는 것이 무소유(無所有)라면, 정신적으로는 후회나 원망을 소유하지 않는 것이 무소유입니다. 자신의 실수를 두고두고 후회하면 병이 되고 남을 원망하는 원한이 커지면 악을 키우게 됩니다.

은혜에 대한 보답보다는 섭섭했던 과거사만 되뇌며 원망하기 쉽습니다. 살아가는데 도움이 되지 않는 기억들을 소멸하는 것이 업장소멸이요, 무소유입니다. 무수한 세월 속에서 지어온 죄업과 현세에 길들여진 편견의 가치관 그리고 잘못된 습관으로 쌓인 업장이 수행 과정 없이 소멸되지 않습니다.

 늙은 범이 하루 종일 허탕치고 허기와 지친 몸으로 굴을 찾아가듯 공부에 아무런 진전 없이 인생의 석양 길로 그렇게 가고 있습니다. 좋은 시절 헛되이 보내고 시주 빚만 잔뜩 짊어진 수행자가 갚을 길 없는 겨울 길로 처연하게 들어선 느낌입니다. 수행은 거북이 걸음인데 세월은 토끼 뜀질이며 나이가 들어 갈수록 가슴은 더 빈곤해지고 있습니다.

 이젠 쉽게 해 왔던 일도 힘겹고 하기가 싫어 마냥 미루며 동작 또한 느려졌습니다. 대부분 사람들이 무상을 느꼈을 때 부질없는 원망이나 영욕을 그때서야 버리게 된다고 합니다. 그리고 심성을 밝힐 수 있는 시간이 얼마 남지 않음을 아쉬워한다는 말이 있습니다.

 석양이 되면 모든 형상의 윤곽이 희미해지고 음영이 짙어가듯이 지나온 날들의 흔적은 흐려지면서 삶에 대한 잔광도 점차 이울고 있습니다. 황새는 울대가 없어 울고 싶어도 울지 못하고, 낙타는 눈물이 늘 젖어있어도 따로 울지를 않는다고 합니다.

 아무리 메마르게 살아온 고행자라 해도 이쯤 되고 보니 잘못 살아온 뉘우침에 의해 눈물이 왜 짠지 알 것 같습니다.

그림은 그리움의 준말

'그림은 그리움의 준말' 이란 말이 있습니다. 그리움이란 저마다의 가슴에 고운 물감으로 그린 그림이며 거울 속에 비친 꽃과 같이 현실과 떨어져 있는 저쪽 공간 속에 피어 있습니다.

그러나 어느 누구도 거울 속의 꽃을 꺾지 못하고 물속에 잠긴 달을 건지지 못하듯 그리움도 잡히지 않습니다. 그리움이 없고 추억도 없으며 희망 없이 삶을 살아간다면 사막을 걷는 것처럼 우리의 삶이 메마르기만 할 것입니다.

손님들 안내 겸 박물관에도 가끔씩 가고 때론 개인전도 찾아가곤 합니다. 그림을 감상할 때마다 그 그림 속에서 화가가 무엇을 상징했는지를 스스로에게 반문해보곤 합니다.

화가들은 데생과 색채 및 선을 통해 자신의 감각과 지각을 구체적으로 표현하고 보이는 것을 대상으로 보이지 않는 세계를 통찰해내는 심미안이 있습니다. 보이는 세계 속에 숨겨진 아름다움을 찾아내서 그리고, 그림을 통해 자신의 삶과 사물의 세계를 응시하여 새로운 인지의 세계로 들어가게 하는 문을 열어 줍니다.

사람의 눈이나 손은 자연을 그대로 보고 그려도 똑같이 그릴 수가 없으므로 자기가 본대로 독단을 발휘하는 솜씨가 회화로 발달되었다는 학설이 있습니다. 사람의 눈은 식물이나 동물이나 자연 속의 여러 사물의 형상을 보고 있으면서도 정확하게 구별해서 기억하지 못하고 있답니다.

예를 들어 화가가 자기 마음대로 나뭇가지를 더 그리거나 빼기도 하고 구부렸다 펼쳤다 해도 그림을 보는 사람은 알 수 없습니다. 나뭇가지가 뻗어나가는데 어떤 공식이 있는 것도 아니요 같은 종류의 나무도 수없이 많고 가지도 다양합니다.

나뭇가지를 그리는 것처럼 사람의 팔이나 손가락을 그렇게 그렸다면 잘못 그린 그림이라고 곧바로 알게 될 것입니다. 자연에 대한 변형 혹은 왜곡이 미학적인 의지가 아니라 화가의 독단이나 편의에 의해 비롯되었다 해도 그림을 보는 사람의 대부분은 실상을 파악하기 어렵습니다.

자연 그대로 표현하지 않고 작가 자신의 주관이나 감정에 의해 표현했어도 아름다운 한 폭의 풍경화를 즐기는 순간 화가의 기량이나 의도는 은폐됩니다.

그런 의미에서 보면 풍경묘사는 많은 편의가 부여되어 있기 때문에 누구나 그림을 그릴 수 있습니다. 풍경화 속에서 나뭇가지의 기형을 누구나 쉽게 알아차리지 못하듯이 이성의 독백에서 엉뚱하게 구부러진 무의식의 세계를 알아챌 수가 없습니다.

어쨌든 이성은 말하고 무의식은 침묵을 하고 있기 때문에 우리의 욕망은 무의식의 세계를 더 깊숙이 은폐해왔는지도 모릅니다. 사람과 사람 사이, 풍경과 풍경 사이를 비롯하여 그 모든 사이에 시간이 흐르고 있으며 그 사이에서 인간의 욕망이 서양화의 페인팅처럼 덧칠되어 가고 있습니다.

　우리의 마음 밭은 잡풀이나 가시덤불로 내버려둘 수도 있으며 고운 꽃을 심어 향기롭고 아름답게 가꿀 수도 있습니다. 좋은 인연은 서로 간에 길들이는 것이며 길들이고 나면 이제까지 아무런 상관없는 대상도 관심 있게 다가옵니다. 추억이 아름답고 그리워지는 것은 길들여진 지난날들이 연관되어 다시금 떠오르기 때문입니다. 어느 한 세계에 갇혀 있지 않고 새로운 세계로 나아가려는 시도는 망설임과 두려움도 있지만 또한 신선함과 경이로움이 있습니다.

　나에게는 중학교 때 배운 미술 시간이 전부입니다. 공업고등학교를 다녔으므로 미술 시간이 없었으며 물론 대학 때도 마찬가지입니다. 중학교 이후로는 붓과 팔레트와 물감을 가져 본 일이 없는데도 그림이 좋아서 화가들의 작품세계를 보기위해 전시장을 곧잘 찾습니다. 덧칠한 서양화의 페인트 그림보다 단순하고 여백이 많으며 선 몇 개만 그어서 뜻을 나타낸 동양화를 더 좋아합니다.

　마침 동국대학교 예술대학 초대학장과 국전 초대작가 심사위원 및 대한민국 미술대전 심사운영위원을 역임하신 원로작가 전영화 화백님께서 문수사를 방문하십니다. 오시는 기회에 신도님들을 위해 특강을 간청 드리니 그림을 그리는 지도보다 먼저 그림을 보는 법부터 가르쳐 주시겠다고 승낙해 주셨습니다.

벽에 틈이 생기면
바람이 들어온다

　벽에 틈이 생기면 바람이 들어오고 무에 바람이 들면 맛을 잃어버립니다. 한 해 동안 틈이 많았는지 휑한 가슴속에 시린 바람만 헛돌고 사는 맛도 바람 든 무맛 같습니다.
　작년 이때쯤엔 제자리걸음 밖에 못했다고 한탄을 했었는데 금년엔 제자리걸음도 못해 나이 탓으로 돌리고 있습니다. 나름대로는 틈 없이 살고자 노력했고, 어쩌면 조금은 지쳐 있는데도 알맹이 없는 빈 쭉정이뿐입니다.
　어제도 낮과 밤이 있었고 오늘도 어제의 그 태양이 떠올랐다가 다시 지고 있습니다. 그렇게 반복해서 돌아가는 날은 예나 이제나 변함이 없지만 한 해가 가고 있는 연말의 석양은 덧없이 어두워지고 있습니다.
　도둑맞고 텅 빈 방을 들여다보듯 지나온 임오년의 한 해가 도둑맞은 심정으로 들여다봐집니다. 세상사 무상함을 무슨 신통이나 힘으로도 막을 수 없다는 것을 잘 알고 있기에 그러느니 생각하고 있습니다.
　하나의 촛불이 어두움을 밝히며 점차 형체도 없이 사라지듯 한때의 아름다움도 그 시절의 추억 속으로 점차 희미해져 갑니다. 안개

꽃은 안개 속에서 피는 꽃이 아니라 땅 위에서 피듯이 아련한 아쉬움도 먼 곳에 있지 아니하고 자기 가슴 속에서 피나 봅니다.

모든 희망 사항도 허공에 있지 아니하고 현실 속에 있으나 꿈과 현실은 욕심만큼 항상 저만큼의 거리에 있는 것 같습니다. 우리는 항상 내일을 향해 낯선 곳으로 가듯 한 번도 가보지 아니한 미지의 세계를 향해 꿈길을 가듯 가고 있습니다.

누구나 나쁜 습관이 있는가 하면 좋은 습관이 있으며 어리석은 행위를 할 때도 있고 현명한 행위를 할 때도 있습니다. 사람마다 환경 따라 상황 따라 그때그때 사는 방법이 다르기 때문에 어둡게 살 때도 있고, 밝게 살 때도 있습니다.

숙세[1]의 업을 지혜로 바꾸어 가는 길이 결코 쉬운 길이 아니며 수행과정이 숱한 체험을 통해 먼 길임을 알게 합니다. 한 순간 착한 생각을 내면 한 순간 착한 사람이요, 한 시간 보살행을 하면 한 시간 보살이 됩니다. 하루 동안 부처님의 가르침을 배우고 받들어 행하면 하루 동안 부처님 제자가 됩니다. 불교는 많은 지식이 있어도 실천의 덕목이 따르지 아니하면 공염불이 된다고 합니다.

앞집 벽난로 굴뚝에서 연기가 피어오르고 있는 석양 하늘이 창문을 통해 서양화 화폭을 연상케 합니다. 난로가 제 속을 태우면서 공간을 따뜻하게 해주듯 자신도 속을 태우면서 따뜻한 가슴을 유지하나 봅니다.

인생을 살아가는데 지위나 재산이나 건강이 매우 중요하지만 그것으로써 어떻게 살아가느냐에 의해 삶의 가치나 보람이 달라집니다. 황폐한 땅같이 마음 밭을 방치해두지 않고자 요즈음은 주로 맑

---
1) 지나간 시대

은 시간을 위해 우두커니 앉아 있습니다.

 쇼펜하우어는 '다행히도 우리들의 삶은 밤과 낮으로 나누어져 있고 또 그 사이에 잠이 끼어 있다. 매일 아침에 일어나 하루 종일 활동을 하다가 밤이 오면 모든 것을 쉬고 잠에 든다. 만일 잠이 없다면 산다는 것은 견디기 힘들고, 모든 존재를 파악하는 것이 우리 인간에게는 불가능할 것이다. 따라서 다행스럽게도 흘러가는 시간 덕분에 모든 것이 단계적으로 주어진 것이다' 라고 했습니다.

 흘러가는 시간 때문에 늙어가기도 하지만 늙어감으로 해서 시간의 소중함을 알게 되는 것 같습니다. 몸이 게으르면 병이 들어오고, 마음이 분주하면 편안치 못하므로 틈틈이 일도 하고 운동도 하며 앉아 있는 시간을 더 많이 갖습니다.

 평소의 마음을 잘 유지하면 단견[2]과 상견[3]에 속지 않고 조금씩 머리가 맑아집니다. 밖으로 일체의 경계에 망념이 일어나지 않음을 좌(坐)라고 하고, 본성을 보고 깨달아 흩어짐이 없는 것을 선(禪)이라고 합니다.

 그래서 불교에서는 자기가 자기 자신을 알고 자기의 덕성(德性)을 함양(涵養)하는 데는 참선수행보다 더한 것이 없다고 가르치고 있습니다.

---

2) 斷見 : [불교용어] 칠견(七見)의 하나를 말하는데, 세상만사가 무상하듯 사람도 한번 죽으면 몸과 마음이 모두 없어져 공무(空無)로 돌아간다는 그릇된 견해이다.

3) 常見 : [불교용어] 칠견(七見)의 하나를 말하는데, 세계나 모든 존재, 인간의 자아가 실제로 영원히 존재한다고 고집하는 그릇된 견해를 뜻한다.

토끼의 꾀에 넘어간 사자

어느 평화로운 숲속에 다른 산중에서 살던 사자가 건너와서 산 짐승을 가리지 않고 마구 잡아먹었습니다. 산짐승들이 불안해서 살 수가 없었으며 오래 계속되었다간 다 잡혀 먹힐 수밖에 없는 상황이었습니다. 산짐승들은 비밀리에 한 자리에 모여서 대책회의를 했지만 좋은 계책이 나오지 않았습니다. 그러자 토끼가 내가 희생해서라도 그 일을 맡겠다며 용감하게 나섰으며 그 이튿날 일단 사자를 찾아갔습니다. 사자굴 앞에 제 발로 걸어온 토끼가 이상하게 생각되어 사자는 토끼를 잡아먹기 전에 물었습니다.

"아니 다른 짐승들은 내 발자국소리만 들어도 덜덜 떠는데 너는 어이하여 감히 내 앞에 나타나느냐?"

"예! 나는 산짐승 대표로 산중의 왕인 사자님께 산중회의 결과를 보고하러 왔습니다."

"그래? 나 몰래 산중회의를 했다고? 무슨 이야기인지 어서 말해 보거라."

"이대로 가다간 산중의 짐승이 다 사자님의 밥이 되고 맙니다."

"그거야 당연한 현실 아니냐?"

"산중에 짐승이 다 죽고 한 마리도 없으면 사자님은 뭘 먹고 사시지요?"

"참 그렇구나. 그럼 어떻게 했으면 좋겠느냐?"

"어차피 우리 산짐승들은 사자님의 먹잇감입니다. 그러니 새끼를 밴 어미 짐승은 새끼를 낳아 다 키운 후에 잡아먹어야 종족이 보존되고 번식되며 산중에 먹잇감이 계속 이어질 것 아니겠습니까?"

"그렇겠구나!"

"그래서 저희들 산짐승들은 순서를 정하여 사자님의 식사 때를 맞춰 몸을 바치면 어떻겠습니까? 그러면 사자님께서 잡으러 다니는 수고를 안 해도 되고, 저희들 산짐승들도 죽는 차례를 정해놓으면 사는 날까지 모두 쫓기지 않고 살 수 있지 않겠습니까?"

"그거 좋겠구나. 그럼 그렇게 하기로 하자. 그럼 내일 아침은 어떤 먹잇감이 오느냐?"

"그거야 오늘 밤에 회의를 해봐야 알 것 같습니다."

"그래 알겠다. 내일 아침 식사시간에 늦지 않도록 알아서 보내주기 바란다."

"예. 어김없이 이행하겠습니다."

그렇게 약속하고 내려오는 길에 낡은 우물이 있어서 물을 마실까 하고 들여다보다가 물에 비친 그림자를 보는 순간 한 가지 꾀가 생각났습니다. 그리하여 그 이튿날 약속시간보다 늦게 오후에 나타나니 노기가 충천한 사자가 보자마자

"왜 이렇게 첫날부터 시간을 못 지키고 너 혼자서 오느냐?"

"아, 예! 그럴만한 이유가 있었습니다."

"이유가 있었다고?"

"예, 오는 도중에 길가에 낡은 우물이 있는 줄 아시죠?"

"그래 보기는 했다만 우물과 무슨 상관이 있다는 말이냐?"

"그 우물 속에서 임금님보다 더 무서운 사자가 목욕을 하고 있었습니다."

"뭐라고?"

"그 사자가 잡아먹으려 하기에 '이 산중의 왕에게 몸 바치러 가는 중이니 나를 잡아먹으면 그 사자에게 큰일 납니다' 라고 말씀드렸습니다."

"그랬더니 뭐라고 하더냐?"

" '아니 이 산중의 왕은 나인데 어떤 놈이 침범하여 내 영역을 통치하고 있다는 말이냐? 당장 쫓아가서 물어 죽이고 싶지만 내가 목욕 중이니 잠시만 기다려라' 해서 기다리다 늦었으며 저는 약속 지키기 위해 몰래 도망쳐 왔습니다."

"뭐라고? 이 산중에 나 말고 또 다른 왕이 있었다고? 당장 그곳이 어딘지 앞장서라."

그래서 토끼는 안내를 했고 사자는 우물 속을 들여다보았습니다. 과연 토끼의 말대로 우물 속에 있는 사자가 화가 나서 올려다보고 있었습니다. 자기 그림자인 줄 모르고 용맹한 사자는 왕권 다툼을 위해 우물 속에 뛰어 들었습니다. 토끼의 지혜로 산중의 왕인 사자를 우물에 빠져 죽게 하고 산중의 평화를 되찾았다는 우화입니다.

— 「불본행집경(佛本行集經)」에서

자신의 가슴속 그림자인 시기, 질투, 원망, 원한 등이나 탐욕(貪), 분노(嗔), 어리석음(痴)에 속고 사는 인생을 풍자했습니다. 그 가슴속 그림자에게 속지 않으면 번뇌를 다스리고 마음의 평화와 행복 그리고 절대의 자유를 찾을 수 있다는 내용입니다.

비라카와 까마귀

어느 해 여름에 히말라야 산 아래는 가뭄이 오랫동안 계속되어 식물들이 말라죽어 가고 동물들도 살기가 어려웠습니다. 까마귀 한 마리가 물과 먹이를 찾아다니다가 히말라야 산 중턱에 있는 호수를 발견하였습니다. 그 호수는 만년설이 녹아 흐르는 계곡 아래에 있으므로 언제나 맑은 물이 넘쳐흐르고 경치가 아름다운 곳이었습니다.

까마귀가 곧바로 호수로 날아가 갈증을 해결하고 주위를 살펴보니 그 호숫가에는 자기와 비슷한 물새가 살고 있었습니다. 그 물새는 털이 윤기가 나고 몸도 튼튼했으며 걱정 없이 사는 새로 보였습니다. 그러자 그 새가 갑자기 물속으로 뛰어들더니 물고기를 잽싸게 낚아채서 나뭇가지 위에 앉아 여유 있게 즐겨먹고 있었습니다. 그 광경을 본 까마귀도 고기를 잡기 위해 물 위를 날며 물속을 아무리 들여다봐도 고기가 한 마리도 보이지 아니했습니다. 배가 몹시 고파 하는 수 없이 까마귀는 그 물새에게 다가가 인사를 하고 이름이 뭐냐고 물으니 '비라카' 라고 했습니다. 고기를 남겨주면 무슨 일이든 시키는 대로 다 하겠다고 까마귀가 사정을 하니 '비라카' 가 쾌히 승낙을 하며 먹던 고기를 그대로 다 주었습니다.

179

까마귀는 '비라카'가 무척 고마웠으며 그때부터 시키는 대로 고분고분했고 그리하여 먹다 남은 고기를 얻어먹을 수 있었습니다. 한동안 까마귀가 '비라카' 시봉을 하다 보니 고기 잡는 법도 수없이 보았고 고기 노는 것도 눈에 보이기 시작했습니다.

'이젠 혼자서도 충분히 살 수 있어. 힘든 시봉하면서 구차스럽게 먹다 남은 고기를 이젠 안 먹어도 돼.'

그렇게 생각하고 결심한 까마귀는 '비라카'를 찾아가 자신만만하게 독립하겠다고 말했습니다.

"육지에서 사는 까마귀가 어떻게 물고기를 잡을 수 있다고 생각하니?" 하고 '비라카'가 말렸습니다.

"나도 '비라카'와 같이 깃털도 까맣고, 두 날개도 가졌으며 부리부리한 두 눈에 뾰족한 부리가 있는데 뭐가 부족해서 독립을 못한단 말이오? 그동안 고기 잡는 것도 많이 봤고, 이젠 받들어 모시는 것도 지겨우며 먹다 남은 고기도 치사스러워 못 먹겠소."

"다시 말해 줄게, 까마귀야! 너는 두 발에 물갈퀴가 없어서 물속에 들어가면 빠져죽는데 하물며 고기를 어떻게 잡겠다고 하니?"

아무리 말려도 까마귀는 듣지 않고 보라는 듯이 고기가 노는 것을 노려보다가 잽싸게 물속을 향해 돌진했습니다.

그런데 이게 웬일입니까? 고기를 잡기는커녕 까마귀는 물속에서 빠져나갈 수가 없었습니다. 허우적거리며 날개를 파닥이면 파닥일수록 물풀에 더 감기며 마침내는 헤어나지 못하고 죽게 되었습니다. 마침 멀지 아니한 곳에서 '비라카'가 지켜보고 있었기에 '비라카'의 도움으로 겨우 살아났습니다.

— 〈불교의 우화(자타카)〉에서

자기 분수나 능력을 모르고 남이 하니까 나도 할 수 있다고 무모하게 덤비는 삶을 풍자해서 하는 내용입니다. 철새는 철새대로, 텃새는 텃새대로, 산새는 산새대로, 물새는 물새대로 사는 방법이 다 다릅니다. 비단 까마귀뿐만이 아니라 텃새가 철새 따라 갔다간 마찬가지의 참담한 결과를 얻게 됩니다.

그런가 하면 경제이론에 해박한 경제학자가 사업을 한다면 크게 성공할 것 같지만 그렇지 않은 경우가 있습니다. 스포츠에서도 이론과 경험이 많은 전문가라 해도 코치와 감독 및 심판과 해설자가 챔피언이 되는 것은 아닙니다. 지식과 언어를 통해 배우고 경험을 통해 터득한 지혜가 일상생활에 선용될 때 비로소 현실이 되는 것입니다.

종교도 마찬가지로 종교적인 교리를 줄줄 외우나 그 경지나 비경에 대해서는 체험도 해보지 않고 잘 아는 것 같이 스승 노릇을 하는 종교인이 많습니다. 그리하여 따르는 사람들의 머리를 더 혼란케 하고 미혹하게 하며 삿되게 하는 예가 있습니다.

그래서 불교에서는 자기 분야의 전문적인 선지식을 찾아가 끊임없이 배우고 쌓으면서 실제로 체험하여 증득[4]하게 합니다. 책에 있는 것을 옮기는 역할을 하지 말고 수행을 통해 체달[5]한 후에 다시 명상을 통해 통찰의 안목으로 깨닫게 합니다.

---

4) 證得 : [불교용어] 바른 지혜로써 진리를 깨달아 얻음.
5) 體達 : [불교용어] 사물의 이치를 통달하여 깨달음.

자녀들을 조기 유학 보낸 부모님께

미국에 자녀들을 유학 보낸 부모나 미국에 이민 온 많은 한국인들의 가장 기본적인 소원은 비슷한 것 같습니다. 자녀들을 잘 키워 좋은 대학을 졸업시키고 박사학위까지 받아 미국이나 한국이나 어느 나라에서든 안정된 지위를 갖는 것이라고 합니다.

하지만 자녀 교육이란 한국에서와 마찬가지로 미국에서도 매우 힘든 일이며 부모의 희망사항대로 자녀들이 따르기가 쉽지 않습니다. 한국에서 전혀 겪을 까닭이 없는 문제를 유학이나 이민 온 이유로 불가피하게 겪는 경우도 있습니다.

아이들에게 어릴 때부터 긍정적인 자아의식, 올바른 자아상을 심어주기 위해서는 부모님들이 아이들과 올바른 관계를 맺을 수 있어야 한다고 생각합니다. 아이들이 부모, 혹은 형제와의 대화를 통해서 가치관을 잘 키우면 그 아이가 성장하여 능동적이고 원만한 인간관계를 유지하는데 큰 도움이 됩니다.

그래서 학교 교육도 중요하지만 그보다 더 중요한 것은 가정교육이며 학교 교육만 중요시 하면 지식인은 되어가도 지성인이 되기는 어렵습니다. 우리 한국계 유학생이나 이민자 중 남다른 능력으로 공부도 잘 하고 사회에 크게 공헌하며 존경받는 생활을 하고 있는 사람이 많습니다.

그런가하면 머리가 좋아도 미국에 적응이 늦어지는 유학생도 더러 있으며 나이 늦게 이민 온 사람은 언어나 문화 차이에 의해 적응이 늦어진다고 합니다. 미국에서 태어난 사람도 어렸을 때는 잘 모르지만 어른이 되어서 경쟁하다 보면 피부색깔로 불이익을 당하고 있다는 걸 뒤늦게 알게 된다고 합니다.

한국인은 한국인의 얼굴로 살면서도 차별하거나 차별받지 않고 더 나아가서는 인류에 공헌하면서 사는 지혜가 있어야겠습니다.

불교의 참뜻에는 이민이 없으니, 이민은 정치적인 유산물이며 모든 생명은 지구가 고향이요, 우리의 몸은 하나의 작은 지구로 볼 수 있습니다.

유학을 보낼 때는 공부를 목적으로 보내는데 나중에는 애들 공부 때문에 이민을 오게 되었다는 가족을 종종 만납니다. 부모는 유학이나 이민 생활로 자칫 잊기 쉬운 우리 민족의 전통문화를 다시 고취시키고 배달민족의 얼을 후손들에게 잘 전해주어야 합니다.

이민 온 가족은 부모와 자식들이 함께 살고 있으므로 가정교육도 잘 받고 학교 교육도 잘 받아가며 대부분 적응이 빠릅니다. 그러나 조기 교육을 위해 어렸을 때부터 기숙사가 있는 학교로 유학 온 학생들은 우리 민족문화의 교육은 전혀 받지 못합니다.

문화나 언어나 정서가 다른 서양교육을 받은 자녀들이라서 한국식으로 부모를 모시고 산다는 것은 쉬운 문제가 아니라고 생각됩니다. 자기 자식이면서도 전통문화나 음식 및 언어가 통하지 않으면 다른 민족이나 마찬가지입니다.

부모님들은 영어가 서툴고 자식들은 한국말이 서툴기 때문에 한정된 언어소통으로 큰 불편의 벽을 만들게 됩니다. 그러나 함께 생활하는 가족이 있으면 자녀들이 한국어와 영어 두 가지를 다 배우기 때문에 언어의 장벽도 없어집니다.

어린애들을 기숙사에 살게 하고 학비만 보내주며 알아서 공부를 하게 하면 잘하는 애들도 있지만 그렇지 못한 애들도 적지 않다고 합니다. 저 역시 문수사와 인연 있는 여러 유학생들을 20여 년 가까이에서 돌보다 보니 그 상황을 부정할 수가 없습니다.

사춘기 아이들은 이유 없이 반항하고 부모나 선생님이 감시를 해도 눈을 속여 가며 컴퓨터게임을 비롯한 좋지 않은 방향으로 호기심을 가지기 쉽습니다. 혼자 유학 보내서 놔두면 부모님에 대한 애정 결핍에다가 사춘기에서 오는 변화를 이기지 못하고 자기 멋대로 행동하는 학생도 있습니다.

그래서 할머니나 어머니 또는 가족 중에 누가 오셔서 보살펴 주는 유학생은 조기교육이 좋은 성과를 거두고 있음을 보게 됩니다. 그리고 대학에 들어가면 혼자 스스로 해결할 수 있는 나이가 되니 그때는 오히려 자립하게 해주는 것이 교육상 더 좋다고 합니다.

눈에 보이는 대상은 겉만 보이므로 그 대상을 보는 정신 곧 마음을 살필 수 있는 관심이 중요합니다. 모든 학부모들이 우리 애들은 다 착하고 공부 잘하고 있으니 걱정하지 말라고 합니다.

물론 기숙사에 있는 학생은 학교 밖을 벗어날 수 없고 시내 중심가에서 20분만 벗어나면 대중교통수단이 거의 없으며, 집에서 학교에 다니는 학생들에겐 학교버스(School Bus)로 학교와 집만 오고가므로 별 문제가 없습니다.

그러나 아이가 보는 세상과 부모가 보는 세상이 다르며, 모르고 지내다가 대학 진학할 때 실망하는 결과를 흔히 보아왔습니다. 학비조달에만 힘쓰다 보면 자녀들 개인적인 정도에는 어두워 부모님의 기대에 못 미치는 경우를 대비하시라고, 말씀을 드리고 싶습니다.

사람의 수명(壽命)

 사람의 삶과 수명(壽命)을 동물의 삶으로 비유한 이솝우화의 이야기가 있습니다. 조물주가 사람과 동물들을 만들어 놓고는 어느 날 '수명을 나누어 주겠노라' 공고를 했습니다.
 모든 동물이 아침 일찍부터 서둘러 찾아가 수명을 배급 받았습니다. 사람이 가서 보니 제일 늦게 도착했으며, 수명은 이미 다른 동물이 다 받아가고 겨우 25세만 남아 있었습니다. 어쩔 수 없이 그거라도 받고서 돌아오는 길에 아무리 생각해봐도 너무나 짧았으며 억울했습니다.
 곰곰이 생각하다가 앞서 받아간 동물들을 찾아다니며 수명을 구걸하기로 했습니다. 사람과 제일 가까운 말과 개와 원숭이를 찾아가 사정을 하니 각각 10년씩을 떼어주었습니다. 그래도 모자라 그 외의 다른 짐승들을 찾아다니며 100세의 수명을 채우게 되었습니다.
 그 소식을 들은 조물주는 이렇게 걱정을 하면서 "하는 수 없지! 처음 받은 25년의 수명은 사람으로 살고, 남은 수명은 동물같이 살겠지. 말에게 받은 수명은 말처럼 채찍질 당하며 뛰어다니는 삶을 살아야 할 게고, 개에게 받은 수명은 개처럼 으르렁거리며 짖어대면

서 살게 되겠지! 그리고 원숭이에게 받은 수명은 남의 흉내나 내고
꾀를 살살 부리며 살게 될 거고, 그 나머지는 다른 짐승들에게 받은
대로 그 짐승같이 살아야 할 거야."

비근한 예로 공부나 일을 열심히 하고 있는데도 윗사람이 꾸중을
하며 독촉을 할 때가 있습니다. 내가 놀고 있는 것도 아니고 능력껏
하고 있는데 왜 꾸중을 하시느냐고 반문하면 '유여주마갱가편(猶如
走馬更加鞭)'이라, '오히려 달리는 말에 채찍질을 더하는 거야'라는
얘기를 듣게 됩니다.

'그런 꾸중을 들을 때는 내가 지금 말의 수명을 살고 있는 것일
까?' 하는 생각이 들 때도 있었습니다.

그런가 하면 원진살이나 상충살이 끼었는지 만나기만 하면 서로
증오하고 원망하며 싸우는 사이가 있습니다. 서로 으르렁거리는 관
계를 보면 '저 친구들은 개의 수명을 살고 있는 것일까?' 하는 생각
을 해보게 합니다. 그리고 남이 하니까 나도 한다며 맹목적으로 따
르다가 낭패를 당하는 경우를 보면 원숭이의 수명을 살고 있는 것
같아 안타깝기도 합니다.

누구나 어떻게 살고 있는지를 관조해보면 알뜰하게 보낸 시간보
다는 낭비한 시간이 더 많았다는 생각이 들 때가 있습니다. 오히려
열심히 살아온 사람일수록 시간의 소중함을 더 잘 알기에 그런 생
각을 하게 되는 것 같습니다.

갈수록 시대적으로 네트워크가 복잡해지고 용량도 많아지다 보
니 기억하고 이해하며 풀어야 할 일들이 많아지고 있습니다. 어떤
일은 안 해도 되는 일이지만 주위와 관계되어 살다보니 본의 아니

게 시간을 뺏길 때가 많습니다.

  그래서 나이가 들수록 새로운 변화를 따라가기보다는 불필요한 일들은 줄이고 길들어져 있는 일만 반복하게 되나 봅니다. 몸이 있으면 안 보이는 세포까지도 계속 활동하며 뇌가 살아있으면 생각을 계속적으로 만들어냅니다.

  이젠 몸의 움직임도 소모만 하고 있는 나이가 되었으며 철학적 사고를 추구하던 뇌도 고요하고 맑은 곳을 찾습니다. 말띠로 태어나서인지 인생 몫은 다 살고 요즈음은 늙은 말같이 말안장이나 재갈 없이 자유롭게 살고 있습니다.

  스스로 채찍질하며 뛰지도 아니하고 수레를 끌고 가는 무거운 주지의 짐은 짐짓 물려주었습니다.

    愚心不學增驕慢(우심불학증교만)
    미련한 마음으로 배우지 아니하면 교만심만 더하고
    痴意無修長俄人 (치의무수장아인)
    어리석게 닦지 않으면 잘난 척하는 마음만 자란다.
    空腹高心如餓虎 (공복고심여아호)
    빈속에 마음만 높으면 주린 호랑이와 같고
    無知放逸以顚猿 (무지방일이전원)
    아는 바 없이 놀기만 하면 나무에서 떨어진 원숭이와 같다.
    (아무리 호랑이라 해도 사냥을 못해 굶고 있거나, 재주가 많은 원숭이라 해도 나무에서 떨어졌을 때 웃음거리밖에 안 됩니다.)
    — 야운(野雲)스님의 〈자경문(自警文)〉에서

행복은 살아가는
과정 속에 있다

　기계문명이 발달하면 할수록 우리 생활이 더 편리해지고 있으며 모든 정보가 빨라지고 다양해지고 있습니다. 운동 겸 걸어서 갈 수 있는 거리도 자동차로 가고 반드시 가야할 일이 아닌데도 오히려 구실을 만들어 갈 때가 있습니다. 빠른 속도로 시간을 절약하게 하고, 편안한 의자의 승차감이며 차안에서 듣는 음악에 길들어져 있기 때문인지도 모릅니다.
　가만히 앉아서 하는 일은 답보적인 것 같고 움직이면서 하는 일은 왠지 더 능률적으로 느껴집니다. 뭔가를 새롭고 지향적이며 더 많이 이루고 싶은 의욕이 지속적으로 활동하게 하나봅니다. 그런가하면 밖에서 하는 일도 있지만 사무실이나 방안에서도 일을 할 수 있는 컴퓨터시대로 바뀌었습니다.
　컴퓨터는 클릭 한 번만으로 사이버에 들어갈 수 있기 때문인지 몰라도 상관없는 일까지 집요하게 검색하고 탐구하도록 그렇게 유도해 가고 있습니다. 웹서핑을 계속하게 하는 것도 기계문명에서 오는 편리함이며 가만히 앉아서도 신속하게 수많은 것을 찾을 수 있기 때문입니다. 요즈음 시대의 흐름은 기계제품으로 생활하게 하며 그로 인해 컴퓨터나 텔레비전 앞에서 자승자박(自繩自縛)을 하고 있습니다.

한 건물 안에서도 이웃과 상관없이 경우에 따라선 서로 경계하며 자신을 가두고 사는 것이 당연한 삶으로 변해가고 있습니다. 그러다 보니 밀폐된 건물은 욕망처럼 자꾸만 높아져가고 그 작은 공간 속에서 격리되어 살고 있습니다. 기계문명의 취미도 다양하게 발달되어 가고 있으며 상대적으로 인간의 정은 메말라 가고 있습니다.

그런가 하면 상대적으로 기계문명을 벗어나 자연과 더불어 넓은 공간을 즐기는 취미도 많이 선호되고 있습니다. 보통사람들은 가벼운 등산복 차림으로 산에 오르기도 힘이 드는데 산악인들은 자일을 매고 험준한 절벽을 타고 오르내립니다. 그때마다 저런 운동은 왜 할까? 올라가는 연습을 하는 운동일까? 떨어지지 않기 위해서 하는 저항운동일까? 아니면 매달리기 위해서 하는 버티기 운동일까? 그 모두를 다 단련하기 위해서 하는 걸까? 하는 의문이 들기도 했습니다.

천 길 낭떠러지의 절벽을 타고 오르는 산악인과 우리의 인생살이가 비교됩니다. 희망을 향해 오르는 인생의 삶이나, 절벽을 타고 오르는 산악인이 힘들다고 해서 좀처럼 포기하지 않는 거와 다를 바 없다고 봅니다. 어느 땐 올라갈 수도 없고, 내려 갈 수도 없으며 그렇다고 그 자리에 매달려 있을 수도 없는 상황이 생깁니다.

특히나 아래로 떨어지지 않기 위해 무척 조심하며 다행히 계획대로 정상에 도달했을 때는 성취감이 대단합니다. 그러나 그것도 잠시요, 그 정상을 영원히 차지하도록 놔두지 않으며 계속해서 밀고 올라오기 때문에 또 밀려서 내려가야 합니다. 성공한 사람의 이야기를 들어보면 그에 관계된 지식 및 정보도 중요했지만 하고 있는 일에 긍지를 갖고 열정적으로 노력했다는 대답입니다.

그런가 하면 그 반대로 자신이 종사하고 있는 일을 폄하하면서 시대적인 상황에서 점차 뒤지고 있는 사람도 있습니다. 그렇게 살다 보면 목구멍이 포도청이요, 세월이 공범이며, 직업에 방관자가 됩니다. 자신이 하는 일에 보람이나 자부심이 없이는 다른 사람에게도 신뢰와 존경을 받지 못합니다.

　인간이 무엇인가에 종속되어 있으면 괴로운 일이고, 좋아서 하는 일이면 즐겁고 행복한 일입니다. 즉 고용인으로서 보수만 받으면 된다는 생각으로 사는 사람은 스스로를 고용인으로 종속시켜 버리는 것입니다. 그러나 지금은 고용인이라 할지라도 창조적인 삶을 살아가는 사람은 스스로 자유인이 되어가는 삶이 될 것입니다.

　저 먼 곳에 있는 목적만을 추구하다 현재를 잃고 있으며 행복은 살아가는 과정 속에 있지 과거나 미래 속에 있지 않습니다. 삶의 과정에서 가장 귀중한 날은 오늘이요 이 순간이며 황금보다 더 값진 것은 바로 지금입니다.

제 2 부

수행자의 수상(隨想)

(1980~1987)

우리의 가슴 속에는 고요하고 맑으며 밝은 문이 있는가 하면 번거롭고 혼탁하며 어두운 문이 있습니다. 어떤 문을 열고 닫으며 살아야 하는지는 자신의 선택과 의지에 달려 있습니다.

지난날의 어리석음으로 인해 후회스러웠던 일들은 가슴 밖으로 내보내고 다시 각성해서 새로운 창을 열어야 합니다. 참선이나 명상을 통해 맑은 시간을 가지면 가질수록 맑은 에너지가 생기며 그 맑은 에너지는 맑고 밝은 쪽으로 방향을 밝혀 줍니다.

소쩍새의 한

 전생에 무슨 한을 못다 풀고 갔기에 이 세상 산속에 소쩍새가 되어 밤이면 밤마다 소쩍 소쩍 솟 소쩍 솟 쩍 그렇게 한 맺힌 울음을 울어 옐까요? 운다고 어찌 맺힌 한이 풀리오리까마는 애처로움과 안쓰러움으로 산곡도 따라 웁니다.
 한 없이 제 이름을 부르며 우는 소쩍새는 어젯밤도 밤 녘을 울어 세워 피를 토해 삼켜 뱉고, 뱉고 삼키길 천만 번도 더 했으련만 그 아픔 그 슬픔도 날이 새니 이렇듯 해맑은 봄날 아침입니다.
 허공을 가로질러 깃을 털고 날아간 산새, 그 새도 깃도 자취 또한 없습니다. 이슬길 지나간 산토끼 발자취 역력했지만 동녘 볕에 이슬도 자국도 이미 없습니다. 아무리 소쩍새가 밤을 새워 울어도 봄을 맞이한 이 산중 꽃은 피고 새들은 짝을 지어 둥지를 짓습니다.

 우뚝 솟은 이곳 희양산(曦陽山)은 물소리는 물소리로, 바람소리는 바람소리대로 낮에 우는 새나, 밤에 우는 새나 서로가 방해되지 않게 제각각 목소리를 다 들어주며 소리마다 소중해서 한 산중의 화음으로 어우러지게 합니다.
 산중의 목소리는 물소리요 바람소리이며 새소리입니다. 그렇다면 다음 생엔 나는 무슨 목소리로 태어나야 할까요? 하늘로 솟구쳐 철 따라 나는 기러기가 되어 끼룩거릴까요? 땅에다 혼을 묻어 아름드리 노송으로 솔바람소리를 낼까요?

아니면 산골 물이 되어 흘러가는 푸른 물소리가 될까요? 다시 풍경소리가 되어 추녀 끝에 매달릴까요? 저 촉(蜀)나라 망제(望帝)가 신하의 반역으로 죽어 소쩍새가 되어 쏟아 내는 핏방울이 진달래로 피었다는 전설이 있습니다.

우리나라도 조선시대 역사에 삼촌인 수양대군에게 임금 자리를 빼앗기고 귀양을 간 단종애사가 한과 비애로 남아 있습니다. 아무런 죄도 없이 열세 살 어린 나이의 단종은 산과 물이 앞뒤로 막아선 오지로 유배당했습니다. 그것도 얼마 못가 끝내는 죽음을 당하여 영월 땅에 가면 반 천년이 넘도록 가시지 않은 아픔으로 울어 예는 청령포가 있습니다.

소쩍새는 시어머니 구박에 못 이겨 죽음을 택한 며느리의 넋이 환생하여 그렇게 애절하게 운다는 전설도 있습니다. 소리소리 애간장을 끊을 듯 목메는 소리로 온갖 상념을 불러 일으킵니다. 봄밤부터 여름밤까지 밤에만 우는 새이며 밤새도록 처연한 음색과 곡조로 가슴 아프게 웁니다.

소쩍새는 올빼미과에 속하며 부엉이와 비슷하게 생겼지만 귀깃이 마치 뿔같이 솟아 있고 몸매가 약간 작은 편입니다. 올빼미 같이 소쩍새도 야행성이라서 밤에만 활동하고 낮에는 숲속에 숨어 잠을 자므로 보기가 쉽지 않습니다. 같은 올빼미과라고 하지만 부엉이 울음은 음산하고 으스스한데 소쩍새는 적막한 산중을 더 쓸쓸하고 애잔하게 웁니다.

生死無盡日 去來幾多歲 (사생무진일 거래기다세)

나고 죽는 윤회가 다할 날이 없으니 오고 간 세월이 얼마나 많았던가?

杜鵑啼更切 遊子古廻頭 (두견제갱절 유자고회두)

소쩍새 울음이 더욱 애절하여 나그네 고개 돌려 옛일을 돌이켜보누나.

今離俗佛門 行之不錯路 (금이속불문 행지불착로)

이제 속세를 떠나 불문에 들어왔으니 그 길로만 가면 잘못된 길이 아니오.

功力窮皆轉 不究窮難明 (공력궁개전 불구궁난명)

공력을 다하면 알 수 있거니와 다하지 아니하고는 밝히기 어렵다 하였노니

달맞이꽃

무슨 말 못할 사연이 과거 생에 있었기에 밤으로만 몰래 피는 달맞이꽃이 되었느뇨.
어이하여 그토록 기다리다 지쳐 죽은 넋이기에 홀로 애처로이 두려운 밤을 지새우느뇨.
얼마나 간절히 기도했기에 꽃 색이 그렇게 달빛을 닮았느뇨.
순결하고 선연하면서도 여린 꽃잎으로 핏기라곤 아예 없이 샛노랬느뇨.
밤이면 밤마다 저만큼 오시는 것 같기에 그래서 화들짝 반색하듯 그렇게 피어나느뇨.
날이 새도록 오시지 않으면 그래서 실망하곤 시들어 버리느뇨?

여름이면 달맞이꽃이 암자의 뒤뜰에 무척 많이 피어나며 밤에만 피는 꽃이라서 무슨 사연이 있는 것만 같습니다.
꽃 이름이 달맞이꽃이라서 달이 뜰 때만 피는 꽃이 아니라 달이 없어도 밤에 피는 꽃이라서 이름을 그렇게 붙여주었나 봅니다. 어두워지기 시작하면 뒤뜰 풀숲에서 누군가를 맞이하여 반색하듯 달맞이꽃 송이들이 연이어서 화들짝 화들짝 피어납니다.

꽃피는 모습을 고속 촬영하여 보여주듯 달맞이꽃은 우리 눈앞에서 빠른 속도로 그렇게 반기듯 피어납니다. 벌과 나비가 날지 않는 밤이라서 달빛의 애무에 미동하다가 날이 밝아지면 이내 시들어 버리는 꽃이랍니다. 어쩜 사랑해선 안 될 사람을 남몰래 밤에만 만나서 사랑을 하다가 어느 날 밤부터 아무런 소식도 없이 임은 오시지 아니했나 봅니다.

밤마다 기다리고 기다리다 지쳐 쓰러진 넋이 달맞이꽃이 되었을 거라는 생각이 들게 합니다. 인적이 끊긴 산중 암자에 어스름이 외롭게 하는 그 무렵부터 달빛을 머금은 샛노란 꽃잎은 월광 꽃으로 피어납니다. 줄기의 높이가 허리쯤 자라고 금달맞이꽃과 큰달맞이꽃이 있으며 꽃말이 '기다림' 입니다.

달맞이꽃을 보면 서정주 시인의 「신부(新婦)」라는 시가 떠오릅니다.

신부는 초록 저고리 다홍치마로 겨우 귀밑머리만 풀린 채 신랑하고 첫날밤을 아직 앉아 있었는데 신랑이 그만 오줌이 급해져서 냉큼 일어나 달려가는 바람에 옷자락이 문돌쩌귀에 걸렸습니다.
신랑은 제 신부가 음탕해서 그 새를 못 참아서 뒤에서 손으로 잡아당기는 거라고, 그렇게 성급하게 생각하고는 뒤도 안 돌아보고 나가 버렸습니다. 문돌쩌귀에 걸린 옷자락이 찢어진 채로 오줌 누곤 신부가 못 쓰겠다며 달아나 버렸습니다.
그러고 나서 사십 년인가 오십 년이 지나간 뒤에 뜻밖에 딴 볼일이 생겨 이 신부네 집 앞을 지나다가 그래도 잠시 궁금해서 신부 방문을 열고 들여다보니 신부는 귀밑머리만 풀린 첫날밤 모양 그대로 초록 저고리 다홍치마로 아직도 고스란히 앉아 있었습니다. 안쓰러운 생각이 들어 그 어깨를 가서 어루만지니 그때서야 매운 재가 되어 폭삭 내려앉아 버렸습니다. 초록 재와 다홍 재로 내려앉아 버렸습니다.

달맞이꽃에 대해서는 그리스에도 전설이 있습니다.

옛날 어느 깊은 숲속에서 별을 사랑하는 요정들이 살았답니다. 요정들은 어찌나 별을 좋아했던지 초저녁부터 새벽이 밝아올 때까지 초원에서 하늘을 올려다보며 별들의 속삭임을 들었답니다.

그런데 그 요정들 중에는 별보다는 달을 훨씬 좋아하는 요정이 있었답니다. 달을 사랑하는 요정은 늘 혼자 달을 바라보며 사랑을 하였는데 어느 날 그 요정은 밤하늘을 쳐다보며 조용히 말했답니다.

"밤하늘의 별들이 없어졌으면 좋겠어! 별의 수가 아무리 많아 하늘을 가득 채운다 해도 밝은 보름달처럼 빛을 내지 못하잖아!" 별을 사랑하는 요정들이 우연히 이 이야기를 듣고 화가 나서 제우스신에게 일러바쳤습니다. 제우스는 화를 내며 달을 좋아하는 요정을 달도 별도 없는 곳으로 쫓아 버렸답니다.

우연히 이 일을 알게 된 달의 여신 아르테미스는 자신을 좋아하다가 벌을 받는 요정을 가엽게 생각해 그 요정을 구하려 했습니다. 그러나 제우스의 방해로 구하지 못했습니다. 결국 달을 좋아했던 요정은 달을 그리워하다가 숨을 거두고 말았습니다.

달의 신 아르테미스는 가엾은 요정을 양지 바른 곳에 묻어 주었답니다. 이 모든 사실을 뒤 늦게 알게 된 제우스는 은근히 후회를 하게 되었습니다. 그래서 달을 사랑하다 죽은 요정의 넋을 꽃으로 변하게 하여 달이 있는 곳이면 어디에서든지 요정이 달을 보게 했답니다.

 요정이 묻힌 언덕에서는 한 떨기 꽃이 피어났고 낮에는 입 다물고 밤이 되어서야 꽃잎을 여는 달맞이꽃이 되었다고 합니다.

뻐꾹새와 '붉은머리오목눈이'

　이름 모를 풀꽃들이 무성하게 피어 있는 초록 풀숲에는 보석 같이 새빨간 산딸기들이 돋보입니다. 그 달콤 시큼한 맛과 열정이 시들기 전에 순순히 주고 싶어서 빨갛게 현혹하는가 싶습니다. 산골짜기에서 운무가 서서히 피어오르다 사라지고 흰 구름이 산허리를 감아 돌다 사라지는 풍경은 선경 같습니다.
　적적한 곳에 홀로 있음으로 하여 좌선과 경책 보는 일에 실다우며 이렇게 살다 보니 자연의 순리대로 몸과 마음이 조화를 이루는지 건강도 좋습니다.
　바위 하나로 우뚝이 솟은 산봉우리가 봉황새 형상 같아서 봉암사요, 앞뒤 산은 노송이 울창하고 그 사이로 계곡이 굽이굽이 삼십 리랍니다. 텃새와 철새가 산란기를 맞이하여 한창 자기 목소리를 높이는 이 산중 온갖 자연음이 계절 감각과 상호조응하며 산울림으로 더욱 푸르러지고 있습니다.
　가던 걸음도 멈추고 다시 듣게 하는 뻐꾹새 산울림의 음색은 제일 길고 멀리까지 여운이 남으며 다른 새와 색다른 산중의 목소리입니다. 뻐꾸기 울음 사이로 고운 목소리의 꾀꼬리가 구색을 맞추며 슬픈 산비둘기의 목소리도 한몫을 구성지게 이어갑니다.

처음부터 꾀꼬리가 고운 목소리를 내는 것이 아니라 한 며칠은 둔탁하고 서툰 목소리를 내다가 차츰 고와지고 유창해집니다.

추녀 끝에 매달아 놓은 풍경도 청동 빛 울림으로 파도 타듯 바람을 타며 산중소리를 이루어냅니다. 자연을 좋아하며 꾸밈없이 살다 보면 소나무도 나를 위해 푸르고, 물소리 바람소리 산새소리가 다 화엄의 세계를 이루는 것 같아 신비합니다.

산란기 철인 봄에는 짝을 찾는 산새들의 목소리가 더 고와지며 부화가 되어 새 새끼를 키울 때는 목소리가 한층 더 높아집니다. 말복 쯤이면 대부분 어린 새들이 다 커서 둥지를 떠나 자유로이 독립을 하며 그래서 말복이 지나면 철새나 텃새가 거의 울지를 않습니다.

춘궁(春窮)기에 울어대는 뻐꾸기 울음에 산골 암자는 따라서 허기져 있고 그렇게 하루가 가면서 산 그림자는 암자를 덮어갑니다. 산골 암자에는 달이 손님이요, 바람도 수시로 스쳐가며 어디서 날아오는지 철새들이 계절을 몰고 옵니다.

뻐꾹새는 '붉은머리오목눈이'의 둥지에 몰래 알을 낳고는 '붉은머리오목눈이'의 알을 둥지 밖으로 떨어뜨린답니다. 그래서 뻐꾹새의 알을 자기 알로 알고 품게 하여 부화해서 기르게까지 하는 얌체 새랍니다. 오래 전부터 산중에서는 뻐꾹새가 탁란(托卵)새라는 걸 알고 있었기에 어린아이를 좀 봐달라고 부탁하면 뻐꾸기 새끼냐고 농담을 합니다.

'붉은머리오목눈이'는 뻐꾸기보다 훨씬 작고 매나 맹금류에게 잘 잡혀먹는 새입니다. 그래서 매를 무서워하는데 뻐꾸기가 매의 크기와 비슷하고 양 날개를 펼치고 나를 땐 가슴과 배의 무늬 등이 비슷합니다. 산란기가 되면 오목눈이를 며칠간 살피다가 알을 낳기 시작하면 '붉은머리오목눈이'의 둥지를 맴돌면서 마치 맹금류같이 겁을 줍니다.

그러면 오목눈이가 겁을 먹고 도망을 가게 되며 그 틈을 타서 뻐꾸기는 재빨리 오목눈이의 알을 둥지 밖으로 밀어내 떨어뜨리고 자기 알을 낳습니다. 낳는 시간은 1분도 안 걸린다고 하며 다시 둥지로 찾아온 오목눈이는 자기 알인 줄 알고 품어 부화시킵니다. 알고 먹이를 물어다 주는지, 모르고 먹이를 물어다 주는지 새끼가 다 클 때까지 키워주면 뻐꾸기는 스스로 알아서 둥지를 떠납니다.

뻐꾹새가 뻐꾹뻐꾹하고 울지만 한자로는 포곡(布穀)으로 표기하며 중국 사람들은 포곡을 '뿌꾸'로 발음한다고 하니 거의 비슷하게 듣는 것 같습니다.

뻐꾸기 우는 봄이 일 년 중 제일 가난한 춘궁(春窮)기이며 포곡을 해석하면 '국가에서 백성에게 곡식을 널리 베풀어라'는 뜻입니다. 그러나 전설에 의하면 농부들에게 파종기가 되었으니 어서 서둘러 씨를 뿌리라는 뜻으로 해석되었습니다.

임진왜란 당시 권필(權韠, 1569-1612)이 지은 「포곡(布穀)」이란 시(詩)가 있습니다.

  布穀 布穀 布穀(포곡 포곡 포곡)
  뻐꾹 뻐꾹 뻐꾹 (씨 뿌릴세! 씨 뿌릴세!)
  布穀聲中春意足(포곡성중춘의족)
  뻐꾹새 울음 가운데 봄의 뜻이 가고 있으며

健兒南征村巷空(건아남정촌항공)

남정네는 전쟁에 나가 마을이 텅 비어 있네!

落日唯聞寡妻哭(낙일유문과처곡)

해가 지면 과부들의 울음소리만 들리는데

布穀啼有誰布穀(포곡제유수포곡)

씨 뿌려라 울어대지만 누가 있어 씨 뿌리나

田園茫茫烟草綠(전원망망연초록)

아득한 들판에는 푸른 풀빛만 자욱하도다.

상대를 거울 삼아
나를 비춰보기

여행을 많이 했던 미국의 신문기자가 쓴 기사 중 국민성에 대한 내용입니다.

미국 사람은 걸핏하면 신고하고 고소 잘하며, 중국 사람은 은근히 장삿속으로 거래를 하고, 일본 사람은 속마음과는 달리 겉으로는 친절하며, 대만 사람은 이민 가는 길을 모색하고, 한국 사람은 다투기를 잘한다고 했습니다.

1980년도에 경북 문경에 있는 봉암사의 주지였을 때 있었던 일입니다. 삼십 명 스님들이 참선하는 선방의 벽지가 낡아서 새로 도배를 하고자 해서 부산과 대구 그리고 서울에서 벽지 견본 3권(백오십 장)을 빌려 왔습니다. 스님들에게 보여드리며 견본을 빌려오면서 들은 설명대로 가격과 벽지의 차이를 대충 말씀드렸습니다.

어떤 벽지로 바르건 전혀 관심이 없으신 스님들도 계셨고 견본을 일일이 펼쳐 보고서도 아무 말씀이 없으신 스님들도 계셨습니다. 그리고는 대부분 스님들이 마음에 드는 벽지를 선택해 주셨는데 같은 벽지는 한 장도 없고 모두가 각각 다른 벽지를 골라주셨습니다.

"왜 스님은 이 벽지를 고르셨습니까" 하고 여쭈어 보니 "우리 절이 가난하니 이 종이가 가격도 싸고 무늬가 단순해서 무난한 것 같습니다"라고 하셨습니다.

그 이야기를 옆에서 듣고 계시던 다른 벽지를 골랐던 스님은 가난할수록 값비싼 종이를 발라야 한다며 그 이유를 말씀하셨습니다. "고급종이는 바탕이나 무늬가 고상하면서도 색깔이 잘 변하지 않고 오래 가기 때문에 더 경제적입니다"라고 했습니다.

어떤 스님은 색깔과 꽃무늬가 은은하게 나타나 있는 연꽃 벽지를 선택하니 또 다른 스님이 선방에 무슨 무늬 있는 벽지냐며 흰 벽지를 주장했습니다. 선방은 잠이 부족한 곳이므로 흰 종이는 전깃불에 반사되어 눈이 부셔서 안 된다며 올록볼록한 비닐 벽지를 펼쳐 보여주시는 스님도 있었습니다.

어떤 스님은 갈포지가 건강에 좋다 하고 어떤 스님은 비단 벽지가 따뜻해서 좋다 했습니다. 어떤 스님은 때 묻으면 닦을 수 있는 비닐 벽지가 좋다며 주장하는 내용이 모두가 다 달랐으며 또한 타당했습니다.

의견 일치가 안 되자 저녁 공양 후에 선방스님들이 주지에게 일임하기에 저 역시 고민하다가 내 취미대로 하얀 문창호지를 사다 드린 일이 있었습니다.

여러 사람이 모여서 참선하는 선방에선 모두가 침묵으로 일관하지만 어떤 일을 하기 위해 회의를 하면 숨겨졌던 개성이 은연중에 나타납니다. 그런가 하면 삭발한다고 해서 곧바로 도인이 되는 것은 아니므로 수행 과정에서도 속물이 덜 빠진 속된 행동을 하기도 합니다.

어느 단체나 말썽을 피우는 사람은 있기 마련이며, 그 사람 때문에 전체가 망신당하기도 하고 골치를 앓는 경우가 종종 있습니다. 그러면 그 사람을 떠나게 해야 하는데 주먹이 큰스님이라 '쥐들이 고양이 목에 방울 걸기' 만큼 어렵습니다.

자칫 한 사람 보내려다 전체가 떠나는 일도 있으며 다행히 대중의 뜻이 잘 반영되어 문제 있는 스님이 떠날 때도 있습니다. 이젠 조용하겠지 싶어 안심을 하고 살다보면 그것도 잠시일 뿐 그만 못 하긴 하지만 또 다른 괴각이 두세 명 본성을 드러내기 시작합니다.

자기보다 강한 사람에게 눌려 착한 듯이 살던 스님들이 슬슬 기를 펴기 시작하며 그렇게 되면 또 다시 모두가 괴로움을 겪어야 합니다. 계속해서 말썽꾸러기를 색출해서 보내도 오래가지 못하고 그만 못하지만 다 떠날 때까지 이어서 나타나게 되어 있습니다.

삼국지에서 조조 한 사람 잡기는 어렵지 않으나 조조를 잡고 나면 팔 조조가 나올까 봐 그냥 두었다는 전술이 있습니다. 호랑이 없는 산에 여우가 왕 노릇하고 여우도 없으면 또 다른 짐승이 계승하겠지요.

삼십 명에서 이십 명으로, 이십 명에서 십 명으로 줄어들어, 나중에는 제일 마음 맞는 스님과 단둘이 살아도 다툴 일이 생기기 마련입니다. 그래서 자기가 낳은 자식들하고도 견해 차이가 생겨 다투고, 평생을 약속한 부부끼리도 싸웁니다.

그렇다고 해서 혼자 살면 상대가 없으니 싸울 일이 없을 것 같지만 그렇지가 않습니다. 산골 암자나 토굴에서 혼자 살다보면 약 삼 개월 정도는 자유롭고 평화로우며 하루 종일 모두가 나를 위한 시간이라서 그렇게 좋을 수가 없습니다. 왜 진작 혼자 살 생각을 못 했는지 모르겠다고 하면서 무척 좋아하지만 삼 개월 정도 지나면 자신과의 싸움이 시작됩니다. 사람 따라 약간씩 차이는 있겠지만 가르침을 주는 지도자도 없고 경쟁자도 없으며, 규칙도 없다 보니 긴장이 풀리면서 마음이 해이해지기 쉽습니다.

그러다가 그날 그날을 무사안일주의로 살아가는 자신을 문득 발견하게 되며 이렇게 살아서는 안 되는데 하면서도 별 진전이 없습니다. 밤을 새울까, 이쯤해서 잘까, 싫도록 잘까, 그만 일어날까 하며 잠과 싸우기도 하고 밥 먹을까, 죽 먹을까, 한 끼 굶을까 반찬을 만들까하며 음식준비도 귀찮아합니다.

어디 갈까, 일할까, 운동할까, 공부할까 등 온갖 갈등 속에서 자신과 싸우다 어느 날 자기 싸움에서 지고 결국은 큰 절로 대중스님을 다시 찾아가게 됩니다. 자신이 자신과 싸워 이길 수 있다면 남도 이길 수 있고, 그렇지 않으면 아예 다른 사람과 싸울 일이 없는 경지에 이릅니다.

수행의 길은 올바르지만 외롭고 고달프며 험준하다고 해야 할지 아니면 홀가분하고 자유로우며 멋스럽다고 할지 잘 모를 때도 있습니다. 계속 정진해야 하는데도 게을러지고, 쉬고 싶으며 아예 포기하고 싶을 때도 있는 등 마장이 수시로 앞을 가로 막습니다. 삶이 이론보다는 체험을 통해서 더 성숙해 가는 것 같으며 살아갈수록 새로운 경험을 하므로 그래서 나이가 들수록 철이 더 든다고 하나 봅니다.

과일이 처음에는 잎사귀 색에 자신의 몸을 감추고 있다가 약간씩 고운 색깔을 보이기 시작하면서 맛도 차츰 달콤하게 익어갑니다. 나뭇가지도 양지 바른쪽으로 뻗어 가듯 인간의 정도 고운 빛깔과 따뜻한 가슴 쪽으로 다가가나 봅니다. 물이 모이면 깊어지고 푸르러지며 맑아지듯, 정도 모으면 가슴이 깊어지고 따뜻해지겠지요.

자기 버릇도 못 고치면서 어떻게 남의 버릇을 고쳐서 자기에게 맞출 수 있겠습니까? 밖으로 보이는 상대의 허물만 보지 말고 상대를 거울 삼아 안으로 자신의 허물을 먼저 비추어봐야 합니다.

나쁜 버릇을 좋은 버릇으로 고치고, 나쁜 습관을 좋은 습관으로 고치며 악업을 선업으로 고치는 과정이 곧 수행입니다. 업이 윤회를 만들고 윤회 속에서 업에 의해 다시 만나는 확률이 더 크다고 하니 다음 생을 위해서라도 악연을 짓지 않아야 한다고 합니다.

가정이란 서로가 정을 주고 사랑할 때 꽃밭처럼 아름답게 가꾸어지지, 가슴이 메마르면 사막이 되고 말 것입니다. 어떤 신도가 보내주신 편지 내용을 보니, 남편과 성격차이로 마음고생을 많이 하시고 있는 것 같아 안타까운 마음이 들었습니다.

가정에서 불화가 생기면 상대방을 원망하기 이전에 자신의 잘못부터 헤아려 보고 그때에 적절한 해답을 찾아야 합니다. 옳고 그르다는 시비를 계속하며 조화를 이루지 못할 때 재앙이 닥치기 마련이며 엄청난 불행도 사소한 오해에서부터 시작됩니다.

서로가 평등심으로 동등하게 보면 자존심이 상하지 않지만 우월감이나 열등감이 있으면 스스로 불씨를 키우게 됩니다. 자기가 해준 것만큼 보상받고 싶어 하거나 바라고 기대하는 마음이 있으면 문제가 생깁니다.

기대하는 것만큼 해주지 아니하니 섭섭하고, 섭섭한 마음이 미워하고 증오하게 합니다. 받고자 하는 마음 없이 끊임없이 베풀기만 하면 전생의 빚도 갚고 자신도 모르게 자비심으로 바뀝니다.

마음은 그렇게 간단히 비울 수 있는 것도 아니요 바뀌거나 쉬어지지 않습니다. 옷을 뒤집거나 주머니 속같이 뒤집어 털어낼 수 있는 것도 아니요 한 평생 풀어가야 하는 과제요 살아가는 과정입니다.

우리의 가슴 속에는 고요하고 맑으며 밝은 문이 있는가 하면, 번거롭고 혼탁하며 어두운 문이 있습니다. 어떤 문을 열고 닫으며 살아야 하는지는 자신의 선택과 의지에 달려 있습니다.

지난날의 어리석음으로 인해 후회스러웠던 일들은 가슴 밖으로 내보내고 다시 각성해서 새로운 창을 열어야 합니다. 참선이나 명상을 통해 맑은 시간을 가지면 가질수록 맑은 에너지가 생기며 그 맑은 에너지는 맑고 밝은 쪽으로 방향을 밝혀 줍니다.

침묵 속에서 명상을 통해 삶의 의미를 자신에게 물어가며 새로운 정신세계를 끊임없이 열어 가야 합니다. 어떻게 해서든지 한 바늘귀의 실로 두 가슴이 떨어지지 않도록 그리고 서로 마주 비치도록 꿰매 놓으십시오.

잘은 몰라도 애정이란 그 자체의 신비를 스스로 느끼는 것이므로 그 외 다른 것을 따로 구한다면 그것은 이미 애정이 아닌 줄로 알고 있습니다. 홧김에 하는 언어나 행위는 실수가 따르기 마련이며 반드시 후회하게 됩니다.

세상사를 있는 대로 보는가

옛날에 눈이 하나 실명된 시각장애자가 장가도 못 가고 노총각으로 늙어가고 있었습니다. 재산도 없고 의지할 부모 형제도 안 계시며 눈도 하나 실명이다 보니 시집오겠다는 처녀도 없고 혼자서 그날 그날을 날품팔이로 가난하게 살았습니다.

하루는 일하다가 잠시 쉬고 있는데 동네 어른이 지나가시다가 안타까워하시며 넌지시 물어보셨습니다.

"자네 저 큰 산 넘어 큰 절이 있는지 알지?"

"네! 가보지는 못했어도 말은 많이 들었습니다."

"그곳 스님들은 고래등 같은 기와집에 살며, 거울 같은 장판방에서 잠을 자고 산채나물에 백옥 같은 쌀밥을 먹고 산다는 이야기를 들었는가?"

"네! 들었습니다."

"자네도 그 절에 출가할 생각은 없는가? 출가하면 의식주 걱정 없이 불경공부도 하고 편하게 살 수 있는데 왜 그 고생을 하면서 사는지 딱해서 물어보네."

"저 같은 사람도 받아 줄까요?"

"받아 주고 안 받아 주는 문제는 내가 잘 모르겠네! 하지만 안 받아 준다고 해서 자네가 손해 볼 것은 없지 않는가? 구경삼아 찾아가 보시게"

그 이튿날 한쪽 눈 시각장애자가 산 넘고 물 건너 해질녘에 그 절에 도착해서 주지스님께 공손히 인사를 드리고 출가를 하기 위해 왔노라고 말씀을 드렸습니다. 자초지종을 다 듣고 난 후 주지스님께서 장애인은 스님이 될 수 없는 비구계율을 말씀해 주셨습니다. 그 대신 스님은 될 수 없지만 절 일을 도와주면 스님들과 같이 절에서 자고 먹을 수 있으며 저녁이면 불경 공부도 시켜줄 수 있다고 하셨습니다.

"그 일이 어떤 일인데요?"

"마당도 쓸고 땔 나무도 해 오며 채소도 가꾸는 등 허드렛일이야. 소임(所任)은 부목(負木)인데 열심히 하면 그에 알맞은 월급도 주겠네!"

"사실은 저 스님 되기 싫었는데 마침 잘되었습니다. 저는 일자무식이라 스님들 공부를 따라 할 수가 없습니다. 일이 몸에 배어있기 때문에 일하는 것이 좋으며 월급까지 주신다니 부목 일을 맡겨 주신다면 열심히 하겠습니다."

그리하여 그 시각장애자는 그 절에서 살게 되었으며 널찍한 방도 하나 혜택 받았습니다.

하루는 부목이 마당을 쓸고 있는데 객스님이 찾아와서 주지실이 어디냐고 물었습니다.

"방금 제가 주지실 앞마당부터 이쪽으로 쓸어 오고 있는데 주지스님께서 손님들하고 말씀을 나누고 계셨습니다. 잠시만 기다려주시면 제가 가서 상황을 살펴보고 객스님을 언제쯤 모시고 가면 되겠느냐고 여쭈어 보겠습니다."

"고맙습니다."

부목은 그 길로 주지실로 가서 말씀 드리니 주지스님이 손님들과 이야기가 끝나가니 잠시만 기다리라고 하셨습니다. 그러시면서 물었습니다.

"무슨 일로 오셨다고 하던가?"

"여쭈어 보지 아니해서 잘 모르겠습니다만 방부 드리러 오신 스님 같았습니다. 북통 같은 걸망을 지고 오셨던데요?"

"그래? 우리 절은 참선수행 하는 선객만 방부를 들일 수 있으니 무슨 공부를 했는지 자네가 넌지시 물어 보시게나."

"참선하러 오신 스님이면 주지실로 모시고 오고, 경학을 공부하는 학인스님이라면 천천히 만나도 되니 객실로 모셔다 드리고 편히 쉬게 하시게!"

부목은 곧바로 객스님께 달려가서 "조금만 기다리시면 손님들이 떠나실 것 같습니다"라고 말했습니다.

그렇게 말씀 드린 후 주지스님의 분부대로 무슨 공부를 하셨느냐고 여쭈어 봤습니다. 그러자 객스님이 말씀은 안 하시고 손가락으로 부목 뒤쪽에 있는 선방을 가리켰습니다.

부목은 절에서 10년 이상 살다 보니 선방스님들이 격외 도리로 선문답하는 걸 자주 봐 왔습니다. 그래서 부목도 선문답하는 줄로 알고 손가락 두 개를 보여 드렸습니다.

갑자기 부목이 두 손가락을 내미는 걸 보고 객스님은 깜짝 놀랐지만 짐짓 알아차리고 이번에는 손가락 세 개를 내밀었습니다. 그러자 부목이 화가 나서 객스님에게 주먹을 내밀며 손가락으로 삿대질을 하였습니다.

때마침 참선하시던 스님들이 방선(放禪)을 하고 밖으로 나오다가 부목이 어떤 스님에게 주먹질을 하고 있는 장면을 보았습니다. 그 장면을 본 스님들이 깜짝 놀라 무슨 일이냐고 큰 소리로 물었습니다.

그때 부목이 "아— 이 스님이—" 하고 말씀 드리려고 하니 선방스님들이 빨리 이쪽으로 뛰어 와서 말하라고 야단을 치셨습니다.

부목이 선방 스님들에게 불려가는 사이에 객스님이 주지실을 바라보니 손님들을 전송하고 있었으며 그 길로 객스님이 주지실로 찾아갔습니다. 손님이 막 떠난 뒷자리의 차 종지와 과일 그릇을 시자스님이 치우고 있었으므로 마루에 서 계시는 주지스님께 큰 절을 드렸습니다.

객스님과 인사를 나눈 주지스님이 "어떻게 오셨습니까?" 하고 여쭈어 보니

"방부를 받아 주신다면 다음 철에 정진하려고 미리 왔는데 그냥 가겠습니다."

"아니 오시자마자 왜 가신다고 하십니까?"

"이 절에서 살려면 공부를 더 해 가지고 와야 할 것 같습니다."

"아니 왜요?"

"이 절에는 부목도 실력이 대단한 것 같습니다."

"아니 부목이 무슨 실력이 있다고 그렇게 말씀 하십니까?"

"방금 전에 무슨 공부를 했느냐고 묻기에 손가락으로 선방을 가리켰습니다."

"그건 무슨 뜻인데요?"

"참선 공부를 한다는 뜻으로 그랬습니다. 그랬더니 부목이 손가락 두 개를 내밀지 않겠습니까?"

"그건 또 무슨 뜻인데요?"

"선방에 앉아서 부처님 흉내만 되면 되느냐 부처님 법을 알고 참선을 해야지! 그런 뜻인 것 같았습니다."

"그래서요?"

"그래서 손가락 세 개를 보여 주었지요."

"그건 또 무슨 뜻인데요?"

"사교입선이라고 해서 저도 사교를 마치고 입선을 했습니다. 불, 법, 승, 삼보를 아는 내가 어찌 부처님 경전을 공부하지 아니했겠느냐는 의미로 손가락 세 개로 답변을 했습니다."

"그 다음은 어떻게 되었습니까?"

"그 부목이 주먹으로 나를 밀어붙이고서 검지를 펴 보였습니다."

"그것은 무슨 뜻인데요?"

"만법귀일 일귀하처(萬法歸一 一歸何處) 즉 '만가지 법은 하나로 돌아가는데 그 하나는 어디로 돌아가느냐'를 물은 것 같았습니다."

"그래서요?"

"그 물음에 답변을 못하고 끙끙거리고 있었는데 마침 선방스님들이 부목을 불러가서 봉변을 면했습니다."

"부목도 만법귀일 일귀하처의 도리를 아는데 선방스님들은 선지(禪智)가 얼마나 더 밝으시겠습니까? 과연 풍문에 듣던 대로 대단한 절이라서 공부를 더 해 가지고 다시 오겠습니다."

그렇게 말씀 드리고는 말릴 틈도 없이 객스님은 총총히 떠났습니다.

잠시 후 부목이 숨 가쁘게 달려와서는 "주지스님! 주지스님!" 하고 찾았습니다.

"왜 부르시는가?"

"객스님 어디 계십니까?"

"객스님은 왜 찾지?"

"객스님하고 좀 따져야겠습니다."

"무슨 일로?"

"주지스님께서 무슨 공부를 했는지 물어보라고 하지 않으셨습니까?"

"그랬지!"

"그래서 무슨 공부를 했느냐고 물었습니다. 그랬더니 말씀은 안 하시고 손가락으로 내 눈을 가리키지 않겠습니까?"

"그건 무슨 뜻으로?"

"질문에는 답변도 안하고 저를 무시하며 너는 눈이 하나밖에 없구나, 그런 뜻 아니겠습니까?"

"그래서?"

"저는 손가락 두 개를 보여 주었지요."

"그건 무슨 뜻으로?"

"스님은 눈이 두 개라서 좋으시겠습니다. 그런 뜻이었죠!"

"그 다음은?"

"아, 그쯤 했으면 됐지 이번에는 손가락 세 개를 내 보이지 않겠습니까?"

"그건 또 무슨 뜻으로?"

"너와 내가 눈을 다 합쳐도 눈이 세 개 밖에 안 되는구나 그런 뜻이겠죠! 갈수록 화를 돋우기에 스님이라 때릴 수는 없고 주먹을 보여주었죠. 하필이면 그때 방선을 하고 선방스님들이 방문을 열고 나오시다가 그 광경을 보셨지 뭡니까? 스님들에게 불려가서 꾸중만 실컷 듣고 오는 길입니다."

세상사를 있는 대로 보는가, 보는 대로 있는가를 생각해보게 합니다. 하루살이가 보는 세상과 짐승들이 보는 세상과 사람이 보는 세상은 다르며, 모두가 자기 업대로 보기 때문에 정견으로 보지 못하고 편견으로 보고 있습니다. 불교에서는 수행을 통해 깨달은 어떤 경지를 객관화시킬 수가 없으므로 자기 스스로 증득하지 않으면 알 수 없는 세계라 했습니다.

인생의 화폭에 넓은 여백 두기

밤이 이슥한데도 잠이 오지 않아 경상⁶⁾ 앞에 앉으니 망울망울 거품처럼 여러 생각들이 쉴 새 없이 떠오릅니다. 어떤 기억은 얼룩 같아 지우려고 하면 더 번지고 후회스런 일들은 두드러기 같이 가려운 반응을 일으킵니다. 때로는 겨울 하늘의 반달처럼 조금은 차갑게 그러면서도 우뚝이 반쪽인생으로 살아가는데도 그렇게 살자니 그 길이 그리도 고적합니다.

아쉬움도 연민도 뒤돌아 앉은 산중 암자는 후미진 산기슭을 에돌아가는 바람소리에 귀가 여럽니다. 겨울 내내 들리느니 숲 전체가 흔들리는 바람소리요 유별 바람이 세차게 부는 날은 문풍지까지 따라 웁니다. 적막할수록 귀 울음 소리가 섦게 나며 밤이면 더 예민해져 오감 전체로 듣게 됩니다.

겨울밤에만 우는 늙은 올빼미가 이 밤도 마녀의 웃음소리같이 으스스하게 울고 있습니다. 나무가 높고 가지가 성깃해 전망이 좋아서인지 밤이면 어김없이 그 고목나무 가지에 찾아와 음산하게 웁니다.

---

6) 경을 올려 놓는 책상

청빈보다는 배움이 가난해서 가슴이 휑한 그대로인데 무엇을 쓸어갈 것이 있어서 바람은 저렇게 밤새도록 불어 가는지 모르겠습니다. 단순하게 살아도 달라짐이 없으며 그래서 산중생활은 시름에 겹고 무게 지워 쌓인 업장을 소멸하는 애씀도 헛돌아가는 그런 날입니다. 언제나 인내의 과정이 축복이 되도록 참선시간으로 다잡지만 갈수록 세월은 까맣게 멍만 들어가는 자책입니다. 어느 땐 살고 있는 의미가 미뿐 목숨뿐! 그렇다고 아무렇게나 살 수 없기에 게으름을 늘 경계합니다.

내면적인 자신의 규제 속에서 수시로 꾸짖으며 산중생활에 걸맞게 몸소 최선을 다할 뿐입니다. 그러다 보니 때로는 한 생각으로만 번뜩일 때가 있으며 그 재미로 여의하게 산중을 지키게 되나봅니다.

하지만 아무리 별빛 가슴을 가꾼다 해도 흐르는 시간은 쉼이 없으니 무모한 시간은 아픔입니다. 아직은 선지식을 찾아다니며 계속 배워야 하는 시기인데도 산골 암자에서 스스로 길 막고 고립을 고집하고 있습니다. 왕래로 인한 번거로움보다 스스로 피우는 망상이 더 잡다하면서도 몸만 산중에 숨기고 고적하게 사는 일상입니다.

허구한 날 면벽하고 앉아 있다 보면 화두도 망상도 비어있고 적막함의 안뜰에서 호젓하게 사는 자신을 자주 봅니다. 아무런 계기도 없었는데 공연히 가슴에서 이는 바람기가 금강경 사구게(般若經 四句偈)를 자꾸만 외우게 합니다.

凡所有相 皆是虛妄 若見諸相非相 卽見如來

(범소유상 개시허망 약견제상비상 즉견여래)

형상이 있든 없든 이 세상 그 모두가 허망하여 실상이 아니니 만일에 모든 형상 제대로 보면 그 즉시 깨달음을 얻게 되리라.

새벽이 가까워지며 졸리기에 자리에 누울까 하는데 갑자기 휘몰아치는 바람에 추녀 끝 풍경이 요란스럽습니다. 가끔씩 졸고 앉아 있으면 풍경소리가 수시로 경책을 하므로 방심하고 있다가도 순간순간 깨어납니다. 인생의 삶 그 자체가 어떤 종점이나 완성이 아니며 끝없는 체험이요 추구라고 생각됩니다. 그리하여 인생의 화폭에 넓은 여백을 두고 먹물로 한 획을 그을 뿐 그 어떤 채색도 칠하지 않으렵니다.

의희양산에서(擬曦陽山居)

山深木密合幽居(산심목밀합유거)
깊은 산 울창한 나무와 합하여 살기 좋으니
境靜人稀興有餘(경정인희흥유여)
경계는 고요하고 인적은 드물어 흥이 일어나고
飽得箇中淸意味(포득개중청의미)
이 가운데 맑은 의미를 만족하게 얻고서
頓忘身世自容與(돈망신세자용여)
나의 신세 모두 잊고 스스로 태연하도다.
― 함허당* 득통화상 어록(涵虛堂得通和尙語錄) 에서

---

* 함허당(涵虛堂) 득통화상(得通和尙) : (1376-1433) 조선승려 1431년(세종 13년) 희양산 봉암사를 중수하였습니다. 세종 15년, 나이 58세(법랍 38)에 봉암사에서 입적(入寂)하였으며 사리탑은 동암(東庵) 왼쪽 능선에 모셔져 있습니다.

자연의 소리가
화엄산림의 법음이라

　어제 내린 눈이 한낮 볕에 서서히 녹아내리다 황혼녘부터 눈 녹은 물이 얼기 시작했습니다. 나뭇가지며 청솔잎 하나하나에 맺혀 흐르던 작은 물방울이 밤 사이에 수정 같은 고드름으로 수없이 매달렸습니다. 산바람 소리와 함께 크고 작은 고드름들이 서로 맞부딪히는 자연의 화음이 어찌 심포니 오케스트라와 비교되겠습니까?
　어디 그뿐이겠습니까. 동녘 하늘에 아침이 밝아오면 그 붉은 태양빛이 정상부터 비춰주며 차츰 산 숲 전체에 햇살이 퍼집니다. 이때 나뭇가지와 솔잎 하나하나에 매달린 물방울 고드름 사이로 햇살이 투영되면서 반사되는 칠보 빛 섬광은 찬란하다 못해 황홀합니다. 마침 방선(放禪)시간이라서 고드름 부딪치는 소리를 듣고자 조용조용히 울창한 솔밭 길을 걷다가 발길이 멎었습니다.
　희양산 골짜기에서 산 메아리로 되울려오는 신비로운 자연의 소리가 단순하게 고드름 부딪치는 소리와 솔바람 소리뿐이겠습니까? 꽁꽁 언 계곡의 얼음 밑에서 흐르는 물소리가 청량하게 들려왔으며 자연의 음이 그대로 화엄의 세계요 천상의 법음이며 진리의 실상입니다. 오늘따라 자신의 준엄한 법의(法衣) 속에서도 자문의 응답이 들려왔습니다.

금강경 제삼 대승정종분(大乘正宗分)에

何以故 須菩提 若菩薩 有我相人相 衆生相 壽者相 卽非菩薩
(하이고 수보리 약보살 유아상인상 중생상 수자상 즉비보살)

자연의 소리를 듣다가 문득 이 구절이 떠올랐으며 지금까지 여러 스님들이 해석한 내용이 제 생각과는 차이가 났습니다. 금강경을 해설한 책의 대부분이 아래와 같은 내용입니다.

'왜냐하면 수보리야 보살이 나라는 생각(我相), 남이라는 생각(人相) 중생이란 생각(衆生相), 오래 산다는 생각(壽者相)이 있으면 곧 보살이 아니기 때문이니라.'

저는 그렇게 해석하지 않습니다. '일체의 생명을 공경하고 무주상 보시를 해야 보살' 이라고 했는데 왜 여기에서 수자상(壽者相)을 오래 산다는 의미로 해석을 합니까? 보살정신과 오래 산다는 내용과 어떤 관계가 있는지 모르겠습니다. 오래 살면서 보살행을 하면 더욱 좋을 텐데 오히려 오래 산다는 상 때문에 곧 보살이 아니라니 잘못된 해석이라 봅니다.

아상(我相)이란 자기만의 편견에 집착하여 이기심으로 살아가면 보살이 아니라는 겁니다. 인상(人相)이란 나는 사람이기 때문에 짐승들을 학대해도 되고 심지어는 잡아먹어도 된다는 생각은 보살행이 아니라는 뜻입니다.

중생상(衆生相)은 짐승들도 중생이므로 차별하지 않고 모든 생명을 다 존중해야 보살이 될 수 있다는 해석입니다. 수자상(壽者相)은 동물이나 식물이나 모든 존재는 다 수명이 있으며 자연 그 자체가 생명체이므로 지수화풍을 잘 보호해야 보살이 된다고 봅니다.

연생시멸(緣生時滅)이 제행무상(諸行無常)이니 서로가 관계되어 있는 연기법(緣起法)을 모르고 자연을 함부로 파괴하고 오염시키고 있습니다. 인간도 자연이며 모두가 수명이 있으므로 삼천대천세계가 돌아가고 있으며 화엄만다라로 되살릴 수 있는 길은 보살정신밖에 없다고 봅니다.

금강경 첫머리는 여시아문(如是我聞)으로 시작을 합니다. 이와 같이 나는 들었다고 했는데 듣는 것도 내가 언제 어디에서 무엇을 누구에게 어떻게 들었느냐가 중요합니다. 내가 열 살 때 들었는지 마흔 살 때 들었는지 나이도 중요하고 들을 때도 기쁘고 슬프며 화났을 때 등 기분에 따라 다르며 오전(悟前)에 들었는지 오후(悟後)에 들었는지 때에 따라 차이가 많이 납니다.

자연 앞에서 또 다른 모습이나 주장을 감히 덧붙일 수가 있으며 독립할 수가 있겠습니까? 솔잎 하나하나에 매달린 아주 작은 고드름 하나도 이렇게 소중하므로 수행자의 본분에서 이렇게 보고 들었습니다.

자연의 소리가 화엄산림(華嚴山林)의 법음이요
무상심심 미묘법(無常甚深 微妙法)이라.

자기 안에 있는 보물 찾기

　자정이 넘으면 어두워도 새벽인 것처럼 산의 정상과 응달진 골짜기에는 잔설이 아직 남아 있어도 계절은 분명 봄인 것 같습니다. 양지 바른 담 모퉁이에선 아지랑이가 아롱거리고, 봄바람이 아양 부리며 개울가 버들강아지를 키워 가고 있습니다. 화단에선 초록빛 상사초가 화살촉처럼 솟아오르고, 춘정에 정겨운 산새들이 비리지리 종종종 우짖는 소리가 듣기 좋습니다.
　구름이 산 너머 오니 산골짝 그늘이 고요를 더하고, 온종일 고요히 앉아 있어도 일반 근심에 그늘져 있습니다. 왜 그런지 이 경계를 표현코자 하나 말이 미치지 못하니 숲 속의 산새들이 봄날이라며 화답을 하는 것 같습니다.

　멀건 봄 하늘 아래 양식이 부족하여 빈손을 허우대면서도 주지는 대중 앞에서 내심 허세를 부리고 있습니다. 여유롭지도 못하면서 짐짓 여유를 부리니 삶아놓은 돼지 대가리도 웃을 일입니다.
　도량은 청정하고 선방은 상서로운 기운이 충천한데 능력이 부족한 주지는 선방스님들을 허기지게 하고 있습니다. 주지를 살아도 참선하는 수좌 정신으로 살아가고자 내 딴엔 양쪽 다 소홀히 하지 않으려 애쓰고 있습니다.

'인간사 좋은 일도 일 없는 것만 못하다' 하는 말이 있듯이 일을 하되 일 없는 듯이 하고자 합니다. 일 없는 일이란 놀고먹자는 뜻이 아니며 일을 열심히 하면서도 그 일에 고달프지 않고 언제나 자유롭게 헤어날 수 있는 일을 의미합니다.

절 일을 한다 해도 쉬어가면서 하는 일을 하고 싶지만 그렇다면 우리는 어디에서 쉬어 가야 하나요. 세속에서? 아니면 절에서? 몸에서? 마음에서? 소리 따라, 빛 따라, 말 따라, 냄새 따라 의식의 춤은 멈출 줄을 모릅니다. 알 수 없는 것이 우리의 공연한 마음이며 쓸데없는 근심 걱정으로 귀중한 시간을 낭비하게 합니다.

祖室 西庵(조실 서암) 스님에게 들은 소참법문입니다.

중국 당나라 대주 혜해(大珠慧海) 스님이 마조 도일(馬祖道一) 선사를 처음으로 찾아가 삼배를 올리니 마조 도일선사가 물었습니다.

"어디에서 오시는가?"
"월주 대운사에서 왔습니다."
"이곳에 와서 어떤 일을 하시려고?"
"불법을 구하고자 합니다."
"자기 집의 보물은 찾지 않고, 집을 버리고 돌아다니면서 무엇을 하자는 건가? 나에게는 아무것도 없는데 무슨 불법을 구하겠는가?"
혜해스님이 삼배를 올리고 여쭈었습니다.
"무엇이 혜해의 보물입니까?"
"지금 나에게 물을 줄 아는 그것이 그대의 보물이니라. 모든 것이 구족⁷⁾하여 조금도 부족함이 없으며 사용하는데 자유자재하도다. 그런데 왜 밖으로 찾아 헤매는가?"
혜해스님이 그 말씀에서 스스로 본심을 알았습니다.
그리하여 앎을 본으로 하지 않고 깨달아서 뛸 듯이 기뻐하며 감사의 예를 올렸다고 했습니다.

위의 내용과 같이 밖으로 헤매지 않고 이렇게 선방스님들 외호해 가며 바로 자신에게 물을 줄 아는 그것이 무엇인지 묻고 있습니다.
모든 것이 구족하여 조금도 부족함이 없으며 사용하는데 자유자재하다고 하였으니 그 당체가 무엇인지 알아내야겠습니다. 본래 갖추고 있어 이렇게 사용하고 있으므로 그걸 찾아 확인하기만 하면 될 것 같습니다.

---

7) 구족(具足) : (불교용어) 빠짐없이 고루 갖추었다는 뜻임.

산철 결제

들녘보다 한갓 뒤늦게 봄바람이 불어오는 산사의 봄 계절의 봄도 봄이지만, 그보다는 봉암사에 선풍(禪風)이 불어왔습니다. 어떤 일이든 새롭게 시작하게 되면 신비로운 힘이 솟구치며 그 일을 지켜 주고 북돋아 주기 위해 계속 노력하게 합니다.

봉암사 관광객 출입을 막고 동안거(冬安居) 해제 후 다시 산철 결제를 한다는 소문을 듣고 선승들이 무척 많이 모였습니다. 백오십 명이 넘게 찾아오셔서 방부를 들이고자 하여 여간 난처한 일이 아니었습니다.

해제 기간에 가행정진[8]을 하기 위해 이렇게 많은 스님이 찾아오실 줄 예측 못했으며 방사와 어려운 경제 실정상 오십 명으로 인선을 했습니다. 인선방법은 선착순이었으며 이번에 모인 스님들은 대부분 선원의 중진급 스님들이요 평소에 실답게 정진한 스님들이십니다.

산철 결제는 더욱 엄격한 규율 하에 여법이 정진하기 위해 가행정진으로 시간을 짰습니다. 음 이월 초하루부터 삼월 그믐까지 두 달

---

8) 가행정진(加行精進) : [불교용어] 번뇌를 끊고 성불하기 위하여 더욱 힘껏 수행한다는 뜻임.

동안 새벽 2시에 일어나 밤 10시까지 참선하시고 그 후에 주무십니다.

하루에 수면시간이 세 시간도 못되므로 수면 부족으로 가끔씩 앉아서 졸다가 장군죽비로 아프게 경책 당하곤 합니다. 옛 선사들은 깨달음의 경지를 허공에 비유했으며 허공은 불생불멸하고 부증불감이라 했습니다.

텅 비어 있으면서도 모든 것을 포용하고 자유로우며 맑고 깨끗하여 광대무변합니다. 참선수행도 걸림이 없고 한계가 없으며 늘 맑고 푸르게 본래의 그 모습 그대로를 드러내고 있습니다.

선(禪)은 인도에서 드야나(Dhyana)라고 했으며 그 뜻은 사유수(思惟修)입니다. 중국에서는 선나(禪那)로 번역되었으며 나중에는 나(那)자가 생략되고 선(禪)이란 말로 사용되었습니다. 일본에서는 젠(Zen)으로 발음되었으며, 서양에서는 젠 불교(Zen Buddhism)로 소개되었다고 합니다. '육조단경(돈황분) 남종의 법문'에서 무엇을 좌선(坐禪)이라 하는가?

일체의 경계에서 번뇌 망상이 밖으로 일어나지 않는 것을 '좌(坐)'라 하고 자기의 본성을 보고 깨달아 산란하지 않는 것을 '선(禪)'이라 했습니다. 각자의 청정한 본래 마음으로 눈에 보이는 일체의 경계나 마음에서 수없이 일어나는 번뇌 망상의 경계에 걸림 없는 절대의 자유를 의미합니다.

동산양개(洞山良介)의 어록에서 보면, 道無心合人(도무심합인) 人無心合道(인무심합도)이라고 하셨는데, 즉 '도(道)는 무심한 경지에서 계합되고 사람은 무심해야 도와 일치된다'라고 말씀하셨습니다.

선원에서 여법하게 수행한다는 말은 번뇌 망상의 중생심을 비우는 공(空)의 실천이며 개인적인 이기심과 상대적인 차별심을 벗어나는 중도(中道)입니다.

  육조 혜능스님은 공과 중도사상을 쉬운 말로 무념으로 바꾸어서 실천하도록 했고 조사선(祖師禪)에서는 번뇌 망상이 없는 무심으로 설명했습니다. 자신이 하고 있는 일을 무심의 경지에서 도(道)로 승화시켜 구체적인 현실의 삶으로 실행하게 했습니다.

    不二禪蘭(불이선란)

    不作蘭畵二十年(불작란화이십년)
    이십 년이나 난초를 그렸지만 제대로 그린 적이 한 번도 없었는데
    偶然寫出性中天(우연사출성중천)
    우연히 그린 그림이 오랜 생각 속에 그리던 그림이 되었네.
    閉門覓覓尋尋處(폐문멱멱심심처)
    문을 닫고 알기 위해 찾고 찾으며 캐묻다 보니
    此是維摩不二禪(차시유마불이선)
    이것이 유마(維摩)의 무심(不二禪)의 경지가 아니겠는가?
    — 추사(秋史) 김정희(金正喜)

  유마거사의 불이법문(不二法門)은 상대적인 차별이나 분별심을 벗어난 평상심의 경지를 일컬음이요, 자신과 자연이 하나가 된 만법일여의 경지를 무심의 경지라고 했습니다.

산골 암자에서

　산을 멀리서 보면 구름이 스쳐가는 높은 봉우리가 보이고 웅장한 모습이나 산 전체의 윤곽만 보입니다. 그러나 산속에 들어가 보면 오히려 산의 정상은 보이지 않고 울창한 나무와 기암괴석이며 계곡이 반깁니다.
　이름 모르는 잡풀 꽃과 여러 종류의 나무를 보게 되며 산새들과 철새들 때로는 산토끼와 노루며 산 짐승들을 만납니다. 고사리, 취나물, 버섯, 도라지, 더덕 등 산채나물이며 머루, 다래, 오미자 등 산열매들이 주렁주렁 의롭습니다.
　물소리 바람소리는 산중의 언어요 숨소리며, 바람에 흔들리는 나뭇가지는 산 숲의 몸짓입니다. 깊숙이 박힌 바위들은 묵묵히 무게를 가르쳐 주고 산 위의 뜬구름은 한 조각 삶을 비유하며 자막처럼 지나갑니다.
　모든 자연이 연기법으로 살아가는 연계를 볼 수 있으며 날마다 성장하고 변해가는 모습으로 무상사를 일깨워줍니다. 그리하여 산 문 밖으로 뻗치는 망상의 에너지를 되돌려 주며 내심 이렇게 마음 다스리며 암자에서 살게 합니다.
　한 조각 기왓장에도 불조의 얼이 깃들어 있는 곳이라서 혼자 살아도 일거수일투족이 조심스럽습니다. 어느 땐 산에 살면서도 산이 안 보일 때가 있으며 그런 때는 헛된 망상 속에서 헤매고 있을 때입니다.

풀벌레 소리가 더 잘 들릴 때는 밤이 고적할 때이며 식생활이 소박할수록 산 숲이 더 향기롭습니다. 산을 마주하고 묵묵히 앉아있을 때는 실답게 살고 있으며 수행자의 본분 사를 잘 지키고 있을 때입니다.

스님들은 대중과 함께 엄격한 청규 속에서 잘 살다가도 홀로 떨어져 나와 산골암자에서 자신의 세계를 곧잘 열어갑니다. 여섯 개의 거문고 줄은 따로 따로 떨어져 있기 때문에 울릴 수 있는 것이지 함께 붙어있다면 울리지 않습니다.

또한 그 줄들이 일정한 간격을 유지하고 있어야지 너무 떨어져 있어도 소리의 조화를 이루지 못합니다. 거문고 줄같이 스님들의 사이도 그렇게 유지하며 목소리도 각각 다릅니다.

대철선사(大徹禪師=755-817)를 어떤 젊은 스님이 찾아가
"어떤 것이 도(道)입니까?"라고 질문을 했습니다.
"아름다운 산이다"라고 선사는 답해주었습니다.
"저는 도를 물었는데 선사께서는 왜 산으로 답변하십니까?"
"그대는 산밖에 모르니 어떻게 도를 알겠는가?"라고 선사께서 말씀하셨습니다.

어느 날 또 선객이 대철선사를 찾아와 "도가 어디에 있습니까?"라고 물으니

"바로 눈앞에 있네!"라고 선사가 가르쳐주었습니다.

"제 눈에는 어째서 보이지 않습니까?"

" '나'라는 생각에 가려서 보지 못하네."

"그렇다면 스님은 보이십니까?"

"내가 있고 그대가 있으면 더욱 보지 못하지."

"그럼 누가 봅니까?"

"나도 없고 그대도 없으면 누가 보겠는가?"라고 선사는 답변을 하셨다 합니다.

> 有時奪人不奪境(유시탈인불탈경)
>
> 때에 따라서 주체를 버리고 객체를 남겨두며
>
> 有時奪境不奪人(유시탈경불탈인)
>
> 때에 따라서 객체를 버리며 주체를 남겨두고
>
> 有時人境兩俱奪(유시인경양구탈)
>
> 때에 따라서 주체와 객체를 모두 버리고
>
> 有時人境俱不奪(유시인경구불탈)
>
> 때에 따라서 주체와 객체를 함께 남기노라.
>
> — 임제(臨濟)* 의현(義玄) 선사가 만참(晚參) 법문에서

---

* 임제 의현(臨濟 義玄)선사 (?-867)
중국 당나라의 선승이요, 임제종의 개조(開祖) 황벽 희운(黃檗希運)선사에게 전법(傳法)하였습니다. 임제선사가 접(接)하는 방법이 극히 매서서 공안(公案) 봉(棒), 갈(喝)로 유명합니다. 저서로는 「임제록」(臨濟錄)이 있습니다.

산 숲의 바람소리

 산 숲에는 외솔바람이 지휘자가 되어 겨울밤의 소야곡을 현란하게 연주하곤 합니다. 성근 굴참나무 사이로 휘몰아치는 거센 바람소리와 울창한 노송 숲에 한 음 꺾인 베이스음이 서로 화음을 이룹니다. 회초리바람은 밤잠을 줄여 공부하라는 채찍으로 휘갈기고 솔바람은 잘 견디며 극복하라는 푸른 음색으로 격려합니다.
 그러다가도 산울림처럼 선사들의 법음을 다시금 상기시켜주며 찬바람은 새로운 정신세계를 더 선명하게 일깨어줍니다. 오늘밤은 밤이 깊어지자 청랭한 바람으로 온순해지면서 살랑살랑 풍경을 울리며 평온을 찾게 합니다. 바람이 산 넘어가고 자신의 숨소리가 들리기 시작하면 정정(正定)[9]에 들기 위해 수식관(數息觀)[10]을 해봅니다.

 인적이 끊긴 산중암자에서 홀로 사는 그대로가 청정이며 생산이 없으므로 필수품마저 구할 길 없어 청빈합니다. 가난을 해결하지 못해 떠난 스님들이 남기고 간 말들을 바람은 쓸쓸한 목소리로 곧잘 되살리곤 합니다. 어느 땐 허기와 쓰라림을 달래듯 곡조로써 웅

---

9) 정정(正定) : [불교용어] 팔정도의 하나. 번뇌로 인한 어지러운 생각을 버리고 마음을 안정하는 일이다.
10) 수식관(數息觀) : [불교용어] 숨을 다듬으면서 마음을 가라앉히는 관법(觀法).

답하며 마저 으늑히 잠재워 적막으로 되돌려줍니다.

　인간은 저마다 본질적인 괴로움이 있기에 아니면 살아 있는 징표 때문에 가슴앓이를 하는지? 지나간 일까지 떠오르며 후회하게 하고 무상함도 지나간 후에야 비로소 알게 하나 봅니다.

　바람은 오늘도 그에 관계된 기억들을 흔들어 상기시키며 다시금 각성케 하고 휩쓸어 가기도 했습니다. 하늘 높이 올라간 나무일수록 잘난 체하지만 춥고 바람 많은 날일수록 온 몸을 가누지 못하고 울어댑니다.

　수행자는 밖으로 솟구치는 열정을 안으로 다스리며 누구의 앞에서나 자신의 모습을 내세우지 않습니다. 언제나 업장을 소멸하는 과정으로 자신을 확인하면서 한사코 고행이 헛되지 않도록 흐트러짐을 다잡으며 정진합니다.

　이런 과정이 수행과 상응이 되도록 간절히 염원해 보지만 이렇다 할 진전도 없이 고행만 반복하는 것 같습니다. 왜 이렇게 살아야 하는지? 아직까진 해답은 없어도 해답이 나올 때까지 이렇게 살자고 다짐하며 살아가고 있습니다.

　'릴케'가 고독에 대하여 '당신의 외로움은 당신에게 의지의 고향이 될 것이며 그 외로움으로 인해 당신 자신의 길을 발견할 것입니다' 라고 말했습니다.

　방거사(龐居士, ?-808)는 당나라 때 거사요. 방온(龐蘊), 방옹(龐翁), 방공(龐公), 방노(龐老)라고 하며 자는 도현(道玄)이요 형양(衡陽) 출신입니다.

　정원 초년(785-804)에 석두(石頭)화상을 친견하고 선법의 단서를 얻었고 다음에 마조(馬祖)스님의 가르침으로 확연하게 깨우쳤다고 합니다.

一日 石頭問曰(일일 석두문왈)

어느 날 '석두스님'이 방거사에게

子自見老僧以來(자자견노승이래)

그대는 노승을 만난 이래로

日用事作麼生(일용사작마생)

일상적인 일들이 어떠한가?"

對曰(대왈)

그에 대한 대답이

若問日用事(약문일용사)

만일 일상적인 일에 대하여 물으신다면

卽無開口處(즉무개구처)

나아가 입을 열 곳이 없습니다.

竝程一偈云(병정일개운)

아울러 게송 한 수를 법도 있게 바쳤습니다.

日日事無別(일일사무별)

날마다 별다른 일이 없고

惟吾自偶諧(유오자우해)

오직 내 스스로 짝하여 함께할 뿐이오.

頭頭非取捨(두두비취사)

모두를 취하지도 버리지도 않으며

處處勿張乖(처처물장괴)

곳곳에 베풀 것도 버릴 것도 없나이다.

朱紫誰爲號(주자수위호)

붉은색과 자주색은 누가 이름 붙였는지

丘山絶點矣(구산절점의)

언덕과 산에 작은 발자국을 없앴소이다.

神通幷妙用(신통병묘용)

신통과 함께 미묘한 쓰임은

運水及搬柴(운수급반시)

물 긷고 땔나무를 나르는 일이외다.

같은 일상생활이나 저는 오전(悟前)에 하고 있으며 방거사는 오후(悟後)에 하고 있음이 다릅니다.

같으면서 다르고,
다르면서 같은 것

 절에서는 초하루와 보름날 삭발하고 목욕을 하는데 그날은 잘 먹는 날이며 잘 먹는다고 해야 점심공양 한때 미역국에 찰밥이며 김을 주는 별식입니다. 과일과 떡이 나오는 날도 있지만 그런 날은 꿈에 떡 얻어먹는 것보다 더 드문 일입니다.
 어느 날 삭발하고 점심공양 후 스님들이 자연스럽게 둘러앉아 떡을 먹고 있는데 아랫목에 앉아 계시던 선덕스님이
 "어이 스님들 뭘 자시는 거야?" 하고 물으셨습니다.
 "떡 먹고 있는데요?"
 "떡만 먹는 것이 아니고 뭘 찍어먹고 있잖아?"
 "설탕을 찍어먹고 있습니다."
 "설탕 찍어 먹지 말라고."
 "왜요? 선덕스님."
 "설탕을 찍어먹으면 그게 설탕 맛이지 떡 맛이야? 떡만 천천히 오래 오래 씹으면 구수해지면서 떡 맛이 제대로 난다고!"
 "아! 예, 알겠습니다."
 젊은 스님들은 큰스님들 말씀을 법으로 알고 배우며 그렇게 실천하고자 노력을 합니다. 그 후 보름이 지나서 그날도 삭발 목욕하는

날 떡 공양이 있었습니다. 주지스님께 말씀드릴 게 있어서 찾아가니 마침 주지스님께서 떡에 설탕을 찍어 드시고 계셨습니다.

"아니 주지스님 그거 설탕 아닙니까?"

"응."

"설탕 찍어 먹으면 안 된다고 하시던데요?"

"왜?"

"설탕 찍어 먹으면 그게 설탕 맛이지 떡 맛이냐고 그러시던데요?"

"누가?"

"선덕스님이요"

"그럼 쌀은 쌀 대로 먹고, 콩은 콩대로 먹고, 물은 물대로 먹지, 왜 떡을 해먹지?"

그로부터 순수와 원융이 같으면서 다르고, 다르면서 같으며 정한 바 법이 따로 있는 것이 아님을 어렴풋이 이해하게 되었습니다. 원효*스님은 「금강삼매경론」에서 동(同)과 이(異)라는 법을 다음과 같이 설명하였습니다.

　　不能同者 卽同而異也(불능동자 즉동이이야)
　　같으면서 능하지 아니하면 곧 같으면서 다르고
　　不能異者 卽異而同也(불능이자 즉이이동야)
　　다르면서 능하지 아니하면 곧 다르면서 같은 것이오.

---

* 원효(元曉)스님=(617-686) 신라 말기의 고승.
　해골 속의 더러운 물을 확인하고 나서 급히 토하다가, '심생즉종종법생 심멸즉촉루불이(心生則種種法生 心滅則髑髏不二)' 즉 '마음이 나면 여러 가지 법이 나고, 마음이 없어지면 해골 물과 둘이 아니다' 라는 깨달음을 후세에 전합니다.

同者 辨同於異(동자 변동어이)

같다는 것은 다른 데서 같은 것을 판단하는 것이고

異者 明異於同(이자 명이어동)

다르다는 것은 같은 데서 다른 것을 판단한 것이오.

明異於同者 非分同爲異也(명이어동자 비분동위이야)

같은 데서 다른 것을 밝힘은 같은 것을 나누어 다르게 만드는 것이 아니고

辨同於異者 非銷異爲同也(변동어이자 비소이위동야)

다른 데서 같은 것을 밝힘은 다른 것을 없애어 같은 것을 만드는 것이 아니요.

良由同非銷異故 不可說是同(양유 동비소이고 불가설시동)

진실로 다른 것을 없애서 같은 것을 만든 것이 아니므로 같다 할 수 없고

異非分同故 不可說是異(이비분동고 불가설시이)

같은 것을 나눈 것이 다른 것이 아니므로 다르다 할 수 없소.

但以不可說異故 可得說是同(단이불가설이고 가득설시동)

다만 다르다고 할 수 없어서 같다고 할 수 있고

不可說同故 可得說是異耳(불가설동고 가득설시이이)

같다고 할 수 없으므로 다르다고 할 수 있을 뿐이오

說與不說 無二無別矣(설여불설 무이무별의)

설하지 않고 설하는 것은 둘 다 없고 분별할 수도 없도다.

숲속의 어울림

　새벽 3시에 예불하고 4시쯤 끝나면 두 시간 참선하고 곧 이어서 금강경을 봉독합니다. 다 마치고 나면 한지 문살에 설핏 여명이 밝아오며 그때쯤 방문을 열고 마루에 나서면 이미 산 숲이 바람에 깨어 신성하게 반깁니다. 요즈음 산란기를 맞이한 산새들이 하루가 다르게 목소리가 고아지고 높아지며 멀리까지 짝을 부르고 있습니다.

　봄바람은 여전히 청솔가지 사이로 싱그럽게 불어가고 산 목련 가지마다 맺힌 꽃봉오리가 밤사이에 더욱 몽실해졌습니다. 자주 내리는 빗줄기에 초여름을 향한 산 숲은 점차 짙어가며 계곡의 물소리도 따라서 줄기차게 살아나고 있습니다. 산길 옆에는 야생화들이 풀 향기를 더해가며 무성하고 기운차게 쑥쑥 자라고 있는 모습도 대견합니다.

　산 숲엔 바람에 나부끼는 갈매 빛 잎사귀소리와 여울목 굽이쳐 흐르는 맑은 물소리가 화음을 이루고 있습니다. 밤이면 울어 새우는 소쩍새의 목소리가 잠을 뒤척이게 하고 낮엔 꾀꼬리, 뻐꾹새 등 산새들의 고운 목소리가 끊임없이 이어지고 있습니다. 밤에 우는 소쩍새는 왜 애간장이 녹게 울고 이른 아침부터 지저귀는 산새들은 왜 곱고 명랑하게 우는지 모르겠습니다.

며칠 전부터 내 귀는 하루 종일 뻐꾸기 울음에 열려 있으며 고요히 방석에 앉아 정적에 들고자 해도 그 소리에 끌려갑니다. 들을 때마다 울음의 여운이 탈속하게 살아라, 청정하게 살아라, 고적하게 살아라 하며 범속한 생각에서 벗어나게 하고 있습니다. 수행자의 본분에서 보면 산중의 모든 소리가 법음이요 또한 어느 소리에도 방해되지 않는 소통의 울림입니다.

풀벌레는 풀벌레대로, 산새는 산새대로, 산바람은 산바람대로, 서로가 각각 제 목소리를 내지만 모두가 한 화음으로 어우러집니다. 뻐꾹새 울음 사이로 꾀꼬리가 울기도 하고 꾀꼬리 울음 사이로 뻐꾹새가 울기도 하며 때론 거의 동시에 울기도 하지만 새들의 목소리는 서로 부딪히거나 방해되지 않습니다.

그 많은 산새들의 지저귐 속에도 밤에는 소쩍새, 낮에는 뻐꾹새가 가장 산중을 대표하는 음색입니다. 뻐꾹새는 한 목소리로 길게 여울지며 뻐꾹새끼리 어우러져 울지 않습니다. 산새들이 울고 지저귀기에 산중은 더욱 무성해지고 바람은 산 숲을 흔들어 더욱 신성하게 합니다.

수행자들은 산중을 좋아하고 자연 속에서 더불어 살다보니 그 모두가 닮아가고 어우러지며 청정해지나 봅니다. 봉암사 주지 소임이 남들의 눈엔 우쭐하게 보였을지 모르지만 복력이나 수행이 부족한 저로서는 너무나 무거운 짐이었습니다. 유임을 간곡히 권하는 대중 스님들의 말씀을 거절하기가 차마 어려웠지만 공적으로나 사적으로 도움이 되지 않음을 누누이 설명하며 한사코 거절하였습니다.

불사와 대중외호에 혼신의 힘을 다하였지만 보람도 절망도 아닌 낮에 나온 낮달 같은 의미였습니다. 모든 일들이 지나고 나면 앞으로의 일은 모두 자신의 길이기에 이젠 참선수행의 길로 가기로 했습니다. 하기야 여린 속살도 아픔의 몇 껍질을 벗고 나면 더러는 단단해진다 하듯이 지금껏 쌓은 경험들이 모과 옹두리처럼 교훈주머니가 될 것 같습니다.

큰 절에서 물러난 뒤, 암자에서 있는 듯 없는 듯 살고 있으며 아침과 점심공양은 큰절에 내려가 먹고 올라옵니다. 점심공양 후 암자에 되돌아와 마루 끝에 홀로 앉아 앞산 바라보며 향기가 은은한 차 한 모금씩 입안에 굴리곤 합니다. 사람인(人)변에 뫼산(山)자가 신선 선(仙)자이므로 사람이 산에 살면 신선이나 다를 바 없다는 생각이 듭니다.

뒤돌아 봐지는 지난날의 미련이나 후회보다는 진일보의 생각으로 집중해가며 정진하고자 합니다. 대체로 미묘함을 캐고 현현함을 탐구하려 할진대 실로 쉬운 일이 아님을 실감하였기에 더욱 채찍질하고 있습니다.

늑대와 개

 어느 날 배가 고픈 늑대가 어슬렁어슬렁 사냥을 다니다 마을 뒷산까지 내려오게 되었습니다. 사람들이 무서워 몸을 숨기고 먹잇감을 찾고 있을 때 자기와 비슷하게 생긴 개를 보게 되었습니다. 조심스럽게 다가가
 "너는 사냥을 어떻게 하기에 그렇게 살이 찌고 기름지며 건강하게 보이느냐?"
 "무슨 사냥이야, 우리 주인이 잘 먹여주는데."
 "너는 어디서 몸을 씻는데 그렇게 깨끗하고 윤기가 나며 향기가 나느냐?"
 "아! 우리 주인이 비누칠해 목욕도 시켜주고 빗질도 해주며 향수도 뿌려준단다."
 "너는 참 좋겠다. 그런 주인이 있으니."
 "그래? 늑대 너도 나와 비슷하게 생겼으니 우리 주인이 좋아 할 거고 아마도 나와 똑같이 좋아해줄 거야. 우리 집에 가서 같이 살겠니?"
 "그래 고맙다. 너의 주인이 나도 너와 같이 살게 해주면 얼마나 좋겠니."

그래서 늑대가 개를 따라가는데 다행히 사람들을 만나지 않고 무사히 그 집 대문 앞까지 이르렀습니다. 그 집에 들어가기 직전에 늑대가 개의 목걸이를 보게 되었고 개에게 그 목걸이가 무어냐고 물었습니다. 그 질문에 대해 주인이 묶어둘 때도 있고, 풀어줄 때도 있다며 그와 관계된 여러 가지 설명을 해 주었습니다. 그러자 늑대는 돌아서면서 나는 춥고 배고프며 털이 더러워도 자유로운 산중으로 돌아가야겠다며 도망쳐 갔습니다.

양계장 닭과 토종닭

　토종닭이 집 주변을 벗어나 이웃까지 먹이를 찾아 헤매다가 많은 닭들이 떠드는 소리를 어렴풋이 듣게 되었습니다. 그 닭들의 소리를 찾아가다 보니 울타리가 있었으며 그 울타리 구멍을 통해 들어가 봤습니다.
　수많은 닭들이 아파트 같은 양계장에서 각각 자기 집을 가지고 있었으며 앞에는 물과 채소와 사료들이 얼마든지 먹을 수 있게 놓여 있었습니다. 배가 고픈 토종닭은 양계장 닭들이 부러웠으며 양계장 닭들은 자유로운 토종닭이 부러웠습니다. 살찐 개나 양계장 닭보다는 늑대나 토종닭 같이 모든 것을 스스로 해결하며 배고픔과 고적을 이겨내고 있습니다.
　산중에 홀로 살다보니 귀가 밝아지는지 작은 풀벌레소리며 나뭇잎 하나까지도 귀 바퀴에서 입체음악으로 들립니다. 호젓한 산중 침묵으로 일관하며 귀만 열어두니 움직임마다 생명의 소리요, 소리마다 법문입니다.
　어젯밤은 까닭도 없이 잠이 오지 않기에 늦게까지 앉아 있으니 조각달빛 야심이 문살에 배어들더니 마침내 밤바람이 밖으로 불러내더이다. 조용히 방문을 열고 뜰에 나가 다리운동을 하다가 축대 밑을 내려다보니 찔레꽃이 바람에 몸짓을 하며 향기로 반겼습니다. 방치한 땅에서 제멋대로 자리 차지하고 무성하게 번지며 가시로 살벌하게 방어하고 있는 찔레꽃이 눈길을 끌었습니다.

어렸을 때 학교 가는 길목에 찔레꽃이 피어 있으면 그 향기가 좋아서 가까이 다가가 반겼던 추억이 새롭습니다. 그때부터 지금까지 찔레꽃 향기를 제일 좋아하며 그러면서도 맡을 때마다 알 수 없는 슬픈 향내로 코끝이 찡해집니다. 찔레꽃은 어디에서나 강한 생명력으로 번식하며 좋아하는 이 없어도 꽃피워 주위를 향기롭게 합니다.

언젠가 큰절 법당 탁자 위에 오른 장미 꽃꽂이를 바라보며 왠지 안타까운 생각이 들었습니다. 가위로 잘리고 철사가 든 플라스틱 끈으로 동여매졌으며 꽃봉오리는 비닐로 감싸졌습니다. 아름답고 향기롭게 보이지 않고 주체나 자유나 권리도 다 빼앗긴 채 이리저리 묶여있는 모습이 찔레꽃 팔자만 못하다는 생각이 들었습니다. 그저 소박한 자태가 서민의 정서를 상징하기도 하지만 향기도 순결하여 그래서 더 좋아하는 지도 모릅니다.

春夜山形一靑色(춘야산형일청색)
봄밤의 산 빛은 일색으로 푸르지만
杜鵑聲來近處咽(두견성래근처인)
가까이 들려오는 두견새의 목멘 울음소리에
山中寥我貌憔悴(산중요아모초췌)
산중은 쓸쓸하고 내 모습은 초췌하며
月三更空望浮雲(월삼경공망부운)
달은 삼경인데 뜬 구름만 공연히 바라보누나.

못난 무의 가치있는 변신

 해마다 초겨울이면 잘 생긴 무는 김장을 하거나 구덩이에 묻어 저장하지만 못난 무는 무말랭이를 만들기 위해 한쪽 구석에 밀쳐둡니다. 틈나는 대로 몇 개씩 가져와 모양에 상관없이 싹둑싹둑 잘게 잘라서 돗자리나 멍석 또는 소쿠리에 펼쳐 말립니다. 어설픈 초겨울 햇살에 말리다보니 찬 기온 찬바람에 시달리며 밤이면 얼었다 낮에는 녹으면서 속살이 에이어갑니다.

 그렇게 저렇게 기온 차이와 습도 차이에 의해 빨래 짜듯 비틀리고 마르면서 비꼬이다 보면 맵고 아린 맛이 점차 가십니다. 그 무말랭이가 마를수록 쪼글쪼글해지고 말랑말랑해지며 무의 단맛과 쫄깃한 맛만 남습니다. 잘 마른 무말랭이를 흐르는 물에 씻어 자박자박한 물에 담갔다 불려 건져낸 후 매실고추장과 조청을 섞어 조물조물 묻혀 먹습니다.

 양념맛과 함께 오독오독 씹히는 맛도 좋고 요리도 간단하며 한겨울 부담 없이 한 몫을 하는 밑반찬입니다. 그동안 다른 선방에 다니다 다시 법연스님이 사시는 봉암사 백련암의 뒷방을 허락받아 동안거(冬安居)를 맞이했습니다. 그런데 공교롭게도 무말랭이 같이 마르고 뒤틀리며 초겨울 내내 시련을 겪었습니다.

비유보다는 사실을 그대로 말씀 드린다면 살고 있는 암자가 퇴락하여 지붕이 새고 있었으며 법연스님이 임시로 천막을 덮어놨습니다. 오랫동안 사용 안하던 방을 사전 준비 없이 동안거를 맞이하고 보니 문제들이 발생했습니다. 방구들이 막혀서 불이 잘 들지 않고, 연기가 방으로 스며들고 벽과 기둥 사이에 틈이 생겨 냉기와 외풍이 어깨를 시리게 합니다.

설상가상 격으로 한 달 반가량 설사병까지 앓게 되어 체중이 빠지는 것은 물론이요 탈진상태까지 이르렀습니다. 참다못해 그 몸을 겨우 끌고 삼십 리 길 가은읍 병원을 찾아갔더니 약을 주기에 몇 차례 복용하고 나니 신통하게도 괜찮아졌습니다. 뒤늦게야 매운 것을 먹으면 장에서 탈이 난다는 걸 스스로 알았지만 산중에서 무 배추, 김장김치 아니고는 다른 반찬이 별로 없습니다.

요즈음은 맵지 않게 무친 무말랭이를 위주로 먹다보니 그 맛을 알게 되었고 매운 음식을 주의하다 보니 건강이 조금씩 회복되어 가고 있습니다.

산중에 푸른 노송과 헐벗은 잡목 숲이 대조적으로 보이지만 어떤 나무나 나름대로 겨울나기를 잘하고 있습니다. 겨울 산이 고요할 땐 태풍전야와 같이 큰일을 대비하고 있는 것 같아 주의 깊게 지켜보면 그때마다 반드시 변화가 일어나곤 했습니다.

어제 낮부터 산중은 바람 한줄기 없이 그렇게 차분하게 가라앉더니 간밤에 많은 눈이 내렸습니다. 아침에 눈구름은 온데간데없고 하얀 눈 이불을 덮고 포근하게 자고난 희양산은 동녘 하늘 햇빛에 반사되어 찬란하게 깨어났습니다.

금은보화를 무더기로 쌓아 놓는다 하여도 설경보다 더 눈부실까요? 원시의 숨결과 자연의 생명력에 의해 산중 기운이 새롭게 살아나고 있습니다. 그동안 가지만 뻗치고 북풍한설에 시달려왔던 잡목들이며 푸른 노송들이 눈꽃 하얗게 피워 놓고 별천지를 보여주고 있습니다. 눈 내린 후에 하늘은 한층 푸르렀고 산 숲 공기도 더욱 신선해졌으며 별 이상 변동이 없으면 한낮 볕에 눈이 한꺼번에 녹아내립니다. 그때에 생기는 기온 차이에 의해 산안개와 희뿌연 운무가 함께 피어오를 땐 산중의 풍경화는 가히 몽환적이라 할까요? 안개는 운무가 되고 운무는 은빛 나래를 펼치며 다시는 속진의 땅에 내리지 않을 듯 선녀의 옷자락같이 피어오릅니다.

눈 쌓인 산을 보면 누구나 마냥 오르고 싶듯이 산에 사는 스님들은 눈길 산길을 곧잘 오르내립니다. 아무도 밟지 않은 하얀 눈밭은 수행자가 가고자 하는 이상의 꿈길 같기에 그래서인지 눈이 내리는 날은 더 없이 지순해지고 또한 마냥 걷고 싶어집니다. 나그네는 길을 가다가 비로소 자기를 만난다고 하듯이 눈 쌓인 산길을 걸을 때마다 순수 무구한 본래의 선한 심성을 만나게 됩니다.

  雪寒風過半裡寒(설한풍과반리한)
  설한풍이 지나감에 산속까지 차가운데
  只作空山獨衲僧(지작공산독납승)
  다만 공산에 홀로 누더기 중 되어
  虛室戶居之怊悵(허실호거지소창)
  빈방에 앉아 수심에 젖어 있노라니
  夜半火爐慰薰薰(야반화로위훈훈)
  이슥한 밤 화로불이 훈훈하게 위로하노라.

오늘은 내일의 씨앗입니다

　매미가 울기 시작하면 한여름이라는데, 일주일 전부터 이 산중에 매미가 울기 시작했습니다. 시원한 나무 그늘에서 노래나 부르며 사는 곤충이라고 부러워했더니 오래 사는 매미는 3주일가량 살다가 죽는 매미도 있답니다.
　그러나 대부분 1-2주일 정도 살다가 죽는다고 하며 매미가 되기 위해서는 유충이 6-7년이나 흙 속에 있어야 한답니다. 겨우 1-2주 동안 가벼운 날개를 달고 자유로이 날며 노래하기 위하여 땅속에서 6-7년이나 긴 준비의 세월을 보내야 한다고 하니 안타깝습니다.
　우리네 인생도 그만한 노력 없이 무슨 일이든 이룰 수 없다는 내용과 비교가 되기도 합니다. 매미는 애벌레의 껍질을 벗고 탈바꿈하여 자유로운 목소리로 외치다 가는데 나는 죄업장의 허물을 벗지 못하고 이렇게 묵언으로 사는가를 생각해보게 합니다.
　가뭄에 늘어진 떡갈나무 가지에 붙어 목울대를 세우고 맹렬하게 우는 매미소리가 나뭇잎 하나 까닥하지 않는 한여름의 더위를 더 뜨겁게 달구고 있습니다. 소리를 들을 줄 알아야 귀명창이 되고, 귀명창이 되어야 소리명창이 된다고 하는데 매미소리는 아무리 신선하게 들으려 해도 더위 탓인지 시끄럽게만 들립니다.

여름에는 보리밥에 열무김치를 넣고 고추장으로 비벼먹어야 한다고 해서 점심은 매운 고추에 고추장을 찍어 먹으며 비빔밥으로 더위에 도전했습니다. 어제는 소나기 한줄기가 시원하게 스쳐가니 온 산중에 푸른 기가 살아나고 산새들 목소리도 더 고왔습니다.

수시로 변하는 날씨와 주위 환경을 즐기며 오롯이 자리하여 청정한 마음을 내니 바람과 나뭇잎이 화답을 하는 듯 너울너울 공기를 더 싱그럽게 부추깁니다. 한때는 실속 있게 살고자 달리는 말에 채찍질 하듯 다그치며 살았는데 조실(서암)스님에게 치구심(馳驅心) 쉬는 법문을 듣고부터 고삐를 늦추었습니다.

오래 피는 꽃나무도 있지만 대부분의 꽃들이 평균 활짝 피어 있는 기간이 일주일 정도라고 합니다. 그렇다면 특수한 꽃나무를 제외하곤 대부분 꽃나무가 일 년 365일 가운데 고작 꽃 피어 있는 기간이 일주일입니다. 꽃 한 번 피우기 위해 1년을 준비해야 하며 생명수가 되어 주는 빗물과 흔들어 키우는 바람, 양분을 공급해주고 지탱해 주는 토양이 있어야 합니다.

태양을 비롯하여 달과 별 그리고 사계절의 변화가 있고 병충해의 시달림도 있습니다. 또한 꽃들이 아무리 예쁘고 향기로워도 바람과 벌 나비가 정받이를 해주지 않으면 결실을 맺지 못합니다. 사람도 꽃에 관심이 없으면 꽃 옆을 스쳐도 꽃이 보이지 않으며 그와 같이 이 세상 모두가 관계되어 있지 독립되어 있는 것은 없습니다.

인간 평균 수명을 80으로 가정하고 꽃나무에 비유한다면 일생 동안 꽃으로 피어 있는 기간은 1년 남짓이라 할 수 있겠습니다. 그 많은 꽃 중에는 백일홍 같이 길게 피어 있는 삶도 있지만 나팔꽃 같이 아침에 피었다가 저녁에 져버리는 삶도 있습니다. 꽃도 젊은 나이에 또는 중년나이에 아니면 노후에 핀 사람도 있으며 꽃 한번 피워 보지 못하고 가버린 삶도 많습니다.

그리고 꽃피어 있을 때 가까운 가족들로부터 이웃을 비롯하여 이 세상에 얼마나 아름다움과 향기를 공헌했는지를 생각해보게 합니다. 이와 같이 일체 만물은 서로 상관관계 속에서 계속적으로 생멸을 거듭하며 존재하고 있습니다.

훌륭한 자식이 태어나기까지는 전생의 좋은 인연이 있어야 했지만 자식을 훌륭하게 키우기 위해선 부모의 정성이 그만큼 필요로 합니다. 한 사람이 성장하기까지는 부모님의 넉넉한 뒷받침이 있어야 하고 훌륭한 스승을 만나야 하며 또한 본인의 노력이 절대적으로 필요합니다. 그리고 전생과 금생으로 잘 이어지게 하기 위해서 기도하는 염력이 뒷받침돼야 합니다.

어제는 오늘의 거울이요 오늘은 내일의 씨앗이며 인과의 원칙과 연기의 법칙이 일상생활을 벗어나지 않습니다. 여름은 성숙하고 아름다운 하늘을 가지고 있으며 인생의 성년을 여름에 비교한다면 누구에게나 그 시간이 너무나 짧은 것 같습니다.

같은 시간도 괴로운 시간은 지루하고, 즐거웠던 시간은 빨리 느껴지기 때문에 더 그렇게 생각되나 봅니다.

산골 암자의 풍경소리

　산골 암자의 추녀 끝에 매달려 있는 작은 풍경은 수많은 계절풍과 비바람 및 설한풍이 울리고 갔으리. 뎅그렁거리는 그 소리가 바람의 울림인지 풍경의 울림인지 바람도 풍경도 아닌 내 귀의 울림인지! 어느 것 하나 떼어놓을 수 없는 인연이요 서로가 조화로써 이루어진 울림입니다.

　인적이 끊긴 산골암자라서 수행하기는 좋지만 탁발 해다 먹어야 하는 태백산 산 중턱에 있는 암자입니다. 샘솟는 석간수가 넘치고, 울창한 숲이라서 마른 나무가 많아 물 좋고 방은 따뜻하지만 다른 것은 다 궁색한 곳입니다. 들어올 땐 경관이 아름다워 좋아서 웃고 양식이 없어서 떠날 때는 울면서 떠나는 터라고 합니다.

　바람에 리듬을 타는 풍경의 진동도 텅 빈 방에서 홀로 듣다보면 바깥 경계에서 내면의 세계로 넘나들며 더 청량하게 감지(感知)됩니다. 안팎이 없는 방향으로 다시금 소리 따라 응시(凝視)해보면 보이지 않던 것이 보이고, 듣지 못했던 소리가 들립니다. 누구나 정도 차이가 있을 뿐 바깥바람에 흔들리지 않으면 가슴에서 이는 바람에 의해 흔들리며 살아갑니다.

하루에도 크고 작은 일로 얼핏 동요도 되고, 생각 따라 몸 가며 몸 따라 생각이 가다보면 어느덧 석양을 맞이할 때가 있습니다. 아무일 없이 조용히 살고 싶으나 일이 저절로 생기듯이, 혼자 내 뜻대로 살고 싶으나 마장의 바람이 불기 마련입니다. 때로는 태풍이 나무를 한쪽으로 휩쓸리게도 하고 꺾어 버리기도 하며 뿌리째 뽑아 아예 넘어뜨릴 때도 있습니다.

그러나 그 바람이 방해가 될 때도 있지만 계절풍이 불어오면서 새로운 싹을 틔우고, 아름다운 꽃을 피우며 알찬 열매를 맺게 해줍니다. 바람이 불 때마다 몸소 겪어 온 저마다의 체험에 의해 서로 각각 다르게 판단하여 받아들이기도 하고 대응도 합니다. 지혜롭게 받아들이면 순풍이 되어 꽃밭처럼 아름답게 가꾸어질 것이며 어리석게 받아들이면 폭풍우가 휩쓸고 간 정원처럼 황폐해질 것입니다.

어떤 울타리 안에 갇혀서 똑같은 반복을 지속하다보면 불만족에서 벗어나기가 어려운 것 같습니다. 그러나 스스로 정한 규칙적인 생활을 잘 지키면 보람을 느끼고 대견해하며 더욱 노력합니다. 대중 생활을 싫어하지 않으면서도 왠지 혼자만의 시간을 가져보고자 탁발해서 짊어다 먹기 힘들지만 걸망을 지고 이곳 암자로 옮겨봤습니다.

요즈음 다시 뒤따라오는 후회나 아쉬움을 돌아보며 체험으로 확인한 수행지침들을 실답게 실행해보고 있습니다. 풍경소리도 귀를 기울이지 않으면 들리지 않듯이 자신의 목소리 역시 스스로 귀 기울이지 않으면 들리지 않습니다. 가려진 것 없이 투명하게 보고자 막히거나 방해받지 않는 곳에서 묵묵히 내면의 소리를 들으며 지혜를 맑혀가고자 합니다.

수행자는 여러 가지 심적 요소들이 분산되고 있는 상태를 화두에 집중하여 내적 통일을 이루려 노력합니다. 집중되지 않은 마음 상태는 비유컨대 물고기를 잡아서 강 언덕에 내던지면 파닥거리는 것 같다고 하였습니다. 자기의 본래 심에서 벗어나면 물밖에 나간 고기같이 밖으로 발버둥치게 됩니다.

임제 의현(臨濟 義玄)선사의 「임제록(林悌錄)」에 다음과 같은 내용이 있습니다.

> 어떤 남자는 오대산에서 문수보살을 친견하겠다고 하지만
> 오대산에는 문수보살이 계시지 아니하다.
> 문수보살을 친견하고 싶은가?
> 그대 눈앞에 작용하는 것
> 즉 처음과 끝이 다르지 않고 어디서나 의심할 것이 없는 것 그것이 문수보살이다.
> 그대들의 차별 없는 지혜의 빛은 어디에나 두루 보현보살이요
> 그대들의 한 생각이 결박을 풀어주면 어디 가나 해탈이다.
> 그 법이 곧 관음의 삼매(三昧)요. 서로 주인이 되고 짝이 되어 나올 때는 한꺼번에 나오니 하나가 셋이고 셋이 곧 하나이다.

자기가 그린
동그라미에서 벗어나기

길들이면 또 하나의 길이 생기겠죠. 산다는 것은 길들이기! 되풀이 하다 보면 길들여지고 아직 겪어 보지 못한 진실과 능력이 자기 안에 묻혀 있음을 다시 발견하게 될 겁니다.

이 세상에는 보이거나 보이지 않거나 창살과 쇠사슬이 없는 땅은 없고 오직 좁으나 넓으나 그 우리 속을 삶의 영토로 알고 있으며 여러 모양의 밧줄로 자신을 묶고 있습니다.

> 만일 내가 그린 동그라미가 작아 당신이 밖으로 나가신다면 난 더 큰 동그라미를 그릴 거예요.
> ─ 스텔라

스텔라가 한 말의 뜻을 새겨 본다면 많은 의미가 담겨 있겠지만 그 중에는 이런 뜻도 있겠죠. 당신을 위해선 뭐든지 할 수 있으며 사랑하며 행복하게 함께 살고 싶다는 내용입니다.

하지만, 자신의 인식이나 관념 등 어떤 한정된 영역 속에 가두고서 잘해 준다는 것은 결코 행복이나 진정한 사랑이 될 수 없을 겁니다.

비단 사고할 줄 아는 사람뿐만이 아니라 한 마리의 짐승을 비유한다 해도 산짐승을 잡아다가 우리 안에 가두어 놓았다고 생각해봅시다. 산에서는 상상도 할 수 없는 먹을 것과 잠자리, 적당한 온도 등을 맞춰주며 보살펴주어도 산짐승은 밖으로 뛰쳐나가지 못해 무척이나 괴로워할 겁니다. 먹을 것이 신통치 않은 황량한 산기슭이라 해도 그 산짐승은 자유를 찾고자 계속 밖을 향해 울안에서 왔다 갔다 할 것입니다.

누구나 자기 우리 안에 즉 동그라미 안에 가두려고 하지만 어느 누구도 갇히기를 싫어합니다. 마지막 이별에 차별이 없음을 알았을 때 가진 것은 없어도 베풀고 싶고, 묶인 것은 풀어주고 싶습니다. 아예 붙들고 놓을 일 없이 내가 나를 벗어나는 절대의 자유인이 되기 위해서 모름지기 수행자의 길을 가고 갈 뿐입니다.

옛날에 어떤 도인 스님이 커다란 동그라미를 그려 놓고선 대중 스님들에게 물었습니다.

"동그라미 안으로 들어가도 삼십 방, 밖으로 나가도 삼십 방"이라며 어느 곳으로 가겠느냐고 물었습니다.

안으로 들어가도 방망이로 삼십 번을 때리고 나가도 삼십 번을 때리겠다며 나가겠느냐 들어가겠느냐 하고 물었다는 내용입니다. 그때 어떤 스님이 선뜻 앞으로 나가서 그 동그라미를 지워 버렸습니다. 동그라미의 선이 없으니 나갈 일도 없고, 들어갈 일도 없어졌습니다.

사람이 사람을 좋아하는 것은 참으로 좋은 사이이며 정은 받는 쪽보다 주는 쪽이어야 한다고 합니다. 자기의 어떤 이득을 위해 기대하고 바라는 입장이 아니라면 즉 순수한 정은 아름다운 것이라 했습니다.

좋아하는 사람끼리는 항상 같이 있는 것이 좋겠지만 그 사이를 위해선 떨어져 있는 시간과 거리도 필요하다고 합니다. 떨어져 있는 시간과 공간이 있음으로 해서 그리움이 생기고 그리하여 둘의 가슴 속에는 시들지 않는 그리움의 꽃이 피어나게 됩니다.

그 꽃은 가슴 속에 피어 있기 때문에 오히려 눈을 감아야 보이고 고적해야만 향내가 고귀하게 피어오릅니다. 정은 그리움 속에서 더 아름다워진다고 하니 그리움을 위해선 고요한 침묵이 있어야 하고 침묵은 지혜를 잉태한다고 했습니다.

듣기 좋은 음악은 깊은 사고 즉 침묵 속에서 찾아낸 음률이요 조각 작품은 나무토막이나 돌덩이를 묵묵히 깎고 쪼아서 다듬어 놓은 형상입니다.

겨울이면 이 산중 계곡도 꽁꽁 얼어 버리고 풀벌레는 물론 산새들도 울지를 않습니다. 다만 나목들의 잔가지 사이로 설한풍이 불어가는 차가운 바람소리뿐 모두가 침묵이랍니다. 그러니 침묵의 의미를 모르고 이 산중에서 한겨울을 보낸다면 몹시 춥고 삭막하기만 할 겁니다.

깨달음의 길은 많은 지식이나 엄격한 계율 및 고행만을 요구하지는 않으며 그렇다고 무식이나 방종 내지 향락은 더욱 아닌 중도의 가르침입니다.

내 마음속에 있는
양과 염소는 몇 마리?

'양'의 우리 안에 '숫염소'를 몇 마리 기르면 양도 건강하고 염소도 건강하게 잘 자란다고 합니다. 양은 순해서 같은 양끼리 잘 싸우지도 않고 배부르면 편안하게 앉아 있거나 낮잠 자는 걸 좋아합니다. 산이나 들에 방목하지 않고 울타리 안에 가두어 놓고 키우는 양은 운동부족으로 소화불량증을 비롯하여 여러 가지 병이 자주 발생한답니다.

그와 반대로 숫염소는 잠자코 있는 시간보다 돌아다니며 심술을 부리는 시간이 더 많은 성격입니다. 걸핏하면 머리와 앞발을 번쩍 들었다가 내려오는 속도로 상대 염소의 머리를 힘껏 처박는 박치기 싸움을 곧잘 합니다. 공연히 다른 염소를 받는 것은 보통 있는 일이고, 아무 때나 다른 염소 등에 오르며 숫염소는 무척 귀찮게 구는 심술을 가지고 있습니다.

그래서 뿔이 날카로운 숫염소 몇 마리를 순한 양의 우리 안에 같이 키우면 심술궂은 숫염소들이 양들을 편안하게 쉬거나 낮잠을 자도록 그냥두지를 않습니다. 숫염소가 양의 머리를 갑자기 받으면 양이 놀래어 도망을 치고 도망가면서 다른 양들의 무리 속으로 가며 또 다른 양을 밀치고 갑니다. 한 마리가 두 마리 사이로 도망가며 밀고 가니 두 마리의 양도 도망가며 네 마리의 양을 떠밀고 갑니다.
　그렇게 양들이 양들을 떠밀며 도망가다 보니 숫염소 몇 마리에 의해 모든 양이 우리 안에서 계속 움직이게 됩니다. 양들은 쫓기고 도망치면서 자연적으로 운동이 되고 소화기능도 좋아지며 건강이 지켜집니다. 그 반면에 염소는 움직이면서 심술을 부려야 스트레스 해소가 되어 더 잘 자란다고 하니 어떤 것이 선이고 어떤 것이 악인가를 생각해보게 합니다.

　미국 와이오밍 주 북서부 로키 산맥 중 세계 최초의 국립공원 옐로우스톤(Yellowstone)이 있습니다. 온천, 폭포, 계곡, 용암상 등이 기경(奇景)을 이루고 있으며 많은 희귀식물과 야생동물이 자연 그대로 살고 있습니다. 국립공원 측에서 생태계를 관찰하다보니 늑대들이 떼를 지어 다니며 수효가 부족한 순록을 마구 잡아먹었습니다.
　그리하여 순록을 보호하기 위해 늑대를 계속 사냥했으며 그리하여 늑대의 수효는 점점 줄어들었습니다. 웬일인지 해가 거듭될수록 순록들에겐 안전한 영역이 많아지는데도 순록의 숫자는 크게 불어나지 아니했으며 오히려 수명보다 더 일찍 죽어갔습니다.
　그 전엔 늑대들이 무서워 늑대 울음소리만 들어도 순록들이 무서워하고 공격을 당할 땐 사력을 다해 도망쳤습니다. 그러므로 체력과 폐활량이 자연적으로 강해졌는데 늑대의 공격이 없어지자 운동량이 부족하고 경계심이 둔화되어 오히려 건강이 나빠져 갔습니다. 국립공원 측에서 뒤늦게 알고 나서야 늑대 사냥을 그만두었으며 다른 짐승들까지도 자연 생태계대로 살아가게 했다합니다.
　양 우리 밖에서 봤을 땐 양은 선이고 염소는 악이요 순록 또한 선이요 늑대는 악입니다. 그러나 선과 악이 서로 조화를 이루며 공존

하는 것이 생태계이며 인간의 마음도 선과 악이 다 같이 공존하고 있습니다.

태어날 때부터 선한 사람이 있고 악한 사람이 따로 있는 것이 아니라 누구나 상황에 따라서 좋을 때는 선하고 나쁠 때는 악해집니다. 그 마음속에 양은 몇 마리요 염소는 몇 마리나 키우고 있는지를 관조해보면 자신의 정신세계를 비교해볼 수 있습니다.

선한 마음은 나와 남을 모두 편안케 하는 마음이요, 악한 마음은 그 반대로 나도 남도 괴롭히는 마음입니다. 선도 악의 상대적인 선은 악에 시달리고 있기 때문에 편안하지만은 않으며 선도 악도 초월한 경지에 이르러야 절대의 자유를 얻을 수 있다 했습니다. 우리의 가슴도 좌심방에는 동맥이 흐르고 우심방에는 정맥이 흐르며 그렇게 탁한 피를 정화해 가면서 살아가고 있습니다.

탁한 피와 정화된 피가 몸속에서 함께 돌고 있듯이 우리의 업 속에는 서로 다른 선과 악이 더불어 작용하고 있습니다. 어떻게 수행하면 선과 악을 초월하여 해탈의 세계로 갈 수 있는지 깊이 생각해보게 합니다. 존재의 실상은 연기에서, 나를 구성하고 있는 요소는 오온에서, 올바른 판단은 중도에서 해답을 찾고 있습니다.

수행자의 빈 가슴

 산이 높을수록 어이하여 그늘이 더 짙을까요? 한 그루터기 팔자의 부대낌 속에서 막연한 희망의 색깔을 갖는 것도 운수납자에겐 하나의 사치일까요? 생의 순환 열차는 착지도 모르는지 시류편승 속을 덧없이 달리고만 있습니다. 어느 땐 거칠게 불어 닥치는 산골 바람에 나뭇가지가 꺾이듯 외진 암자에도 아쉬움과 외로움에 기가 꺾일 때가 있답니다.
 강이나 산에 지천으로 박혀 있는 돌은 그냥 돌에 불과합니다. 인류의 문명과는 별다른 관계없이 돌은 거기에 있습니다. 어쩌다 그 중 어떤 돌이 애석가나 조각가의 눈길에 선택되었을 때 그 돌은 죽음의 상태와 같은 깊은 잠 속에서 깨어나게 됩니다. 오랜 세월 동안 묻혀 온 본연의 아름다움이나 신비로움을 인정받게 되어 그 돌은 새로운 생애가 시작되겠지요!
 그렇듯이 뜻하지 아니한 인연으로 필요한 필수품을 후원해주시겠다는 말씀이 가슴을 적시게 해주었습니다. 그간 겨울옷과 내의가 허술해 추운 겨울이 싫었으며 때론 책이 보고 싶어도 구할 길이 없었습니다. 아플 땐 약도 필요했지만 그때마다 체념하고 고행 삼아서 오히려 단식으로 아픔에 배고픔까지 더해가며 견디게 했습니다.

오늘 보내주신 책과 내의를 받고 왜 이렇게 감격해하는지 생각해 보다가 그동안 너무 메마르게 살아와서 그런가보구나 하고 스스로 위안했습니다. 인적이 끊긴 곳에서 아무렇지도 않은 듯 그렇게 살아왔지만 빈곤에 약해질 때는 스스로 회의적이었으며 속성을 자책하곤 했답니다. 석양이면 산색이 더 쓸쓸해지면서 버릇처럼 마음이 어두워지고 부질없이 암자의 뜰을 서성이곤 했습니다.

어두움 속에서 말긋말긋 별이 떠오를 때까지 찬 공기를 쏘이다 보면 여릿여릿 떠오르는 여러 모습들이 어른거리다 사라지곤 합니다. 일주문 밖이 그리워서가 아니라 세상사 멀리 돌아서서 수행자의 생활을 익히기가 쉽지 아니해서 그런 것 같습니다. 바람이 불면 부는 대로 기온이 바뀌면 바뀌는 대로 또 한 계절이 가고 있구나 그렇게 쓸쓸하게 넘어갑니다.

수행자는 빈 가슴으로 살아가야 하는데도 왜 허기지는지 알 수 없으며 언젠가는 그 빈자리로 돌아가는 줄 뻔히 알면서도 채우려고 합니다. 가을 하늘이 높고 푸르다고 하여 높고 푸름을 갖고자 이 세상 높은 것을 아무리 윗대여 봐도 하늘은 닿을 수 없습니다. 온갖 푸른색을 다 합쳐 봐도 하늘을 만들 수 없으며 사람마다 소망이 가슴 안에 있지만 가슴이 곧 소망이 될 수는 없습니다. 출가 사문이 무슨 욕망의 발톱이 있고, 야생의 울음이 있겠습니까마는 가슴이 메말라 갈라진 틈 사이로 곧잘 시린 바람이 스며들곤 합니다.

겨울산중은 모두가 동면을 하는지 조용하고 밤에는 올빼미 울음과 바람소리뿐입니다. 어느 땐 한밤중에 자다 깨어나 우두커니 앉아서 빈 골짜기를 쓸어 가는 바람 소리를 마냥 듣기도 합니다.

허구한 날 이렇게 산에서 살다보니 바람 소리가 겨울 산의 숨소리였으며 같이 호흡을 맞추고 삽니다. 헐벗은 나목들의 잔가지들이 우는 것은 바람이 불기 때문이며 소나무가 솔바람 소리를 내는 것도 바람이 불기 때문입니다. 방음이 잘된 도시의 유리창과는 달리 문창호지 한 장으로 가리는 산사의 한옥 문은 자연의 음을 그대로 전해줍니다.

쌩떽쥐베리의 『어린 왕자』에서 여우가 어린 왕자에게 말한다.
"잘 보려면 마음으로 봐야해. 가장 중요한 것은 눈에 안 보이거든. 저기 밀밭이 보이지? 난 빵은 안 먹어. 그래서 밀은 나에겐 아무 소용이 없단다. 밀밭을 봐도 나에겐 아무것도 떠오르는 게 없어. 그게 슬프단 말이야. 그런데 넌 금빛 머리카락을 가졌거든. 그러니 네가 나를 길들이면 그건 정말 기막힐 거야. 금 빛깔의 밀은 너를 생각나게 할 거니까 그러면 나는 밀밭을 스쳐가는 바람 소리를 좋아할 거야."

深山寂寂絶見聞(심산적적절견문)
산이 깊어 적적하니 보고 들음이 끊겨도
微風一應萬枝動(미풍일응만지동)
바람 한줄기에 만 가지가 응답하도다.
人生苦樂從緣起(인생고락종연기)
인생의 괴로움 즐거움이 연을 쫓아 일어나니
無常眼照萬事安(무상안조만사안)
무상한 안목으로 보면 만사가 편안하리.

수행과 고행

　큰절과 암자를 오르내리는 길목에는 아름드리 노송들의 뿌리들이 오르내리는 산길 위로 솟아올라 이리저리 서로 얽혀 있습니다. 마치 참선하는 스님들이 결과부좌하고 있는 뼈마디처럼 아프게 뒤틀려 있는 것 같이 보입니다. 이런 나무뿌리들은 한겨울에도 맨살을 그대로 드러내 한파에 얼어 터지고 비꼬이며 휘감기는 인고의 아픔을 겪고 있습니다.

　겨울에 산중에서 살다 보면 보이는 것이라곤 나무 아니면 바윗돌뿐이다 보니 나무뿌리 바윗돌 하나까지도 한 몸같이 느껴집니다. 그런가 하면 날씨에 의해 변화하는 자연계의 현상을 직접 보고 들으므로 눈과 귀의 감각은 바람소리 쪽으로 발달하여 갑니다.

　책이나 매스컴을 통해서 보고 배우지 않아도 경험을 통해 자연의 상태를 자연스럽게 알게 됩니다. 수행자에겐 고행이 꼭 필요한 체험의 과정이긴 하지만 고행만이 능사가 아니라 했습니다.

　한 생을 고행만 하다 고행자로 끝마칠 게 아니라 자기의 속박이나 자기 학대에서 벗어나야 한다고 했습니다. 즉 고정관념에서 헤어나 번데기가 나비되듯 훤칠하게 탈바꿈한 수행자가 되도록 선지식들이 경책합니다.

　수행자에겐 수행여하에 따라서 비애와 불행을 가져오는가 하면 어떤 수행은 모든 속박에서 벗어나 자유로워집니다. 정진이 이기적인 생각에 부딪치면 다른 방향으로 빗나가기가 일쑤지만 결코 정지된 상태도 아니며 무위도 아닙니다.

　정진 그 자체가 조화로운 흐름이요 또한 자유를 지향하고 있으면서도 흐트러지지 않고 바르게 힘씀을 의미합니다. 조금이라도 더 자유로워지고자 한다면 바른 이해에 방해가 되는 온갖 번뇌를 극복해야만 괴로움에서 벗어날 수 있다고 했습니다.

　흔히들 육체와 정신을 괴롭히면 악이 소멸되며 지혜가 밝아지는 줄 알고 몸과 마음을 학대하는 경우가 많은데 그것은 수행을 잘못하고 있는 과정이랍니다. 아직까지 온갖 고생만 하는 사람이나 감옥에 갇혀있는 사람이 크게 깨달았다는 소식을 들은 바 없습니다.

　육체를 조복 받아 해탈하고자 하는 방법은 순수한 열망에서 나온 것이겠지만 이런 고행은 별다른 도움이 안 된다고 했습니다. 잘못된 근원은 탐, 진, 치 삼독에 있는데도 육신을 괴로움의 원인으로 보고 다그치는 데 문제가 있습니다.

　번뇌로부터 벗어나기 위해 육신을 괴롭히는 것은 해탈의 길로 가는 도구를 훼손하고 쇠약하게 하며 파괴하는 행위입니다. 몸을 잘 유지하면 법신의 도구가 되지만 잘못 다루면 괴로움을 더 불러들이는 병주머니가 됩니다.

　그와 반대로 욕구를 쫓아가거나 몸을 학대해서도 안 되며 양극단을 초월하는 조화된 수행이어야 합니다. 이 두 가지 양극단을 초월해야 중도라고 하며 그렇다고 적당히 타협하는 의미는 더욱 아닙니다.

다만 양쪽이 내포되어 있는 잘못을 피하고 그 둘의 한계를 넘어서야 하며 또한 감각적 쾌락에 탐닉하게 해서도 안 된다고 했습니다. 감각적 욕구나 쾌락은 오래가지 않으며 오히려 고통의 원천이 되므로 해탈을 위해서는 반드시 버려야 한답니다. 건강을 잘 유지시켜야 하는 반면 정신적 기능은 해탈을 위해 지혜를 발생시키도록 훈련을 계속해야 합니다.

사람은 자신 밖에서 삶을 찾으려 헤매고 있지만 그가 찾고 있는 진실된 삶은 바로 그 자신 안에 있습니다.

寄道安長老(기도안장노)

情存見道還迷道(정존견도환미도)
깨닫고자 하면 점점 멀어지고
心要求安轉不安(심요구안전불안)
편안하려 하면 불안만 더욱 가중되네.
安到無安見無見(안도무안견무견)
편안이 없어야 편안하고 보이는 것도 없어야 보이나니
方知此事物多般(방지차사물다반)
이 도리는 원래 복잡하지 않도다.
— 원감충지(圓鑑沖止, 1226-1292)

은해사 기기암 선방에서

며칠 전에 '범'산 숲에 다시 돌아오니 먼저 물소리와 바람소리가 신성하게 맞이해주었습니다. 삼동결제(三冬結制)라서 그 걸망을 이곳 은해사 기기암(寄寄菴) 선방(禪房)으로 지고와 풀었습니다.

푸른 노송과 잡목으로 숲을 이루고 있는 높은 산세(山勢)가 축 처진 어깨를 으쓱 올려주며 새삼스럽게 신심을 북돋아 주고 있습니다.

이곳 은해사 기기암은 전기 전화는 없어도 물 좋고 땔나무가 많아 참선하는 스님들이 따뜻하게 살기는 썩 좋은 곳 같습니다. 버스에서 내려 은해사 일주문을 지나 십리쯤은 걸어 올라와야 하며 구경거리가 없는 암자라서 마냥 한적한 곳입니다. 저 높은 산기슭에서부터 지기 시작한 낙엽이 능선을 타고 내려오며 세월을 앗아가고 있음을 실감 있게 보여주는 초겨울입니다.

황혼기에 가까워 갈수록 허무함과 아쉬움뿐이라는 옛 어른의 말씀을 흩날리는 낙엽들이 다시금 상기시켜주고 있습니다. 여기 절 주변은 낙엽이 흩날리고 있는데도 유별 빨갛게 물이 들어 있는 여린 나뭇잎들이 이색 풍경입니다. 여름에 나무를 왜 잘랐는지 알 수 없으나 여러 나무 밑 등걸에서 가을인데도 새순이 나와 잎도 한둘씩 피었습니다.

　끈질긴 뿌리의 생명력에 의해 새순이 나왔지만 잎이 채 자라기도 전에 밤마다 서리를 맞고 있습니다. 봄여름을 모른 채 가을에 싹터 초겨울을 맞이한 어린잎들이 티 없이 빨갛게 물이 들어가며 갈색낙엽들과 무척 대조적입니다.

　인생을 살아보지도 않고 가정 사정으로 어린 나이에 출가한 스님이 제행무상 제법무아를 탐구하는 것과 비유가 되어 눈빛이 자주 갑니다. 스님들은 모두 나이가 비슷하고 그 전부터 참선을 같이해 온 도반들이라서 엄격한 선원규칙 속에서도 무척 재미나게 살고 있습니다.

　날씨가 추워야 산중 맛이 나고 눈이 많이 내려야 절경을 이루며 차(茶)나 산채나물도 겨울이 깊어갈수록 감미로워집니다.

　삶의 아픔을 모르면 환희의 꽃을 피우지 못하리라 생각되며 한 생을 밤낮없이 환한 햇빛 속에서 살아야만 한다면 얼마나 고달프겠습니까? 추위 속에서 떨어 본 사람만이 한줌 재속에 불씨를 묻어두듯이 수행자는 고행을 통해서 괴로움을 캐내고 있습니다.

　한 생을 사는 동안 허물없이 살기도 어려우며 아무 흔적 없이 살아간다는 것은 더욱 더 어려운 일입니다. 선방스님들은 인류의 문명과는 별 관계없이 자연 속에서 신문이나 방송 등 세상사를 거의 등지고 살아갑니다. 끊임없이 흐르는 계곡 물처럼 꾸준히 정진해가며 맑고 푸르게 살아갑니다.

　계절이 아무리 바뀌어도 소나무 숲은 변함없이 푸르듯 구도자의 안뜰도 언제나 푸른 의기(意氣)로 짙푸릅니다. 그러면서도 가슴 한구석은 골 깊은 계곡 같기도 하고 갈색낙엽이 쌓여있는 것 같이 실속이 없습니다. 허구한 세월을 수행자로서 끝없이 가다 보면 때론 결망이 무거울 때도 있고 혼자만의 바람이 가슴에서 불 때도 있으며 밤이 길 때도 있답니다.

어제 저녁나절 방선시간에 산책을 하며 물이 흐르는 계곡을 건너다 어렴풋이 제 모습이 물빛에 어른거렸습니다. 잠시 멈춰 서서 어른거리는 물빛을 보고 있노라니 눈 밑에 적막한 그림자가 드리워져 있는 자신을 비춰보게 되었습니다. 한때는 외로움이란 혼자 사는 사람만이 앓는 가슴앓이인 줄 알았는데 누구나 다 가지고 있는 마음의 그림자라는 말을 들었습니다.

스님들의 외로움은 주로 공연히 심란(心亂)하여 공부가 잘 안될 때나 병고(病苦)에 그늘져 있을 때랍니다. 함께 사는 사람은 자기 마음을 몰라주는 섭섭함과 엇갈림에서 오는 갈등까지 외로움이 둘이 되기도 하고 셋이 되기도 한다는 묘한 이야기를 들었습니다.

한 모가지의 이삭에도 알곡과 쭉정이가 있듯이 한 사람의 가슴 속에도 푸른 산이 있는가 하면 바람이 휩쓸어가는 황량한 벌판도 있습니다.

춥고 어두운 긴 겨울이 지나고 나면 헐벗은 나목들의 잔가지에 물이 오르는 봄이 오겠죠! 계획이 많으면 실천이 따르기 어려우니 겨울 산색 같이 단조롭고 조금은 쓸쓸하게 그 안에서 묵묵히 화두 하나로 살까 합니다.

설해목(雪害木)

　서녘 하늘에 노을이 지면 붉게 물드는 구름보다 그 언저릴 에우는 그림자가 더 서러워 보입니다. 하루의 해가 서산마루로 넘어가며 꽃구름이 언뜻 피었다 사라지고 어두움이 이내 엄습해 오는 초겨울 문턱입니다. 무상경(無常經)을 몸짓으로 설(說)하는 낙엽들이 머리 위에 떨어지고 허한 가슴에 자꾸만 쌓이고 있습니다.

　푸른 소나무와 잣나무 그리고 잡목(雜木)들로 숲을 이루고 있는 이곳 팔공산은 얼마 전까지만 해도 산마루부터 지기 시작한 낙엽이 능선을 타고 내려왔습니다.

　마침내 절 주변 큰 나무 잡목들이 몸살을 하며 한꺼번에 떨어뜨리는 낙엽으로 선방스님들이 하루 종일 절 마당과 주변을 쓸어냈습니다. 잎이 져버린 잡목들은 노송과 대조적으로 무척이나 쓸쓸해 보이며 기온마저 차갑고 따라서 산색마저 삭막해져가고 있습니다.

　아직도 미련을 못다 버린 큰 나무 가지마다 마지막 잎사귀 몇 잎이 끝까지 안간힘으로 매달려 있습니다. 산 넘어 불어오는 매찬 바람이 이따금씩 휘몰아쳐와 그마저 떨어뜨리고 있으며 때론 바람이 불지 않는 고요 속에서도 한두 잎씩 맥없이 지는 낙엽도 보입니다. 애처롭게 가을 언덕을 지키던 들국화의 의지까지 마저 앗아가고 있으며 보이는 것마다 애잔한 만추의 잔영입니다.

　낙엽이 지는 계절이 아니라 해도 이냥 메마른 산중인데 어젯밤도 밤을 뒤챈 산바람이 밤새도록 산기슭을 쓸어 갔습니다. 어떤 서정적인 감성보다는 흩날리는 낙엽처럼 부질없는 상념들이 날고 떠돌아 잠도 못내 설치게 했습니다. 하지만 계절이 아무리 바뀌고 낙엽이 무수히 흩날려도 소나무 숲은 변함없이 푸르고 싱싱합니다.
　빨간 단풍잎과 색깔 고운 잡목 숲이 가을의 정취라면, 푸르고 싱싱한 소나무 숲은 추운 겨울의 혼(魂)이라 하겠습니다. 얼마 전까지만 해도 그토록 고운 단풍잎을 자랑하던 잡목들이 이제는 짙푸른 노송들을 부러워하고 있습니다. 초록빛만 고집하는 소나무 숲을 단조롭다고 흘기던 잡목 숲이 지금은 나목이 되어 불어 닥칠 한파까지 두려워하고 있습니다.
　그렇다고 소나무가 겨울 걱정이 없는 것이 아니니 이따금씩 내리는 한겨울의 폭설을 무서워합니다. 그토록 푸르고 싱싱했던 노송의 가지는 물론이요 어느 땐 눈의 무게에 못 이겨 몸통까지 무참히 꺾일 때가 있습니다.
　그간 견디기 어려운 온갖 고난과 넘기기 어려운 역경을 숱하게 넘기면서 푸른 의지로 백 년 이상씩 버텨온 노송들이 통째로 꺾이는 통곡입니다. 꺾여 설해목이 되는 소리는 산중 전체가 뒤흔들리는 산 울음이며 아픔과 아쉬움의 메아리로 되돌아옵니다. 깊은 밤 설해목 꺾이는 소리에 놀라 잠이 깰 때는 가슴이 서늘합니다. 햇빛이 나면 잠시 녹아 버릴 눈 무더기인데도 몇 시간의 무게를 이기지 못하여 푸른 의지와 군건한 힘도 어쩔 수 없이 꺾이고 맙니다.
　가끔씩 석양녘에 산길을 산책하다 보면 발목이 묻히도록 쌓여있는 낙엽들이 밟히고 바스러지며 그때마다 마른 목소리로 소리칩니다. '생불생 사불사(生不生 死不死)'라 살아도 산 것이 아니요, 죽어도 죽는 것이 아니다. 살아있는 사람은 죽어가고 있으며 죽은 사람은 다시 윤회해서 태어난다는 의미로 이해됩니다.

  인간도 자연이며 운명도 어쩔 수 없이 받아들일 수밖에 없지만 너무나 젊은 나이에 떠나신 분의 부인과 천진한 아이들의 눈동자를 보면서 느낀 것은, 어떻게 눈을 감으셨을까 하는 것과 한 여인의 통곡만으로 그 슬픔을 어찌 감당할 수 있었을까 하는 것입니다. 선양보살님과 제일 친한 심미보살님께서 자주 위로해주시면서 지혜로운 도움을 주시기를 부탁드리고 싶습니다.
  삼동결제(三冬結制)라서 이곳 은해사 기기암 선방에 오게 되었으며 제일(祭日)마다 참석 못해 죄송했습니다. 그러나 2재부터 이곳 은해사 기기암 선방에서 위패를 모시고 영가천도를 위해 부처님 경전을 읽어드리려고 합니다. 이번에 모인 선방스님들은 수행을 청정하게 하시며 법력이 높으신 스님들이라서 영가를 위한 좋은 천도인연이 될 줄 믿습니다.

의식(意識)

　어젯밤 북통 같은 걸망을 매고 산 넘어 가는 꿈속에서 시간과 공간을 가사 자락으로 넘나들다가 선잠을 깼습니다. 푸른 환상 속을 파닥이다 돌아온 꿈의 날개를 다시 개어 접고서 본연의 자세로 되돌아 왔습니다. 인간도 꿈을 꾸면 성인이 되고, 거지도 사고하면 철인이 되며 범부도 한 생각 돌이키면 부처가 된다는 말이 있습니다.
　부정적인 생각을 하고 있으면 기운도 어두워진다고 하여 긍정적으로 자신을 관조하며 산중생활을 익혀가고 있습니다. 처음 산중에 들어와서는 바람소리 물소리를 비롯하여 외로움, 고요, 침묵, 많은 것을 그려 봤습니다. 소리마다 생각마다 각각의 색으로 선을 긋다 보니 그으면 그을수록 더 복잡해졌으며 어이된 일인지 덧칠하면 할수록 색도 어두워졌습니다.
　망념을 지우려다 오히려 일으키며 그래서 어두운 먹물 옷을 입고 사는가 했으며 이젠 청지 한 장에 본체와 현상계를 선 하나로 그으려 합니다. 약속되어 있지 않은 미래를 걱정하거나 지난날에 연연하지 않고 오직 분수로 산을 지키며 정진하고 있을 뿐입니다. 말 상대 없이 혼자 살아보고 싶어 이렇게 암자에 살며 딴 생각 안 하고 오직 화두 하나만 챙기고자 애쓰고 있습니다.

그 모든 상념들을 비우는 수행인으로서 그 어떤 연민도 등지고 외짝 수도자의 길을 고고히 갈 뿐입니다. 미욱한 자신의 외침을 산골에 은밀히 묻어 놓고 눈 푸른 의기로 한 젊음 다해 바치고 있을 뿐입니다. 그 고행의 아픔이 자욱마다 잦아들어 새로운 의식으로 다시 깨어나길 갈망하고 있습니다.

의식은 불교의 유식에서 나온 학설인데 그 의미가 확대되어 쓰이고 있으며 인간의 정신세계를 여덟 가지 식(識)으로 구분해서 여섯 번째가 의식입니다. 마음, 영혼, 정신, 등과 비슷한 의미로 사용하고 있는 이 의식(意識)은 전 5식 다음이 의식(意識)입니다. 전 5식은 안식(眼識), 이식(耳識), 비식(鼻識), 설식(舌識), 신식(身識)이며 생각은 의식 속에 넣어 분리한 것으로 이해됩니다.

즉 의식 속에 언어를 인식하고 이해하는 기능은 판단, 주의, 집중 같은 기억의 사용 및 정신활동을 포함시키고 있습니다. 그러나 이 의식에 감정과 의지와 정서적인 차원이 더해진 마음이라고 할 때는 의식에 일곱 번째의 식인 말나식(末那識)의 작용이 더해야 합니다. 마음이라고 할 때는 정신활동 중 이성적인 의식과 감정적인 부분의 바탕이 합해진 작용을 말나식으로 본다는 학설도 있습니다.

의식은 마음보다 생각에 더 가까우며 다섯 가지 감각기관을 통해서 들어온 식(識)을 분석하고 판단해서 종합하는 뇌식(腦識)이라 할 수 있습니다. 이 여섯 가지의 식(識)은 육신(肉身)을 근본으로 생명과 관계되어 있으며 두뇌의 조직 기능이 점차 손상되어 정지하면 동시에 사망하고 소멸됩니다. '말나'라는 말은 범어(梵語)의 '마나스'를 한자로 음역하였으며 우리말로 '생각하다, 궁리하다'는 뜻이랍니다.

이 말나식은 6식인 의식과는 성격이 다르며 감정, 본능, 정서에 가깝고 일명 사량식(思量識)이라고도 하며 혜(慧)가 포함된다고 합니다.

말나식은 인간뿐만이 아니라 모든 생명체에 공통된 정신활동이며 자기중심적이요 보존적인 에고(EGO)의 근원이라 했습니다. 모든 생명체가 자기 생존보존의 본능에 근본을 두고 있으므로 이 말나식에 거의 지배되고 있다 합니다.

말나식으로부터 치밀어 오르는 감정이나 본능적인 행동을 조절하고 제어할 수 있는 의식을 가진 존재는 인간뿐이랍니다. 이 말나식을 '프로이드'는 정신분석학적으로 잠재의식이라 했으며 말나식은 '나'라는 것에 대한 근원적인 '집착'으로 봅니다. 집착을 버려야 하는 불교에서는 그에 대한 수행을 매우 중요시하고 있습니다.

끝으로 제 8식이 '아뢰아식'이며 아뢰아는 범어로 아라야(Alaya)에서 온 말이며 아라야는 '바닥에 깔리다', '땅에 묻히다'의 뜻을 가진 말이 명사화된 것이라 합니다.

유식에서는 이 말뜻을 '저장해 놓은 것' 또는 '장식(藏識)'이라고도 하며 아뢰야식은 일종의 비행기의 블랙박스(Black Box)와 같다고 볼 수 있습니다. 아뢰야식 저장기능은 불교에서 업이라는 말로 풀이하기도 하고 전생의 업까지 연계된 것으로 추측합니다.

상종(相宗)과 성종(性宗)

참선은 왜 하느냐고 물으셨죠? 스님들의 수행과정입니다.

참선을 알고 하느냐고요? 알면 할 필요가 있겠습니까? 모르니까 합니다.

모르면서 어떻게 하느냐고요? 학생들도 학교에서 배울 것을 미리 알고 입학합니까? 들어가서 배우는 거죠.

내 몸이라고 하면서 내 말 안 듣고 늙고 병들며 죽어가고, 내 마음 역시 내 마음대로 안 되고 마음 고생하며 살게 합니다. 그렇다고 다른 사람 몸이냐 하면 나의 몸이요 마음 또한 다른 사람 마음 아닌 내 마음입니다. 내 몸이면서도 내 몸대로 안 되고 내 맘이면서도 내 맘대로 안 됩니다.

계속해서 변해가는 겉모습의 제행무상(諸行無常)과 우주만유의 본성(本性)인 진공(眞空)을 깨치도록 참선하게 합니다. 본래 내 속에 갖추어져 있는데 번뇌에 가려 보지 못하므로 수행을 통해 청정한 그 마음을 있는 그대로 찾고 확인하는 거랍니다. 참선 수행은 곧 신심으로 정진하게 하여 선정에 들게 하며 선정은 지혜의 본체요, 수행과 선정은 두 수레바퀴와 같답니다.

불교에서는 상종과 성종을 구분해서 말할 때 상종은 있는 것을 뜻하고, 성종은 없으면서도 있는 것을 뜻합니다. 예를 들어 돌의 모양이 크고, 작고, 모나고, 둥글고, 희고, 검고 또한 변하는 것은 상종이며, 돌의 단단함과 무거움은 성품이요 성종입니다. 불을 예로 들어 봐도 연기가 나고 붉게 활활 타오르는 변화, 차별, 상대의 현상적인 모습은 상종이요, 뜨거움과 태우는 성품은 성종입니다.

이슬, 안개, 운무, 운해, 구름, 비, 물 서리, 우박, 눈, 얼음이 기후에 의해 나타난 현상이요, 본래의 성품은 습도입니다. 돌의 단단함이나 불의 뜨거움과 물의 습도와 같이 불변, 평등, 절대 진실의 모든 근본이 되는 종지를 성종이라 합니다. 깨달았을 때의 불성은 확연히 텅 비어 있으나 진공묘유(眞空妙有)라 했습니다.

또한 업은 그대로 남아 있으므로 깨달음을 통해 닦아가야 한다고 합니다. 얼음이 곧 물인 줄 알지만 녹이기 전에 물로 사용할 수 없듯이 중생의 업이 소멸되어야 불보살의 행이 실현된다고 했습니다.

보름달이 아무리 밝아도 비 오는 날은 비구름에 가려 어둡듯이 본래의 마음이 아무리 밝고 원만해도 업장에 가리면 나타나지 않습니다. 우리의 육신(肉身)도 육식(六識)에 의에 육경(六境)을 지각하지만 업장에 의해 불보살의 대자대비가 가립니다. 업에 의해 미래의 모습도 그렇게 나타나므로 업을 의도적으로 어떻게 닦아 가느냐가 지혜로 가는 길입니다.

깨닫기 전 즉 오전(悟前)에서 오후(悟後) 이야기하기는 아직 이르고 다만 지금은 어떻게 수행을 하여 깨달음에 이르는가가 숙제입니다. 괴로움이란 삶에 대해 잘못 알고 있는 마음가짐에서 생기며 명상을 통해 무엇을 잘못 알고 있는지를 관하라 했습니다.

먼저 지혜를 밝히는데 도움이 되는 참선에 주의 깊게 집중하고 마음을 닦으면서 닦음이 없이 닦아야 한다고 배웠습니다. 근본 마음에 그릇되지 않게 하는 것이 계율이요, 흐트러짐이 없어야 선정이며, 선정을 통해야 밝아진답니다. 참선은 불법의 진리를 깨닫고 중득하는 기본적인 수행이며 자비와 지혜로써 올바른 길을 갈 수 있다고 했습니다.

깨달음과 수행의 관계는 지혜와 자비가 일치하며 자비 없는 지혜는 메마르고, 지혜 없는 자비는 맹목적입니다.

아직까지는 자신의 편견과 고정관념 및 차별심의 망념들이 잡다하여 비우는 공(空)을 터득하고자 노력하고 있습니다. 사실은 이 산중 밝은 달이 원만하게 공을 비추고, 솔바람이 헛됨을 마냥 쓸어 가는데 더 이상 붙잡고 물을 게 뭐가 있겠습니까?

全境界萬治緣(전경계만치연)
모든 경계와 많은 인연을 다스리는 것은
皆爲自己入路(개위자기입로)
다 스스로를 위해 들어가는 길이오.
束縛中脫透徹(속박중탈투철)
속박 속에서 투철히 벗어나면
何逆境有無碍(하역경유무애)
어찌 역경에 걸림이 있으리오.

동양란 산천보세

  동양란 산천보세를 구해와 경상 위에서 육 개월째 키우고 있습니다. 정초에 꽃이 피어 새해를 알려 준다고 하여 이름이 보세(報歲)랍니다. 초록빛 잎이 그리는 우아한 선의 곡선과 품위 있는 균형미로 서로가 방해하지 않고 열두 잎이 펼쳐 있습니다.

  부드러운 듯 꼿꼿이 뻗어 오르며 높낮이를 격조 있게 아우르는 잎들, 충분히 뻗을 만큼 뻗어 오르고 나서 지그시 휘어져 내리는 그 끝자락. 청량수로 씻어도 얼룩이 지는 청초한 잎 끝에 영롱한 물방울이 맺혀있습니다.

  보세는 적갈색의 꽃대에 같은 색으로 꽃이 피며 아름답다기보다는 기품이 있고 조금은 거리를 두고 봐야 멋이 돋보입니다. 며칠 전부터 두 개의 꽃대를 힘차게 솟구치고 있으며 머지 아니해서 꽃망울을 터트려 새로운 세계를 열어줄 것 같습니다.

  실하게 쉼 없이 자라는 꽃대에 이어서 또 한 대의 꽃대가 땅기운을 한껏 뽑아 올리며 경쟁이라도 하듯 치솟고 있습니다. 첫 번째 꽃대는 벌써 다섯 송이를 매달았으며 학의 부리 같은 꽃망울을 잔뜩 오무리고 줄기 따라 오릅니다.

  모래 속에 뿌리박고 물만 먹고 살면서도 이렇게 심혼을 흔들어 놓는 힘이 어디에서 나올까요. 란의 향은 높지 않으나 맑고 은은하며 가까이 흩뜨리지 아니하고 멀리까지 실향으로 띄웁니다. 오랜 기왓골에 자리하여 한사코 지키니 그래서 더 쓸쓸합니다. 익히 알고 있는 꽃향기 다시 접하게 되는 날 산중 차(茶) 맛이 어이 여법하지 않으리오.

겨울 방(房)이 건조해서 하루에 한차례씩 운무나 안개처럼 물 품어주는 돌봄으로 잎도 씻고 물방울도 매답니다. 란 잎 끝에 맺힌 물방울이 묘연하게도 초록빛 의미를 상기시키며 예지로써 바라보게 합니다. 겨울 산중 메마른 온돌방에 란 분 하나면 정서에 족하고 청초한 벗이 되어 주어 외롭지 않습니다.

사란(絲蘭)

경상(經床) 가장자리 동창(東窓) 향해 공간 두고
이따금씩 물만 주어 키워온 사란(絲蘭)
보름 남짓 실하게 꽃대 올리더니
꽃봉오리 삼일 연속 세 개째 터트리오.

새 부리 닮은 꽃망울 다시 여섯 송이
다소곳이 연이어 커 오르니
다 합쳐 아홉 꽃송이 구층탑 꽃줄기
자태가 의연하여 우러러 보이오.

소담하게 핀 꽃잎 얇게 서린 초록색 바탕에
적갈색 꽃 반점 여리게 수놓고서
새 숨결 고이 펼쳐 실 향기 맑게 풀어가며
풍경소리 따르오.

벌 나비 없는 한겨울 꽃 어이 피었으며
청순한 경사도 올올이 자축하니 애틋하여도

자아(自我)의 수련(修練)으로 피어낸 내적 기쁨이니
곧 상서로움이며 경이로움이오.

천신의 내림과 산신의 받듦만큼
푸른 뜻 쭉쭉 펼쳐 균형미 격조 높고
좁은 화분 부대낌에도 청초함을 지키니
스스로 이로우면 주위도 이롭소이다.

책도 경상도 모두가 각이 져있는 사각형 방에
푸른 숨결로 란 잎만 곡선을 이루니
고요가 깃드는 석양녘이면 으레 란을 마주하여
차(茶) 한 종지 따뜻이 달여 마른 가슴 적시오.

차(茶) 한 종지의 휴식

 달빛은 교교하고 삭풍은 소연한데 문풍지마저 울어 예는 밤. 밤이 이슥하도록 왠지 메마름과 공허함만 맴돌고 있습니다. 외풍이 있는 방이라 윗목에 다로(茶爐)를 들여놨으며 따끈한 차물이 항상 유지되도록 갖추었습니다. 다로 속 삼발 위에 철차관(鐵茶罐)이 올려있고 재에 덮인 숯불이 없는 듯 묻혀 있습니다.
 차관을 살짝 들고 인두로 화로의 재를 살짝 젖히면 빨간 참숯이 구름 비낀 태양처럼 그 모습을 드러냅니다. 이미 끓다가 쉬고 있는 물이라서 참숯의 화력에 의해 곧바로 끓어오르며 송풍회우소리를 일구어냅니다. 잠시 물 끓는 차관을 받침목에 내려 물을 잠재우면서 서두름 없이 차 달일 준비를 하지요.
 도전다기(陶煎茶器)에 법제한 차를 넣어 경숙된 물을 붓고 여법하게 우려내어 씻은 찻종에 서서히 따릅니다. 차의 향훈아취가 드맑게 피어오르며 손 모아 찻종을 받쳐 들게 하고 반쯤 눈을 감게 합니다. 닫힌 듯 마른 입 안에 조금씩 감미로운 차를 음미하니 심회가 통창해지고 무이한 심신이 풀려갑니다.
 이러히 산중 암자가 메마르고 적막하기에 차 한 종지에도 가슴이 젖고 산중 맛이 더 깊어지나 봅니다. 청정과 간소함으로 번거로움을 멀리 하고 뇌리는 항상 청산을 향해 푸르게 맑습니다. 이 밤도 찻종지에게 근원적인 삶의 뜻을 묻노라니 머묾은 여여(如如)하고 행함은 서서(徐徐)히 하라 합니다.

작은 찻종을 비우고 다시 맑은 향의 차를 채워가며 마시듯 부질없는 생각들을 비워가며 빈자리에 연꽃과 같은 마음을 채웁니다. 아름다운 장미꽃보다 하얀 목련을 더 좋아하였음에도 언제부터인지 연꽃을 더 흠모하게 되었습니다. 그때부터 화려한 생각들을 떨쳐버리고 수행자답게 연꽃정신으로 살아가고 있습니다.

연꽃이 연꽃답게 피어야지 연꽃이 장미꽃답게 피고자 하면 연꽃은 연꽃대로 분수를 잃고, 장미꽃 영역까지 침범하게 됩니다. 물속의 연들과 육지의 장미들과의 다툼이 되고 꽃 전체에 혼란이 오며 자연의 질서까지 깨지니 어찌 비극이 아니리오.

청산 첩첩 선방 섬돌 위에 하얀 고무신을 가지런히 벗어놓고 참선에 혼신을 다하며 가끔씩 차 한 종지로 피로를 풉니다.

어떤 일을 성공시킴으로써 밖에서 오는 기쁨도 있지만 이 산중에선 아주 작은 일에 잔잔한 즐거움도 있고 순수한 향기도 있습니다. 때론 생각이 집중되지 않고 게을러질 때도 있으며 어쩌다 시름시름 앓기라도 하면 새삼 자신의 존재를 의식하게 되죠?

오히려 진실한 언어는 어려움 속에서 가슴으로 듣게 되고 생각이 맑아지면 말이 미치지 못하는 곳까지 마음은 닿더이다. 혼자 마시는 차 시간은 자신과의 대화요 자연의 소리에 귀 밝아지며 모두를 받아들이게 합니다.

지금 어디쯤 가고 있나? 내가 서 있는 곳은 어디이며? 가야할 곳은 어디인지? 한 걸음 성큼 나아간 것도 없고, 한 걸음 물러 선 것도 없으며 그렇다고 그대로 멈추어 선 것도 아닙니다.

오늘 사시마지에 큰절에 내려가니 49재가 있어서 참여하고 왔으며 관음시식(觀音施食) 중 다게(茶偈)가 다시 떠오릅니다.

  百草林中一味新(백초임중일미신)
  초목 가운데 첫째가는 맛으로 신령하여
  趙州常勸幾千人(조주상권기천인)
  조주스님은 항상 수많은 사람에게 차를 권하였소.
  烹將石鼎江心水(팽장석정강심수)
  맑은 강물 길어와 돌솥에 달여 전하오니
  願使亡靈歇苦輪(원사망령헐고륜)
  원하옵건대 망령이여 괴로움의 윤회를 쉬소서.
  願使苦魂歇苦輪(원사고혼헐고륜)
  고혼이여 윤회를 그치소서.
  願使諸魂歇苦輪(원사고혼헐고륜)
  제령이여 드시고 안락하소서.

자문자답하다가 해답 대신 조주스님의 차 법문이 떠올라 차 한 종지로 쉬고 있습니다.

평등의 진정한 의미

　무엇이든 이 현상계에 나타나 있는 것은 나타나게 된 원인이 있으며 원인 없는 결과는 없습니다. 다르게 보면 모두가 다 차별된 것같이 보이나 실상은 그대로의 모습이 평등입니다. 정원사는 나무를 가지런하게 가위질하여 어떤 모양을 만들어 놓고 그걸 바라보며 즐깁니다. 그러나 며칠 안가서 땅 밑에 있는 뿌리의 뜻대로 그 모습은 바뀌게 됩니다.

　정원을 가꾸는 사람은 가지런하기를 바라고 있으나 나무는 제 나름대로 제 능력대로 자라고 있습니다. 그런즉 가지런하기를 바라는 것은 정원을 가진 사람의 바램이요 제 능력대로 자라는 것은 뿌리의 본능이며 능력입니다.

　가지런하게 가위질한 것이 평등이 아니라 뿌리의 뜻대로 자라나오는 모습이 사실상 평등입니다. 키 큰 나무는 키 큰대로, 키 작은 나무는 키 작은 나무대로 소나무는 소나무대로, 단풍나무는 단풍나무 그대로가 평등입니다.

　사람마다 모습도 다르고 성격도 다르며 그렇게도 같은 얼굴, 같은 성격이 없는 것 또한 신기합니다. 그런가하면 잘났거나 못났거나 귀하거나 흔하거나 사람은 사람대로 다 사람이면서 각자 다릅니다.
　사람도 그렇게 다르면서 머리는 머리대로, 눈은 눈대로, 귀는 귀대로, 동물과는 달리 사람만이 갖춘 모습입니다. 사람들뿐만이 아니라 짐승 역시 양과 염소가 다르며 같은 품종의 염소도 염소마다 다릅니다.
　바다는 푸른 하늘을 담고 있지만 다르게 푸른빛을 내며 나무나 풀은 초록빛 산 속에서 살고 있지만 저마다 색깔이 다릅니다. 풀과 나무도 잎은 잎대로 줄기는 줄기대로 가지는 가지대로 다 같지만 자세히 비교해 보면 다 낱낱이 다릅니다.
　그 숲속에서 사는 새들도 여러 색의 깃털과 목소리가 다르므로 그래서 숲이 아름답고 싱그럽습니다. 물소리, 바람소리, 새소리가 없는 산중이라면 무성화면이나 다름없을 것입니다. 하늘도 흰 구름, 먹구름, 무지개 등 저녁노을 비롯하여 달과 별이 있으므로 더 아름답습니다.
　이와 같이 이 누리의 온갖 것들이 같으면서도 다르고 다르면서도 같습니다. 사람도 각각 성격이나 모습이 다르지만 한 사람의 생각도 모습도 시시각각 변하고 있습니다. 그러듯이 누구나 자기 색깔을 발전적으로 살리면서 조화를 이루는 것이 세상을 평등하게 장엄하는 것이라고 봅니다.
　우리가 말을 뒷받침하기 위해 손짓 몸짓을 하듯이 나무들도 바람을 이용하여 의사소통하는 그들만의 언어가 있나 봅니다. 실질적인 현상과 의식적인 상상력으로 눈여겨보거나 친근감을 가지고 다가가면 감각적인 변화가 일어납니다. 대상은 누구에게나 똑같은 느낌으로 나타나지 않으며 관심을 갖는 자에게만 색깔이나 향기 또는 형태가 다르게 나타나므로 그것이 곧 평등입니다.

어떤 선객이 큰스님에게 묻기를 어떤 것이 도(道)입니까?
"그대 눈에 무엇이 보이는가?"
"예! 큰스님과 벽(壁)만 보입니다."
"그대 귀에 무엇이 들리는가?"
"스님께서 묻는 목소리와 창(窓) 밖에 바람소리입니다."
큰스님께서 잠자코 앉아계시니 다시 선객이 묻기를
"왜 도에 대한 답변은 안 해주시고 눈과 귀만 묻습니까?"
"도에 대한 답변을 이미 했는데 아직도 이해를 못했다면 육근(六根)을 떠나서 도가 따로 없다네! 도나 진리나 마음이나 깨달음이나 말은 각각 다르지만 뜻은 같은 것이며 이것이 바로 우주의 질서요, 이런 우주의 질서가 곧 평등이라네. 흔히 남녀평등을 주장하지만 그렇다고 해서 남자가 애 낳을 수 없으며 여자가 수염을 기를 수 없듯이 남자는 남자의 도와 여자는 여자의 도가 평등이라네."

상처도 긍정적인
씨앗이 될 수 있다

　세상에 존재하는 것은 갈수록 상처가 생기며 상처도 정신적인 상처와 육체적인 상처가 있습니다.
　인간을 비롯하여 생명 있는 것들은 물론이거니와 심지어 나무나 돌 또는 기계 등 무생물도 마찬가지입니다. 존재하는 모든 것들이 유형무형의 상처를 필연적으로 동반할 수밖에 없는 것은 공존에서 오는 상호간의 부딪힘 때문입니다. 상처의 근원도 각양각색이라서 선천적일 수도 있고, 후천적일 수도 있으며 외적일 수도 있고, 내적일 수도 있습니다.
　개인적일 수도 있는가 하면 집단적일 수도 있고, 자연재해 등 다양하며 다만 상처의 아픔과 흔적의 차이가 다를 뿐입니다. 누구나 가족, 부부, 애정, 질병, 수술이나 또는 경쟁, 사상, 철학 등을 떠나서 살 수 없으므로 우리의 상처는 가까운 일상생활에서 생깁니다.
　상처에서 피가 나듯 아픔은 상처의 붉은 꽃이며 상처는 원망, 슬픔, 고통, 불만, 자학, 증오, 응징 등 부정적인 그림자가 따릅니다. 우리네 인생사 베이고 찔리며 데이는 일에서 어떻게 벗어날 수 있겠습니까. 그래도 몸의 상처는 약으로 치유되기 때문에 오래 가지 않습니다. 그러나 마음의 상처나 화병은 바를 약도 없고 먹을 약도 없으므로 오래가며 아물었는가 하면 곧잘 덧이 납니다. 자신도 모르게 남에게 상처를 주지도 아니했고 받지도 아니한 사람은 아마도 없을 것입니다.

  부모님으로부터 받은 상처가 있을 것이요, 부모님은 또한 할아버지 할머니에게 받은 상처가 있을 겁니다. 어린 시절의 상처를 치유하는 방법을 모르는 부모는 그 상처를 자식에게 물려주는 과오를 범하게 됩니다.

  욕 잘하는 가정에서 자란 애들이 대부분 성장해서도 욕을 잘하고 다투기도 잘하며 말썽도 부립니다. 똑같은 상황에서도 냉정을 잃지 않고 흥분하지 않는 사람이 있는가 하면 걸핏하면 화를 내는 사람이 있습니다.

  이기적일수록 과민한 반응이 더 잘 나타나며 그것은 그가 성장과정에서 받은 습관적 에너지 때문이라고 합니다. 우리는 의식 깊은 곳에 있는 화의 씨를 다스리지 않고 오히려 키워 왔으며 그 화가 병을 유발시켜 왔습니다.

  화는 우리 가슴속에 숨어 있다가 자존심이 상하거나 배신, 멸시, 거짓 등으로 피해를 입었을 때 불쑥 튀어나옵니다. 자신의 화로 인해 자기뿐만이 아니라 가까운 가족을 비롯하여 주위 사람까지 괴로움이나 두려움을 줍니다. 화를 내는 것도 습관이며 반복될수록 에너지가 생기기 때문에 그 연결 고리를 끊어야 합니다.

  몸에 좋다는 보약은 효과가 잘 나타나지 않지만 독약은 금방 나타나며 전염병은 자신만 앓는 것이 아니고 빠른 속도로 주위사람을 감염시킵니다.

어느 누가 험담을 하면 금방 동조자가 생기고 여러 입이 모아지면서 곧바로 전염병같이 번지며 피해자에게 막대한 상처를 줍니다. 독이 들어 있거나 불결한 음식은 먹지 않듯이 우리는 남을 헐뜯는 장소는 될 수 있는 한 피해야 합니다.

악담이나 험담에 동조하다 보면 자신도 모르게 피해를 주고 있으며 곧바로 다른 사람에게 귓속말로 옮기는 역할까지 합니다. 상처를 주는 사람이 되어서도 안 되겠지만 상처를 받는 사람도 비관적이거나 원한을 품어서는 좋지 않습니다.

자포자기를 하지 않고 상황을 극복하려는 의지만 강하다면 상처는 오히려 무서운 삶의 활력소요 강인한 생명력의 원천이 됩니다. 또한 그것은 나무의 옹이처럼 수액을 분비하여 스스로를 치유하는 신비한 능력을 가지고 있으며 면역을 보유하게 합니다.

화가 났을 때 즉시 답변을 하거나 되받아치면 앙갚음이 되기 쉽고 그렇게 되면 그 사람과의 관계는 더욱 악화됩니다. 만약 불이 났다고 가정했을 때 불을 먼저 꺼야겠습니까? 불을 낸 방화범을 찾거나 붙잡아야 하겠습니까?

실수였던 고의였던 불을 낸 방화범을 찾고자 하거나 의심만 하고 있다면 그 사이에 집은 다 타 버리고 말 것입니다. 화가 치밀었을 때 앙갚음을 하려고 계속 다투다 보면 싸움은 커지고 상처는 더 크게 입습니다.

마치 자기 집의 불은 타거나 말거나 내버려 두고 화재의 원인이나 방화범을 잡으러 헤매는 것과 다를 바 없습니다. 불도 막 붙었을 때 끄기 쉽지 그대로 두면 갈수록 커지고 마침내는 걷잡을 수 없이 번집니다.

그렇다면 어떻게 맞불을 지르지 않고 그 위기를 벗어나며 불씨를 꺼버릴 수 있을까요? 예를 들어 화가 났을 때는 마주보지 말고 순간 고개를 돌려 다른 곳을 보며 의도적으로 숨을 깊이 들이마시고 내쉬면서 자신을 자각해야 합니다.

바라보면서 참거나 물러서긴 어려우니 고개부터 돌리고 1초에서 3초 정도만 넘기면 치밀어 올라오는 화를 누릅니다. 그렇게 두 번 세 번 심호흡을 반복하다보면 자기 분수를 유지할 수 있으며 열이 점차 식게 됩니다. 그리고 그 자리를 피할 수 있으면 피하고 거울에 자신의 얼굴을 비춰 보면 무서운 얼굴이 마주보고 있을 겁니다. 화를 참는 데는 시간이 필요하며 순간을 참고 넘기면 서서히 평온을 되찾을 수 있습니다. 그러고 나서 남을 원망하기 이전에 상대방이 왜 나에게 그렇게 했는지 먼저 자기 잘못을 살펴보아야 합니다.

옛 스님들이 말씀하시되 부정할 때 부정하되 긍정을 잃지 말고 긍정할 때 긍정하되 부정을 가지고서 조화를 이루어야 한다고 했습니다. 어떤 감정에도 치우치지 말고 부정도 긍정도 극단적으로 해결하지 말라는 내용입니다.

쌍둥이도 성격이 각각 다르게 나타나며 몸놀림도 차이가 나는 걸 보면 확인할 수 있습니다. 남이 나에게 맞춰주기를 바라지 말고, 옳고 그름을 현명하게 판단하여 이해하고 맞춰가며 선도해야 합니다. 누구나 자존심을 건드리면 발끈하며 그 전 버릇이 나오고 속상해 하는 속내가 보입니다.

남의 잘못을 고치려고 목소리 높이고 꾸중하며 화를 내다보면 오히려 자기 버릇도 나빠지게 됩니다. 자신부터 너그러워지고, 용서하면서 이해를 시켜야 남의 나쁜 버릇을 고쳐 줄 수 있습니다.

인간관계도 어떤 사람인가를 알아서 대하고 일도 그 사람에게 알맞게 시켜야 한다고 생각합니다. 영리한 사람과 미련한 사람, 부지런한 사람과 게으른 사람, 악한 사람과 선한 사람, 진실한 사람과 거짓된 사람 등 천차만별입니다.

그래서 어떤 사람인가를 알아서 존경하기도 하고, 사랑하기도 하며 좋아하기도 합니다. 그런가 하면 싫은 사람도 있고, 미운 사람도 있으며 아예 상대하기도 싫은 사람이 있습니다.

누구나 알고는 있지만 실천은 어렵기 때문에 아무런 잘못이 없는데도 사건이 생겼을 때는 명철한 의지로 원인부터 밝혀야 합니다. 그러나 도저히 풀리지 않는 문제라면 전생사로 돌려야 하며 태어나기 전도 전생이지만 가깝게 보면 지나간 시간은 다 전생입니다.

본의 아니게 크게 손해를 봤을 때 그 일이 전생사와 관련이 있을 수 있으며 그렇다면 더 큰 재앙에 대한 액땜을 했으니 오히려 다행이 될 수 있습니다. 자기반성과 함께 참회로 수련을 하다보면 복잡하게 헝클린 잡생각에서 풀려나며 자유로워지는 걸 알게 됩니다.

세월이 비껴가는 사람은 없으며 젊음이 좋지만 젊은 시절에 알지 못했던 세계가 나이 들고서야 비로소 보이게 되니 달라집니다. 그래서 산전수전 겪은 어른들은 참고 삭히면서 체념으로 순간을 넘기며 상처를 치유하려고 애를 씁니다.

그러나 젊은이들은 오히려 자기 자존심을 상하게 한 상대에게 보복을 하려고 합니다. 앙갚음을 하기 위해 악담을 하거나 뒤에서 음모를 꾸미고 화의 불씨를 키우며 그로 인해 이성을 잃게 되기도 하고 큰 과오를 범하게 되기도 합니다.

누구나 가슴 속에는 여유와 너그러움 그리고 관대와 같은 긍정적인 씨앗이 있으며, 그 반대로 조급함과 의심 그리고 질투와 우울 같은 부정적인 씨앗이 있습니다. 긍정적인 씨앗과 부정적인 씨앗이 모두 자기 안에 있으므로 어느 씨앗에 물을 주어 싹을 틔우는 가는 자신의 의지에 달려 있습니다.

마음 밭에 각성의 주인이 게으르면 번민과 혼란 등 무지가 무성하게 자라나 이내 쑥대밭이 되고 맙니다. 그릇된 판단 때문에 오해를 하게 되면 그때부터 모든 시각이나 청각이 그 쪽으로 맞춰집니다.

그렇게 되면 보고 듣는 것마다 불쏘시개가 되고 기름이나 부채질이 되며 사실이 아닌 사건도 의심을 반복하다 보면 사실로 바뀌게 되기 쉽습니다. 첫 단추를 잘못 끼우면 나머지를 끼울 때까지 모르다가 다 끼우고 나서야 잘못 끼웠음을 알듯이 바른 견해가 중요합니다.

상대도 마찬가지이니 기회 봐서 사실대로 말을 해야 하며 상대도 내가 괴로워하고 있음을 압니다. 오해였다고 사실을 말해주면 그 상대도 이내 마음이 풀어지고 편안해지며 대화가 다시 이루어집니다.

자기의 상상을 다른 사람들에게 이야기 하다보면 맞는다는 긍정을 하게 되고 긍정하는 사람이 많아지면 에너지가 생깁니다. 바닷가 조약돌이 그토록 모나지 않고 둥글어진 것은 파도와 조약돌끼리 수없이 부딪쳐서 다듬어진 모습입니다.

과거의 상처를 치유하지 못한 사람은 자유로운 삶이 아니요 곧 괴로움의 삶을 살고 있습니다. 화(火)를 내면 낼수록 화(禍)가 과중되어 돌아오므로 좋은 세상에서 살고 있지 못하며 그의 삶도 그의 것이 아닙니다. 서산대사께서 '경험은 천재보다 낫다' 라고 하셨습니다. 경험을 통해 어리석음에서 깨어날 수 있어야 합니다.

어떤 제자가 스승에게 물었습니다.

"어떤 것이 해탈입니까?"

그러자 스승이 다시 물었습니다.

"누가 너를 그렇게 묶었느냐?"라고 대답해 주었다 합니다.

인간은 본래 자유로운 존재이지만 일상적인 생활 습관을 자기 스스로 그렇게 길들여 왔으며 그 습관 속에 자신을 가두며 삽니다. 어떤 일에 가치와 보람을 찾으며 몸은 비록 묶이나 마음은 자유로워져야 합니다.

하루아침에 성격이 형성되는 것이 아니라 나이만큼 시간이 걸렸으며 더 나아가서는 태어나기 전의 전생 업까지 관계되어 있습니다. 자신의 의식이나 행위가 행복과 불행의 원인이 되니 자신을 먼저 성찰하는 마음공부가 절실하게 필요하다고 생각합니다.

 慈悲方便事(자비방편사)
 자비심으로 하는 방편의 일이여
 觸處有工夫(촉처유공부)
 부딪히는 곳마다 공부가 있구나.
 應變隨聲色(응변수성색)
 소리와 형상 따라 응용하고 변통하니
 團團盤走珠(단단반주주)
 둥근 쟁반 위에 구슬이 구르네.
 — 천동광지(天童宏智, 1091-1157)

종송(鍾頌)

  고요한 새벽이나 노을이 비낄 무렵 심산유곡(深山幽谷)의 적막한 산사(山寺)에서 장중(莊重)하게 울려 퍼지는 범종(梵鐘) 소리를 들어보신 추억이 있으신지요?
  해맑으면서도 은은하고 사라질듯 다시 울려 퍼지며 간간이 이어지는 긴 여운(餘韻)! 또한 먼 산에 부딪쳐 되울려 오는 메아리는 다시 귀 기울이게 하고 간절한 신심에 의해 들으면 들을수록 무한한 법열(法悅)에 들게 하지요.
  종소리는 시방법계(十方法界)를 청정(淸淨)하게 맑히며 일체 중생을 삼계의 고뇌에서 벗어나게 하는 깨침의 소리입니다. 종소리를 듣고 법문(法門)을 들으면 생사(生死)의 고해(苦海)를 건너 마침내 피안(彼岸)에 오르게 된다 하였습니다. 또한 종소리는 구천(九天)을 떠도는 유주무주의 고혼(孤魂)이나 괴로움에 빠진 중생고(衆生苦)를 구제하기 위해 영혼을 일깨우는 법음(法音)입니다.

  삼십대 초반에 봉암사 백련암에서 나이가 비슷한 스님 네 분이 연세가 많은 선덕스님을 모시고 하안거 결제에 들어갔습니다. 그때 동진 출가한 석양스님이 염불을 잘하여 종두(鐘頭) 소임을 맡아 새벽

3시 예불시간이면 어김없이 종송(鐘頌)을 했습니다.

종송 목소리가 청아하면서도 왠지 애절하게 들렸으며 그 시간이면 예불준비를 마치고 부처님 앞에 꿇어 앉아 숙연히 들었습니다. 지금까지 수많은 스님들의 염불소리를 들어왔지만 그 스님같이 가슴을 울리는 목소리는 듣지 못했습니다.

하온데 그 석양스님은 이름 그대로 해가 설핏하게 질 무렵이면 암자에 올라오는 저 아래 산길을 자주 내려다보곤 했습니다. 처음에는 예사로 보았는데 거의 날마다 반복되다보니 눈여겨봐지고 그때마다 누군가를 기다리고 있는 모습이 여실했습니다.

날씨가 좋은 날은 뜰을 왔다갔다 거닐며 계속 내려다보기도 하고 비가 오는 날은 청마루 기둥에 기대서서 망연히 내려다보곤 했습니다.

한번은 "누가 오시기로 했습니까?" 하고 물으니 정색을 하며 "아니요"라고 대답했습니다. 그 후로는 다른 스님들도 더 이상 묻지를 아니했으며 그렇게 몇 달이 흐르고 난 후 그날은 추석명절이었습니다.

다 같이 공부를 쉬고 젊은 스님들끼리 마루에 앉아 달을 바라보며 이런 저런 이야기를 하다 보니 고향 이야기들을 하게 되었습니다. 밤이 이슥하도록 석양스님은 묵묵히 차만 마시고 있기에 "스님은 출가하신 후 고향에 몇 번이나 다녀오셨습니까?" 하고 물어봤습니다. 석양스님은 대답 대신 달만 올려다보고 있었으며, 대답이 없기에 다시 물었습니다.

"석양이면 누군가를 기다리는 것 같던데 몇 달이 되도록 왜 이렇게 오시지 않습니까?"

그 질문에 석양스님은 뭘 숨겨오다가 들키기라도 한 듯 소스라치게 놀라며 이내 눈시울이 뜨거워졌습니다. 대화가 중단되고 또다시 무거운 침묵이 한동안 흘렀으며 마침내 석양스님이 말문을 열었습니다.

두 살 때 아버지는 돌아가셨고 삼 년 후에 어머니가 개가(改嫁)했으며 그때 스님은 나이 다섯 살이었다고 합니다. 어머니가 개가하는 날 스님은 외할머니 손잡고 하루 종일 걸어서 찾아간 곳이 산중 절이었답니다. 지금 생각하니 대처승 절이었으며 외할머니는 그 절 신도였고 사전에 주지스님과 약조가 있었던 것 같았다고 했습니다.
 그 이튿날 외할머니가 집에 볼 일이 있어서 다녀오신다고 하며 그 절 주지스님 아들과 잘 놀고 있으라는 당부를 하시더랍니다. 따라가겠다고 떼를 쓰니 "어제 너 다리 아프다고 오면서 울었지? 오늘은 갔다 오려면 두 배나 힘이 드는데 또 따라갈 거야?" 하며 할머니는 야단도 치고 좋은 말씀으로 달래기도 해서 포기했답니다.
 "그럼 할머니 빨리 다녀오셔야 해" 하니까 할머니도 고개를 끄덕이며 "그래 해질 무렵에 돌아오마." 그러고 내려가시면서 자꾸만 뒤돌아보시더랍니다.
 그날 해질 무렵은 물론이요 지금까지 외할머니는 오시지 아니했으며 어디에서 사시는지 돌아가셨는지 전혀 알 길이 없다고 했습니다.

그날부터 어린 나이에 석양이면 얼마나 울면서 기다렸는지 그 기다림이 사무쳐 지금도 해가 설핏하면 자신도 모르게 기다려진다고 했습니다.
 가난한 대처승 절에서 일도 많이 했고 설움도 무척 받았지만 아침이면 학교 가는 그 절 주지스님의 아들이 제일 부러웠다고 합니다.

그 절에서 열두 살 때까지 살다가 어느 객스님 따라서 도망쳐 나왔고 그 객스님의 도움으로 조계종 절에서 계도 받고 법명도 받았다 했습니다.
〈서편제〉 영화를 보니 의붓아버지가 딸에게 판소리를 아무리 애써 가르쳐도 애절한 음색이 나오지 않자 나중에는 향부자(香附子)를 뜨겁게 달여 먹여 딸의 눈을 실명시키더군요.
눈이 실명되자 그때부터 한(恨)이 서린 애절한 목소리가 우러나와 명창이 되는 내용이었습니다. 석양스님도 한이 많은 스님이라서 종송 목소리가 그렇게 애절했으며 어렸을 때 부모나 가족의 사랑을 못 받아서인지 정(情)에 약했습니다.

동안거 결제가 가까워지자 스님들은 다른 선방을 찾아 뿔뿔이 헤어졌으며 그 후로 석양스님의 소식이 끊겼습니다. 승속을 막론하고 아무리 멀리 떨어져 있어도 소식은 들려오는데 지금까지 전혀 소식이 없다는 것도 기이한 일입니다.
그때는 녹음기가 귀해서 빌리거나 구할 수도 없는 스님들의 주머니 사정이라서 녹음도 못했습니다. 늦게 출가한 스님은 염불을 대중가요같이 하고 어렸을 때 동진 출가한 스님들은 대중가요를 염불식으로 부릅니다.
어떤 스님은 염불을 가곡같이 하는가 하면, 군가같이 하기도 하고 민요풍도 있으며, 타령조도 있고, 무당같이 하기도 합니다. 그런가 하면 한(恨)이 많은 스님은 슬픈 목소리가 나오고 허세를 부리는 스님은 가성이 나오기도 하지요.
나이가 들어서 서울로 이사 가면 아무리 서울말을 쓰고자 해도 사투리를 벗어나지 못하는 이치와 같습니다. 모두가 그렇다는 것은 아니고 늦게 출가했어도 염불을 잘 하는 스님도 더러는 있습니다. 요즈음은 외할머니 손잡고 출가하는 시절이 아니라서 그런지, 그런 애절한 종송을 들을 수 없습니다.

  종송은 도량석이 끝나면 곧 이어서 주위를 조심스럽게 깨우기 위해 아주 작은 소리로 종을 울리기 시작합니다. 점차 소리를 키워가고 마침내는 종 무게의 소리가 다하도록 일정한 간격으로 타종(打鐘)을 하며 장음계 같은 진동에 실어 종송을 합니다. 종송이 끝나면 목탁 소리에 맞춰 새벽 예불이 시작되며 처음 종송(鐘頌)을 시작할 때의 내용은 다음과 같습니다.

    願此鍾聲 遍法界(원차 종성 변법계)
    원컨대 이 종소리 온 법계에 두루 하여
    鐵圍幽暗 悉皆明(철위 유암 실개명)
    철위산 무간지옥의 깊은 어둠 밝아지고
    三途離苦 破刀山(삼도 이고 파도산)
    삼악도에 괴로움과 칼산지옥 타파하여
    一切衆生 成正覺(일체 중생 성정각)
    중생 모두가 깨달음을 이루게 하소서!

    若人欲了知 三世一切佛(약인욕요지 삼세일체불)
    과거 현재 미래세의 모든 부처님. 그 깨달으신 법을 알고자 하면
    應觀法界性 一切唯心造(응관법계성 일체유심조)
    마땅히 법계성품 관하옵소서. 모든 것은 이 마음이 지었나이다.

報化非眞了妄緣(보화비진요망연)

보신과 화신이 진이 아니라 마침내 허망한 인연이요.

法身淸淨廣無邊(법신청정광무변)

법신이 청정하고 넓어서 끝이 없도다.

千江流水千江月(천강유수천강월)

천강에 물이 맑으면 천강에 달이 다 떠오르고

萬里無雲萬里天(만리무운만리천)

만 리 하늘에 구름이 없으면 만 리가 다 푸른 하늘이도다.

南無阿彌陀佛(나무아미타불)

 범종(梵鐘)은 대종(大鐘), 조종(釣鐘), 당종(撞鐘), 홍종(洪鐘), 경종(鯨鐘)이 있으며 범종은 조석으로 종을 울려 일체중생을 구제하기 위한 타종입니다. 소종(小鐘)은 법당 안에서 예불하기 전에 종송(鐘頌)을 하기도 하고 법회행사를 시작할 때도 울립니다. 선종(禪宗)에서는 초야(初夜)의 좌선(坐禪)을 알리기 위해 치는 정종(定鐘) 또는 승당(僧堂)에 들어가는 시간에 치는 입당종(入堂鐘) 등이 있습니다.

 서양종(西洋鐘)은 작고 또한 종추가 종 안에서 왔다 갔다 하며 울리므로 땡땡 소리가 납니다. 한국의 범종은 크고 기둥 같은 종 망치로 그네처럼 매달아 그 무게와 속도로 밖에서 밀어치기 때문에 소리가 멀리까지 쿵 쿵 울려 퍼집니다.

목탁소리

언젠가 어느 큰절에서 들은 목탁소리가 해마다 이때쯤이면 문득 떠오르며 슬픈 메아리로 나의 가슴을 되울리곤 합니다. 천구백팔십 년도 중반 12월 말경으로 기억되는데 몹시 춥고 메마른 날씨에 바람까지 휘몰아치는 한겨울이었습니다.

관광객도 신도도 찾아오지 않는 냉랭한 큰절 법당에서 때 아닌 시간에 목탁소리가 울려오고 있었습니다. 절에서 총무 겸 주지 직무대행을 하고 있을 때였으므로 아침 종무회의에서 보고받지 않은 목탁소리라 궁금했습니다.

아침마다 종무회의에서 그 전날 있었던 경과보고와 그날 해야 할 행사에 관하여 회의를 합니다. 당에서 하는 의식은 아침·저녁예불 및 사시마지를 올리는 시간이 정해져 있으며 공이 있다거나 49재가 있으면 별도의 의식이 있다는 보고를 받습니다. 그리하여 식사시간과 참석여부를 대중스님들에게 미리 알려 드리고 의식책임인 노전스님과 부전스님이 집전을 합니다.

그날은 책임자가 아닌 젊은 스님이 혼자서 재를 지내고 있었으며 자세히 보니 불교전문 강원 4학년 졸업반 스님이었습니다. 염불하고 있는 스님에게 물어볼 수도 없고 목소리도 왠지 처량하기에 후원 살림을 도맡아서 하는 원주스님을 찾아가 물었습니다.

"원주스님 대적광전에서 학인스님 혼자서 재를 지내고 계시던데?"

"총무스님은 모르셔도 됩니다."

"왜 내가 모르는 재(齋)가 있는데요?" 하고 되물으니 원주스님이 난처한 표정을 지으며 무척 망설였습니다.

"말씀드리기가 어려운 사정이 있습니다. 밖이 너무 추우니 제 방에 좀 들어오시지요. 총무스님께서 보시고 온 바와 같이 49재를 지내고 있으며 그 스님 혼자서 지내시겠다고 해서 그렇게 준비해드렸습니다. 비밀로 해달라고 해서 노전스님이나 부전스님에게도 부탁을 안 했으며 종무회의에서도 보고를 안했습니다."

내용인 즉, 평소에 부모님이 자주 싸우신 데다가 가난했는데, 어느 날 어린 남매를 두고 어머니가 집을 떠나셨다고 합니다. 얼마 후 아버지는 새엄마를 집에 데리고 들어와 같이 살게 되었으며 처음에는 잘해주더니 차츰 미워하기 시작하면서 구박이 심했답니다.

견디다 못해 몇 년 후에 물어물어 외가를 찾아가니 외숙모가 엄마한테 가자고 하며 데리고 가는데 멀고 먼 동네이었으며 가서 보니 엄마 또한 재가를 했더랍니다.

의붓아버지의 아이들이 셋이나 있었으며 그 집 역시 가난했고 도저히 같이 살 수 없는 형편이라서 하룻밤 자고 집으로 돌아왔답니다. 그해 여름에 집을 나왔고 거지가 되어 떠돌다가 길에서 노스님을 만나게 되어 노스님의 권유로 절에서 살게 되었답니다.

몇 년 후에 동네 어른들이 절에 관광을 오게 되어 우연히 만나게 되었으며 집안 소식을 물으니 여동생도 집을 나갔다고 하더랍니다.

그 후 노스님이 큰절 불교전문 강원에 보내주셔서 착실히 공부를 하다 보니 어느덧 경반이 되었습니다. 강원 학인스님들이 순번제로 돌아가면서 관광객에게 사찰 안내를 하는데 그 스님 당번 때 고향 사람들을 또 만나게 되었다고 합니다.

안내를 잘해 드리고 전송을 하는데 고향어른 한 분이 가까이 다가와 귓속말로 여동생이 어디에서 사는지 아느냐고 묻더랍니다. 모른다고 하니 그 애가 커서 서울 종로 3가 홍등가에 있다는 소문이 있는데 가명까지 가르쳐주시고 맞는지 확인해 보라며 당부를 하고 가셨답니다.

그 다음날 서울로 올라가 종삼 홍등가 집집마다 수소문 하니 같이 일했던 아가씨가 청량리로 옮겼다고 하며 대략 장소를 가르쳐 주어 가까스로 찾았다고 합니다. 남매가 만나서 붙들고 눈이 퉁퉁 붓도록 울고서 오빠 따라 가자고 하니 빚이 많아서 갈 수가 없다고 하더랍니다.

사정 이야기를 들은 스님은 곧 바로 큰절로 되돌아와 돈을 빌려가지고 찾아가니 그 사이에 여동생이 자살을 했답니다. 아무에게도 말하지 않고 혼자서 지내겠으며 비밀을 지켜달라고 해서 보고를 드리지 못했노라고 하였습니다. 젊은 학인스님이라 돈이 없다 보니 원주스님에게 도움을 받아 과일 몇 개와 나물 몇 접시에 밥 한 그릇 떠놓고 49재를 지내고 있었습니다.

어제는 신문에 그 스님이 어린이 복지마을을 운영하며 많은 어린이들을 돌보고 있다는 기사를 읽고 눈시울이 뜨거웠습니다.

골동품과 고물

 숙제 못하고 학교 가는 학생마냥 준비 없이 가는 노후의 발길이 두렵습니다. 주름살만 쭈그려 쥐고서 남은 생의 겨울 길로 처연하게 들어섰습니다. 골동품은 세월이 갈수록 값이 나가고 소중하게 간직되지만 고물은 갈수록 천대 받으며 쓰레기 처리장에 가까워져 갑니다.
 나이가 이쯤 되고 보니 골동품과 고물 중 어느 쪽의 삶을 살아왔는가를 되돌아보게 합니다. 그런가 하면 버리기는 아깝고 사용하기에는 불편한 헌 물건이 새 상품에게 밀리듯 그렇게 느껴지기도 합니다. 젊은 사람을 앞세우고 뒤로 물러서는 자신의 모습을 보아도 헌 물건같이 스스로 생각하기 시작한 것 같습니다.
 중국의 어느 시인이 쓴 '안면문답(顔面問答)' 이란 글이 있습니다. 입과 코와 눈이 눈썹에게 존재의 가치를 묻는 내용입니다.

> 어느 날 입과 코와 눈이 눈썹에게 묻기를 너는 무슨 역할을 하기에 우리 위에서 거만을 부리고 있느냐?
> 그러자 눈썹이 대답하기를 그래 입은 음식을 먹기도 하고 말도 하며, 코는 숨도 쉬고 냄새도 맡지 눈은 세상만사를 다 보고 인식하

며 판단하는 등 너희들은 참으로 중요한 역할을 하고 있으므로 항상 감사하고 있네. 그러나 나는 참으로 부끄럽기 짝이 없네그려! 내가 어떤 역할을 하고 있는지조차 깨닫지 못하고 있으며 다만 조상 대대로 물려준 자리를 지키고만 있을 뿐이라네.

짧은 내용의 글이지만 조상 대대로 물려준 자리를 지키고 있을 뿐이라는 그 대답 속에는 많은 의미가 담겨져 있는 것 같습니다. 속담에 '눈이 아무리 밝아도 자기 코는 보지 못한다' 라고 했습니다. 자기가 무슨 일을 하고 있는지, 분수를 잘 지키고 있는지, 언제 어디서나 필요로 하는 사람인지, 그 역할을 잘하고 있는지.
누구나 자기의 위치를 알고 자리를 잘 지키는 일이 결코 쉬운 일은 아니라고 생각합니다. 눈썹이 하는 일이 없다고 해서 눈이나 코나 입 아래로 내려와 붙어 있다면 얼굴 모습이나 그 역할이 어떻게 될까요? 나이가 들수록 육체적으로 하는 생산적인 일은 점점 줄어들지만 경험을 통해서 얻은 상식으로 후배들에게 많은 교훈을 줍니다.

예를 들어 눈, 코, 입이 눈썹에게 묻듯 손발이 이목구비에게 물을 수도 있습니다. 팔다리가 이목구비에게 왜 너희들은 일은 하지 않고 우리에게 시키기만 하느냐고 묻는다면 뭐라고 답변을 해야 하겠습니까?
눈은 눈대로, 코는 코대로, 손은 손대로, 발은 발대로 그 역할이 다르고 또한 그 역할을 잘하고 있는지 먼저 자신을 돌이켜 볼 줄 알아야겠습니다.
역사가 깊고 희소의 가치가 있는 국보나 보물같이 큰스님들은 연세가 들수록 존경받습니다. 그러나 돈 들여서 폐기처분해야 하는 고물처럼 헌 스님이 되고 보니 죽어 화장비(火葬費)까지 빚지고 가게 될 것 같습니다. 그러나 몸은 나이에 끌려가고 있지만 가는 길을 밝히기 위해 정신연령은 보다 더 젊게 투혼하고 있습니다.

바닷물을 다 마셔봐야 짠 줄 아느냐? 하는 선문답이 있듯이 이젠 그만 헤매고 선정(禪定)을 위해 주로 앉아 있습니다. 고목에 생긴 옹두리처럼 몸과 마음에 흔적이 많지만 그러나 그 흔적이 삶의 경험이요, 상식의 주머니입니다.

존재(存在)의 실상은 연기(緣起)에서 자신을 구성하고 있는 형상은 오온(五蘊)에서, 그리고 삶의 의미는 십이연기(十二緣起)에서 올바른 판단은 중도(中道)에서 이해를 했습니다.

수행방법은 사성제 팔정도(四聖諦 八正道)와 육바라밀(六波羅蜜)에서, 수행의 실천은 구차제정(九次第定)에서, 윤회(輪廻)는 유식(唯識)에서 풀려 나왔습니다.

지혜와 자비와 화해의
등불 밝히기

　지구촌의 모든 종교는 국경을 초월하여 개인의 인권과 가정의 행복 그리고 세계의 평화를 위해 함께 공헌해야 합니다. 그럼에도 불구하고 오히려 어떤 종교는 같은 종교 내에서도 종파가 갈라지면서 배타적으로 대립하고 있습니다.
　또한 자기 종교만의 주장으로 타 종교와 충돌하고 투쟁하며 응징하는 사태가 종종 일어나고 있습니다. 그보다도 더 나아가 전쟁으로까지 발단되고 있으며 그러한 종교의 편향에 의해 인류가 시대적인 아픔과 희생을 수없이 겪고 있습니다.
　불교는 다른 종교나 문화의 장벽을 넘어 먼 타국과 타민족에게 최초로 전파한 종교 중의 하나입니다. 어느 지역을 막론하고 문화나 관습 및 전통을 배제하지 않았으며 다른 인종이나 다른 종교인과 함께 공생 공존해왔습니다.
　불교는 또한 종교 재판이나 종교 전쟁을 일으킨 일도 없었으며 모든 생명을 존중해 왔습니다. 불교 역사에서 인류의 평화뿐만이 아니라 일체 모든 중생의 생명을 위하여 연기법을 가르치며 자비와 지혜를 가르쳐 왔습니다.
　불교가 인류 역사상 지구촌의 평화를 위해 유일하게 실천해온 종교임을 불교의 역사에서 역력하게 찾아볼 수 있습니다. 불교는 일신론적 종교관으로 모든 꽃들이 하나의 단일 색으로 피기를 강요한 적도 없습니다.

예를 들어 이 세상의 모든 꽃들이 한 가지 색깔로만 피어야 한다면 과연 꽃들이 아름답겠는가를 생각해보게 합니다. 모든 종교가 자기 종교만의 강요로부터 자유로워질 때 옛 성인들의 가르침이 이 시대에 올바르게 실현될 것입니다.

인류가 동체대비(同體大悲)와 연민의 정으로 실천해 간다면 타종교가 이해되며 미움이나 저주로부터 벗어나 세계의 평화를 실현할 수 있을 것입니다. 동체대비는 피부색이나 사상이며 이념 등을 초월한 포용적인 자비와 연민의 정신을 의미합니다.

국가마다 종족 및 문화상 거대한 차이가 있지만 불교의 연기법으로 보면 인류는 하나의 인과상속 관계로 연결되어 있습니다. 갈수록 인류사회가 정치, 경제, 문화, 사회 등 많은 연계가 가까워짐에 따라 세계일체화의 추세도 그만큼 더 선명해지고 있습니다.

인류는 언제나 평화를 추구해왔고 앞으로도 그렇게 염원할 것이지만 그러면서도 그 평화를 향한 잘못된 사상으로 숱한 문제가 발생되고 있습니다.

부처님의 법구경에 이런 말씀이 있습니다. '미움은 미움에 의해 없어지지 않으며 오직 용서만이 미움을 이길 수 있느니라.'

원효스님의 화쟁사상(和諍思想)은 분란투쟁을 지양하고 궁극적 평화를 성취하자는 사상입니다. 그러기 위해선 사람들 마음가짐이 자비롭고 지혜로우며 헌신적으로 바뀌지 않고서는 평화를 기대할 수 없다고 하였습니다.

현대인들에게는 우선 개인적인 내적 안정에 의해서 가정도 화목할 수 있고 안정된 사회를 영위할 수 있습니다. 이러한 내적인 평화가 없이는 아무리 물질적으로 풍부해도 근심 걱정과 불안에서 벗어날 수 없습니다.

평화는 각자 안에서부터 시작되어야 하며 누구나 내적 평화가 이루어졌을 때 주위 사람과도 화평할 수 있습니다. 불교적인 견해로 봤을 때 오늘의 문제는 탐(貪), 진(瞋), 치(癡) 삼독이 빚은 필연적인 과보입니다.

인간의 적은 외부에 있는 다른 대상보다 오히려 스스로의 게으름, 탐욕심, 이기심이니 먼저 자기 마음부터 다스려야 합니다. 중생은 나누기보다는 차지하려고 하다가 서로 부딪히고 원수가 되며 서로 이해하고 용서하기보다는 분노하고 증오하며 응징합니다.

탐욕과 증오에 빠진 사람들에 의해 세상은 아수라장과 전쟁터가 되고 있으며 이 불행은 누가 만들어 준 것이 아니라 스스로 만들어 가고 있습니다. 그렇게 살기 때문에 괴로움에서 벗어나지 못하고 있으며 자기 자신을 불행하게 만들 뿐만 아니라 남도 불행하게 만들고 있습니다.

이 괴로움에서 벗어나고자 한다면 부처님의 가르침에 귀를 기울여야 하며 천지신명에게 빌거나 운명을 탓하지 말고 스스로 행복을 만들어야 합니다. 자유와 평화와 행복의 세계를 이룩하기 위해선 먼저 생각을 돌이켜야 하고 한 생각을 바꾸면 세계가 달라집니다.

탐욕스런 사람이 베푸는 사람으로, 화를 잘 내는 사람이 웃는 얼굴로, 어리석은 사람이 지혜로운 사람으로, 중생세계가 불보살의 세계로 바뀝니다. 다른 생명을 함부로 여기는 살생이나 자연환경 파괴 또한 국가 간의 정치적 이념의 대립도 사라질 것입니다. 그리하여 마침내 증오에서 화해로, 절망에서 희망으로, 불행에서 행복으로, 중생계가 불국토로 바뀌게 될 것입니다.

불교는 모든 생명을 제일 존중해 왔고, 자연을 생명같이 아끼고 보존해 왔으며 그러기 위해선 먼저 지혜로운 사람이 되어야 한다고 가르쳤습니다.

부처님은 지금으로부터 2546년 전 인도에서 태어난 인류의 거룩한 스승이며 그 자비와 지혜의 가르침은 시간과 공간을 초월해 영원하고 무한합니다.

동서남북 사유상하 두루 하지 않는 곳이 없으며 과거 현재 미래 삼세에 걸쳐 전 세계의 인류에게 등불이 되고 있습니다. 우리가 이 등불을 따라 걸어가면 모든 괴로움이 사라질 것이며 혜안으로 보는 이 세상은 화엄 만다라로 펼쳐져 있음을 알게 될 것입니다.

그러나 물질문명이 발달해 가면서 인간 스스로가 지구촌을 지옥으로 만들어 가고 있습니다. 과학과 산업의 개발에 중점을 두고 대자연을 함부로 파괴하며 오염시키고 계속 폐허 시켜가고 있습니다. 세계는 갈수록 지구 온난화, 삼림 황폐화, 대기오염, 식량부족 생물멸종 위기 등 심각한 문제에 직면해 있습니다.

먼저 인간성이 회복되고 자연을 잘 보존해 가며 물질문명이 발전되어야 살기 좋은 지상낙원이 됩니다. 인간의 행복은 인권이 존중되고, 먹을 양식이 있어야 가능하며, 개인이나 국가가 자유로운 곳에서만 지속될 수 있습니다.

그 화엄 만다라 세상을 망치고 있는 것도 인간이요, 다시 되살릴 수 있는 것도 인간만이 할 수 있을 뿐입니다. 이번 봉축 점등에서 진리를 밝히는 지혜의 등, 생명을 존중하는 자비의 등, 세계 평화를 위한 화해의 등을 함께 밝힙시다. 오늘 우리가 갖는 국제 불교인 봉축 법회를 통해 부처님의 가르침을 실천하는 것을 더욱 다짐하며 봉축사에 가름합니다.

春有百花 秋明月
봄에는 백화가 만발하고 가을에는 달이 밝으며
夏有淸風 冬來雪
여름에는 시원한 바람에 겨울에는 눈이 내리노라
若有虛送 心是非
만약에 허송하거나 시비하는 마음만 없다면
便是人間 好時節
이것이 인간에겐 좋은 시절이로라.

불기 2546년 4월 8일
미 국제봉축위원회 봉축위원장 도범

줄탁동시(啐啄同時)

 '경청 도부(鏡淸 道怤 : 868-937) 선사'가 제자에게 가르쳐 준 줄탁동시(啐啄同時)의 법문(法門)이 있습니다. 날짜도 모르고 달력도 없이 사는 암탉이 따뜻한 가슴에 알을 품어 어김없이 21일이면 병아리를 부화(孵化)시킵니다.
 계란이 어미 닭의 품속에서 21일이 되면 병아리로 탈바꿈하여 안쪽에서 껍질을 깨고 세상 밖으로 나가기 위해 톡톡 노크를 합니다. 이때 병아리가 톡톡 쪼는 것을 '줄'이라 하고, 그 소리를 듣고 어미 닭이 바깥에서 껍질을 탁탁 쪼아 깨주는 것을 '탁'이라고 합니다.
 병아리가 안쪽에서 톡톡 쪼는 '줄'과 어미 닭이 밖에서 탁탁 쪼아주는 '탁'의 시간이 톡톡 탁탁 동시에 이루어져야 병아리가 껍질을 깨고 태어납니다. 21일이 되기 전에 어미 닭이 계란을 쪼아도 병아리가 되기 전이라서 죽어버리고, 너무 늦게 쪼아도 병아리가 껍질을 깨고 나오지 못하는 경우가 있습니다.

 스승과 제자도 톡톡 탁탁이 동시에 일치하는 경지에 이르러야 순간적인 계기가 이루어져 깨닫게 된다고 하였습니다. 스승이 아무리 잘 가르쳐도 제자가 그에 부응하는 경지에 이르지 못하면 그 역시 헛수고에 지나지 않습니다.

또한 스승 역시 제자의 수행이 익었음에도 기연을 알아차리지 못하면 깨달음의 문을 열어주지 못합니다. "무릇 행각(行脚: 수행)하는 사람이라면 '줄탁동시'의 안목을 갖추고 쓰임새(用)를 알아야 진실한 납승(衲僧: 수행하는 선승)"이라고 경청선사께서 가르쳤습니다.

좋은 나무도 훌륭한 목수를 만나면 대들보나 기둥이 되지만 나무꾼을 만나면 땔나무 장작이 되고 맙니다. 고령토도 훌륭한 도공을 만나면 백자나 청자가 되지만 도공을 잘못 만나면 죽 사발이나 개밥 그릇이 되고 만다는 비유가 있습니다.

마찬 가지로 땔나무 장작 밖에 안 되는 쓸모없는 나무는 아무리 훌륭한 목수를 만나도 대들보가 될 수 없습니다. 역시 훌륭한 도공도 도자기 재료가 되지 않는 개흙이나 일반 흙으로는 아름다운 도자기를 만들 수 없습니다.

'경청선사'는 온주(溫州) 영가(永嘉) 사람으로 속성은 진(陳)씨이며 법명은 '도부'요, 어려서 출가하여 설봉(雪峰)선사의 법을 이었습니다.

월주(越州) 경청사(鏡淸寺)에서 사시다가 조칙(詔勅)에 의해 천룡사(天龍寺), 용책사(龍册寺)에서 주석하셨습니다. 「전등록(傳燈錄)」에 있는 남악회양(南岳懷讓, 677-744)선사와 마조도일(馬祖道, 709-788)선사의 대화입니다.

마조도일 스님이 남악회양 선사 회상에 찾아와서 밤낮없이 용맹정진을 하고 있었습니다. 남악회양 스님이 오랫동안 지켜보다가 훌륭한 법기(法器)임을 알고 하루는 마조스님의 방문 앞에 가서 토방 돌에다 벽돌을 갈고 있었습니다.

선정(禪定)에 들기 위해 조용히 좌선하고 있는데 써걱써걱 가는 소리가 거슬려 처음에는 참고 있었으나 노장 남악회양 선사의 행위가 예사치 않아 물었습니다.

"스님은 뭣하고 계십니까?"

"보면 모르나? 벽돌을 갈고 있네!"

"벽돌은 갈아서 어디에 쓰시려고 합니까?"

"거울을 만들려고 하네!"

"벽돌을 간다고 해서 거울이 되겠습니까?"

"그럼 그대는 앉아서 뭘 하고 있는 젠가?"

"부처가 되려고 합니다."

"벽돌을 간다고 해서 거울이 될 수 없듯이 좌선만 한다고 해서 부처를 이룰 수가 있겠는가?

"그렇다면 어떻게 해야겠습니까?"

"여우가거 거약불행 타거즉시 타우즉시(女牛駕車 車若不行 打車卽是 打牛卽是)라."

(예컨대 소가 수레를 끌고 가는데, 만약에 수레가 굴러가지 않는다면 수레를 때려야 하나? 소를 때려야 하나?)

"그대는 앉아서 좌선을 익히는가? 아니면 부처님 흉내를 내고 있는 젠가? 만약 좌선을 익힌다면 선이란 앉고 눕는데 있지 아니하고 앉아있는 부처님을 닮고자 한다면 부처는 일정한 형상이 없네!"

어떻게 보면 아주 쉬운 상식 같지만 대단한 가르침입니다.

그릇이 제대로 놓여야
맑은 물을 담을 수 있다

　불교에서는 계(戒), 정(定), 혜(慧). 삼학(三學)을 근본교리로 가르치고 있습니다. 그 중에서도 계학(戒學)이 맨 먼저이며 그 의미는 계율을 잘 지켜 몸(身)과 입(口)과 생각(意)을 조심하면 점차 맑은 선정(禪定)을 이루게 되며, 선정을 이루게 되면 지혜(智慧)가 밝아진다고 하였습니다.

　그러므로 출가(出家) 승려나 재가(在家) 신도 모두 계율(戒律)을 올바르게 지키는 것으로부터 시작되어야 한다고 했습니다. 그릇이 깨끗하고 올바르게 놓여야 그 속에 맑은 물을 담을 수 있고 기울어지지 않습니다. 또한 그릇이 흔들리지 않고 안정되어야 그 속의 물이 맑아지고, 물이 맑아야 달이 떠오르듯이 계, 정에 의해 혜가 밝아진다고 하였습니다.

　언어나 표정 그리고 모든 행위가 삶의 배움과 경험으로 형성되고 또한 알게 모르게 그렇게 나타나고 있습니다. 그래서 다른 사람의 마음을 헤아리기가 아주 어려우며 단지 눈을 통해서 상대의 형상이나 표정을 볼 수 있을 뿐이지 속마음은 볼 수가 없습니다. 왜냐하면 서로 다른 환경과 조건 속에서 배우고 경험해 왔으므로 각자 다르게 나타나기 때문입니다.

그래서 누구나 자기가 직접 보고 들었으며, 어떤 일에 관해서는 제일 정확하게 알고 있다고 하지만 사실은 그렇지 않습니다. 예를 들어 어떤 사람을 대상으로 어떻게 보느냐고 물어 보면 대답하는 사람마다 각각 다르게 말을 합니다. 사람이 달라지는 것이 아니라 보는 사람마다 견해가 다 다르기 때문에 판단도 달라집니다.

견해 차이가 있기 마련이지만 서로가 노력한다면 이해라는 걸 얻을 수 있고 공통점을 찾을 수 있습니다. 누구나 세상을 있는 그대로 보고 바른 말을 하며 바르게 살아간다는 생각을 하고 있습니다. 우리는 뭐가 있으니까 보이고, 있는 그대로 본다고 하지만 있는 대로 보는 것이 아니라 자기 안목으로 보는 것입니다.

다시 말해서 자기 업대로 보고 업대로 생각하며 업대로 행동하므로 같은 세상이지만 어떻게 보느냐에 따라서 세상은 다르게 보입니다. 곤충이 보는 세상이 다르고, 짐승이 보는 세계가 다르며 인간이 보는 세상이 다릅니다. 같은 사람도 어렸을 때와 어른이 되었을 때와 노인이 되었을 때 다르며 좋은 관계에서 볼 때와 나쁜 관계 속에서 볼 때 다릅니다.

어리석은 사람은 괴로움의 세상을 만들어 가고 지혜로운 사람은 행복한 세상을 만들어가며 살아갑니다. 불교를 잘 모르는데 불명을 어떻게 받을 수 있으며 지키기도 어려운 5계(五戒)는 차라리 안 받겠다고 하시는 분도 많습니다. 그에 대한 비유로 '학생이 그 학교에 들어가서 배울 전 과목을 다 알고 입학을 합니까?' 라고 말합니다.

입학해서 배우고 배워가며 성장하듯이 불교도 그와 같이 불명(佛名)도 받고 계(戒)도 먼저 받습니다. 계를 받지 않고 혼자서 불교 공부를 하고자 하면 학교에 입학하지 않고 혼자서 독학하는 학생과 다를 바 없습니다. 정식으로 불명과 계를 받고 불문(佛門)에 들어가 배우며 수행하며 실천하는 불제자가 되는 것입니다.

그리고 국가의 헌법이나 형법 및 민법과는 반대로 불교에서는 알고 짓는 죄보다 모르고 짓는 죄가 더 크다고 합니다. 예를 들어 불덩이가 뜨거운 줄 모르는 어린애와 뜨거운 줄을 아는 어른 중에 누가 더 많이 데겠는가? 하는 질문이 있습니다.

뜨거운 줄을 모르는 어린애는 덥석 쥐어 많이 데고, 어른은 불덩이를 잡지도 아니하며 잡아야할 경우에는 기구를 이용하여 데지 않게 간접적으로 잡습니다. 부득이 잡아야 할 급한 상황이라면 손이 덜 데도록 신속하게 처리할 것이며, 그와 같이 알고 짓는 죄보다 모르고 짓는 죄가 더 크다고 했습니다.

자동차를 운전하려면 교통법을 지켜야 하듯이, 누구나 계율을 알고 지키게 되면 올바른 길을 갈 수 있습니다. 어린아이가 부모나 어른을 의지하면 어디든지 갈 수 있는 것과 같이 범부중생도 부처님의 가르침을 따르면 지혜로운 길로 갈 수 있습니다.

무정설법(無情說法)

 어느 날 해인사 뒷방에서 책만 보고 있는 저에게 은사(일타)스님께서 '이젠 책은 그만 보고 선원(禪院)에 가서 참선(參禪)을 하지' 하시면서 다음과 같은 법문을 해주셨습니다.

 당송팔대가(唐宋八大家)인 소동파가 항주의 고을 원으로 부임하였을 때 관료들에게 고을의 모든 상황을 보고받았습니다. 그 중에서 옥천사(玉泉寺)에 주석하시는 승호선사(承皓禪師)가 대 선지식(大善知識)이라는 보고를 받고 어느 날 승호선사를 초청하도록 했습니다. 그러나 소동파의 초청에 승호선사가 응하지 아니하자 이번에는 직접 승호선사를 찾아갔습니다.

그때 승호선사가 대중스님들과 채전(菜田)에서 울력을 하고 있을 때였는데 어떤 사람이 말을 타고 꺼덕꺼덕 올라오고 있었습니다. 절 입구에 하마비(下馬碑)를 분명히 봤을 터인데도 내려서 걸어오지 않고 말을 타고 올라온다면 오만무례한 관리의 행위라는 걸 짐작할 수 있었습니다.

그는 말 위에서 위엄 있는 목소리로 "노스님이 승호스님이시오?" 하고 물었습니다.

"그렇소이다. 그대는 뉘시오?"
"나의 성(姓)은 칭(秤, 저울 칭)가요."
"칭가라니요?"
"천하 선지식을 달아보는 칭가(秤哥)란 말이오."
그러자 곧바로 승호선사가 '악' 하는 일갈(一喝)을 하고,
"이 소리는 몇 근이나 되요?" 하고 다시 물었습니다.
그토록 아만(我慢)이 탱천하던 소동파가 말문이 막혀 되돌아갔다 합니다.

강서성(江西省) 남강부(南康府) 성자현(星子縣)에는 우뚝 솟은 여산(廬山)이 있고 그 중의 한 봉우리인 금륜봉(金輪峰)의 남쪽에는 귀종사(歸宗寺)가 있습니다.
소동파가 필화사건으로 황주(黃州)로 귀양 갔을 때 귀종사에 계시는 불인선사(佛印禪師)를 찾아갔습니다.
"어서 오십시오. 의자가 없는 절이라서 좀 불편하시겠지만 상관없으시다면 편안한 곳에 앉으시지요."
그러자 "선사(禪師)의 사대(四大)를 의자로 대용해서 앉으면 어떻겠습니까?"
"그러시다면 문제를 하나 내겠습니다. 이 문제에 명답을 해 주시면 산승(山僧)도 기꺼이 의자가 되어 줄 것이요. 대답이 명쾌하지 못하면 대관의 옥대를 끌러주시는 것으로 하면 어떻겠습니까?"
"그것 참 좋은 제안이십니다."
"대관이 산승의 사대(四大)를 의자로 대용하시겠다고 하셨는데 사대란 본래 공(空)하거늘 어디에 앉으시겠습니까?"
소동파는 그때도 답을 못하고 끙끙대다가 관직을 상징하는 옥대

를 순순히 끌러서 공손히 올렸습니다.

그리고 나서 "불인선사(佛印禪師)시여, 이 답답한 가슴을 열어주십시오" 하고 가르침을 받고자 했습니다.

선사께서는 "불사량우휴거(不思量又休居)할지어다." 즉 '사량(思量)을 쉬고 또 쉬어 갈지어다' 라는 법문을 해주셨습니다.

그로부터 소동파는 지식(知識)보다는 모든 생각을 쉬는 공부를 하기 시작했고 선지식이 계시는 곳이라면 거리를 멀다 하지 않고 찾아 갔다 합니다.

그 후에 여산(廬山)에 있는 동림원(東林院)에서 주석하고 계시는 상총선사(常聰禪師)가 대 선지식(大善知識)이란 소문을 듣고 그는 또 찾아갔습니다.

"원하옵건대 이 미(迷)한 중생을 위해 법을 설해 주시면 고맙겠습니다."

상촌선사께서는 한동안 묵묵히 앉아 계시더니 비로소 말문을 여시는데 "대관은 어이하여 무정설법은 들을 줄 모르고 유정설법만을 청하십니까?" 이 말씀을 듣자 소동파는 또 앞이 꽉 막혔습니다. 다시 집으로 돌아오는 길에 '무정설법(無情說法)' 하면서 의문(疑問)이 너무나 사무쳐 그는 말(馬)이 어디로 가는지조차 전혀 의식하지 못하였습니다.

일체 사량분별(思量分別)이 다 떨어지고 심행처멸(心行處滅)이 되어있는 상황에서 타고 있던 말(馬)이 계곡에 이르렀을 때였습니다. 갑자기 폭포수가 떨어지는 쏴하는 소리에 깜작 놀라 깨어났는데 그때 바로 이 소리가 '무정설법'이로구나 하는 것을 깨달았습니다.

소동파는 말에서 내려 상총선사가 계시는 곳을 향해 삼배를 올린 후 혼자서 게송을 읊었다 합니다.

溪聲便是廣長舌(계성변시광장설)
계곡에 흐르는 물소리 다 부처님 설법이요
山色豈非淸淨身(산색기비청정신)
어찌 푸른 산색이 청정법신 아니리오.
夜來八萬四千偈(야래팔만사천게)
밤에 오면서 무한히 깨치고 온 팔만사천 게송
他日如何擧以人(타일여하거이인)
이다음 어떻게 다른 사람들에게 들어내 보이랴.

일하지 않으면 먹지도 마라

우리말에 불한당이란 말이 있습니다. 이때 '한' 자가 '땀 한(汗)' 자입니다. 옛날에 일하지 않고 강도질을 하거나 무리를 지어 다니며 약탈해먹는 산적들이나 화적떼를 빗대어서 한 말입니다. 살아가려면 땀이 나도록 그만큼 노력해서 먹고 살아야지 게으르면 가난이 찾아오고 또한 건강에도 좋지 않습니다.

마음 가는데 몸 가고 몸 가는데 마음 간다는 말이 있듯이 몸과 마음이 둘이 아니며 게으름과 병 또한 둘이 아닙니다. 일을 하든 운동을 하든 하루에 한 번 이상 땀을 내면 노폐물이 빠져나가고 신진대사가 원활해진다고 합니다.

몸을 너무 무리해도 병이 나지만 가끔씩 땀나게 움직여야 건강하고 신경을 너무 써도 병이 나므로 마음이 편안해야 건강합니다.

백장회해(百丈懷海, 720-814)선사(禪師)께서 "일일불작(一日不作)이면 일일불식(一日不食)이라." 즉 '하루 일을 하지 않으면 하루 식사를 하지 않는다' 하셨습니다.

그 말씀을 선원(禪院)의 청규(淸規)로 새로이 정하시고 참선하는 스님들을 그렇게 지도하시며 몸소 실천하셨습니다. 하루는 젊은 스님들이 연세가 많은 백장노스님께서 일하시는 것을 말리기 위해 연장을 감추었습니다.

그러자 노스님께서는 그날 하루 종일 굶고 방에만 계셨습니다. 할 수 없이 젊은 스님들이 감추었던 연장을 갖다드리며 용서를 비니 그때부터 일을 하시고 공양을 드셨다합니다.

백장노스님께서는 참선(參禪)하기 위해 선원에 앉아 좌선(坐禪)만 하지 않고 좌선을 위주로 하되 행주좌와(行住坐臥) 어묵동정(語默動靜)을 가르쳤습니다. 그 청규가 지금도 선원에서는 전통적으로 지켜지고 있으며 화두참구(話頭參究)와 자급자족(自給自足)을 함께하고 있습니다.

그래서 하루 중 기본적으로 12시간은 좌선을 하고, 1시간 내지 2시간은 대중 울력을 해서 채소를 키우고 화목(火木)을 해옵니다. 공동적인 작업으로 경제적인 자립을 하게 했으며 화합과 협동정신으로 규칙적인 생활을 지속하고 있습니다. 백장스님은 동(動)과 정(靜)을 함께 닦게 했으며 몸과 마음을 분리해서 보지 않았습니다.

누구나 쉽게 생각해볼 때 뇌가 살아 있는 한 계속 활동하게 되어 있으며 활동을 못하면 식물인간이나 죽은 사람입니다. 그런데 그 뇌의 작용이 버릇이나 습관에 의해서 본능적으로 작용하기 때문에 이성보다 감정이 앞서가고 있습니다. 의지나 사고가 박약한 사람은 밝은 생활을 할 수 없으며, 반면에 꾸준히 정진하는 사람은 이성을 일깨우며 안락을 누리게 됩니다.

사람은 지혜와 행위로써 자기를 어떻게 실현하느냐에 의해서 범부가 될 수도 있고 성인이 될 수도 있으며 내생사도 결정되어갑니다.

백장스님과 여우에 얽힌 설화가 있습니다. 백장스님이 법상에서 법문을 할 때마다 어떤 노인이 제일 뒷자리에 앉아서 법문을 열심히 듣곤 했습니다. 법회가 끝나고 대중이 흩어지면 그 노인도 물러가곤 했는데 어느 날은 물러가지 않고 백장스님에게 다가갔습니다. 백장스님이 무슨 일이냐고 물으니 노인은 질문이 있어서 남아있노라고 답하였습니다.

"말씀해보시지요."

"사실은 제가 사람이 아니고 뒷산에 사는 여우이며 옛날 가섭불이 계셨을 때 저도 이 산중에서 수행하던 수행자였습니다. 그런데 어느 날 학인스님이 저를 찾아와 '수행자가 수행을 잘하면 인과에 떨어집니까? 떨어지지 않습니까?' 하고 묻기에 '인과에 떨어지지 않는다' 고 했습니다. 그 인과로 저는 오백 세 동안 여우의 몸으로 윤회를 하고 있으며 절 뒷산에서 그 해답을 얻고자 법회 때마다 노화상의 법문을 들어왔습니다. 저의 대답에 허물이 어디에 있는지 깨우쳐주시면 고맙겠습니다."

이에 노화상은 "인과에 어둡지 않느니라" 라고 답해주었습니다. 노인은 그 말을 듣자마자 크게 깨달아 곧바로 삼배로써 예를 올리며 "저는 이제 여우 몸을 벗게 되었습니다."

여기에서 '불락인과(不落因果)' 즉 인과에 떨어지지 않는 것이 아니고, '불매인과(不昧因果)' 인과에 어둡지 않다는 것을 강조하는 내용입니다.

상식 속에 숨어있는 올바른 이치

옛날에 비단장수가 이 동네 저 동네를 떠돌며 비단을 팔러 다녔습니다. 어느 해 봄날 마을 뒷산을 넘어가다가 피곤해서 잠시 쉬어가고자 양지바른 무덤 옆에서 비단 짐을 내려놓았습니다.

잔디 위에 누워 팔베개를 하고 따뜻한 햇살을 받으며 쉬다가 그만 깜박 잠이 든 사이에 누가 비단 짐을 훔쳐갔습니다. 비단 짐이 전 재산인 비단장수가 비단을 잃었으니 살길이 막연하여 고을 원님을 찾아갔습니다.

자초지종을 들은 고을 원님이 비단장수에게 묻기를

"누가 본 사람이 없느냐?"

"주변을 샅샅이 뒤져봤지만 사람은 아무도 없었습니다."

"뭐가 봐도 봤겠지!"

"무덤 옆에 서 있는 망주석(望柱石)이나 봤을까? 쥐새끼 한 마리 없었습니다."

"그래? 망주석이 무덤 옆에 있었다고 했느냐?"

"예."

"여봐라 포졸들은 들어라. 그 망주석이 도적을 봤을 터이니 동헌에 대령시켜라."

원님의 분부라 포졸들은 거역할 수가 없었습니다. 우리에게 도둑을 잡으라는 명령은 하지 않고 왜 망주석을 대령시키라고 하는지 알 수가 없구먼! 그렇게 불평을 하면서도 망주석을 여러 명이 목도하여 옮겨왔습니다.

그리고 이튿날 원님이 망주석을 심문하니 고을 사람들은 빠짐없이 동헌(東軒)에 참석하여 방청하도록 명하였습니다.

드디어 원님이 출정하여 심문하기를

"망주석은 들어라. 비단장수가 낮잠을 자는 사이에 도둑이 비단짐을 훔쳐갔다고 하는데 가까이에서 본 대로 말하렷다."

그러나 아무 대답이 없자

"아니 원님이 묻는대도 감히 대답을 안 해? 망주석에 살점이 떨어지지 않도록 가마니를 몇 겹 덮어놓고 말할 때까지 매우 쳐라."

명령대로 포졸들이 가마니를 덮고 곤장으로 마구 치니 웃음거리였으며 지켜보고 있던 고을 사람들은 참다못해 박장대소를 했습니다.

"아니 사또가 정사(精査)를 하는데 무엄하게도 조소(嘲笑)를 하면서 소란을 피워? 포졸들은 들어라. 저기 비웃고 소란을 피우는 자들을 모조리 잡아 가두어라."

그 명령에 도망친 사람도 있었지만 많은 사람들이 붙들려 하옥(下獄) 당했습니다. 사또가 이방아전(吏房衙前)을 시켜 옥에 갇힌 사람들에게 은근히 귓속말로 전하게 했습니다.

'사또가 치정(治政) 치민(治民)을 하는데 감히 비웃고 소란을 피웠으니 그 죄가 크지만 비단 한 필씩만 가져오면 용서해주고 석방을 해주겠노라.'

고을사람들은 사또가 어리석어 망주석이나 곤장을 치게 하고 탐관오리(貪官汚吏)가 되어 비단까지 상납하게 하니 걱정이라며 탄식들을 했습니다. 그러나 가난한 사람을 제외하곤 거의 가족들이 비단 한 필씩을 가져왔으며 비단이 어느 정도 들어오자 옥에 갇혀있는 모든 사람을 다 석방해주었습니다.

원님이 비단장수를 불러 비단을 확인하게 하니 '이것은 내 것이고 저것은 내 것이 아닙니다' 라고 하면서 자기 것을 찾아냈습니다. 원님은 포졸들을 시켜 비단을 가져온 사람들이 어디에서 구해왔는지 조사하게 하여 마침내 범인을 잡았습니다.

범인을 잡아 심문을 하니 뒷동네를 가기 위해 뒷산을 넘어가다 보니 비단장수가 낮잠에 곯아 떨어져 있기에 갑자기 욕심이 생겨 훔쳤노라고 이실직고를 했습니다. 다른 사람의 비단은 임자에게 돌려주고 비단장수의 비단도 모두 찾아 주었으며 그 후로는 도둑이 없는 살기 좋은 고을이 되었다고 합니다.

법(法)이 상식을 벗어나지 않았다고 주장하는 사람이 있는가 하면 법조계에서는 상식만 가지고는 법을 다스릴 수 없다고 강조합니다. 무엇을 섣불리 알고 있으면서도 스스로를 믿고 있는 일반적인 상식파와 아무리 파고들어도 끝이 없다고 주장하는 전문파가 있습니다. 어디까지가 상식이고 어디서부터가 전문인지 그 기준이 애매모호하며 상식으로 사는 사람과 전문직으로 사는 사람과의 견해차이도 있습니다.

민주주의는 수가 많은 쪽이 해답이 되다 보니 전문분야보다 상식적으로 알고 있는 숫자가 더 많아 상식이 정답을 이기는 일도 없지 않습니다. 자칫 이기적이고 타산적이며 자기위주로 계산해서 세상사를 바라보므로 가족주의적인 나와, 국가주의적인 나와, 세계주의적인 나를 바로 보기 어렵습니다. 그렇다고 상식을 벗어날 수도 없으며 상식을 벗어나면 무질서한 혼란이 오므로 상식 속에 숨어있는 올바른 이치를 어떻게 보는가가 중요합니다.

집을 짓듯이
행복도 지을 수 있다면

　백중 전날 밤 꿈에 신도님들이 많이 오셨기에 그 날 신도님들이 많이 오실 줄 알았는데 그 반대였습니다. 주 중이라서 대부분 신도님들이 나오시지 못했으며 신도님이 아닌 영가(靈駕)들이 백중에 참여한 꿈으로 해몽되었습니다.

　가끔씩 신도님들이 꿈 해몽을 해 달라고 하시지만 그때마다 남의 꿈은 해몽할 줄 모른다고 말씀드립니다. 그러나 나의 꿈은 현실과 반대의 현상으로 잘 나타나며 그 이튿날 꿈과는 아무 상관없이 지나가는 날도 많습니다.

　예를 들어 꿈속에서 맛있는 음식을 대접받으면 그 다음날 감기나 몸살을 앓게 됩니다. 꿈에서 꽃다발을 받으면 시끄러운 일들이 일어나며 아름다운 꽃밭에서 놀면 그 이튿날 다툴 일이 생깁니다.

　전생이나 지나간 원한이 꿈 꽃으로 피어나는지 아니면 전도몽상(顚倒夢想)을 예견해주는 건지 알 길이 없습니다. 미리 조심하면 조심한 것만큼 사건이 작아지지만 그래도 피하지는 못하고 겪는 예가 더러 있습니다.

　내 몸 안에 꿈 따로 있고 마음 따로 있는 걸까요? 왜 꿈은 몸과 마음을 앞서 갈까요? 꿈은 다가오는 현실의 암시일까, 아니면 지나온 흔적의 혼란일까요? 과거는 추억 속에 저장되어 있을까요, 아니면 꿈속에 저장되어 있을까요?

현실과 미래 사이를 오락가락하는 꿈은 무엇일까요. 몸과 마음이 지난밤의 꿈을 따라 가는지, 아침까지 꿈이 생생하게 기억될수록 그 다음날 꿈땜을 대부분 하며 암시도 하고 예방도 하게 합니다.

언젠가 꿈의 궁금증을 뉴욕 원각사 법안 큰스님께 여쭈어 보니 달을 봐야지 왜 손가락을 보느냐고 꾸짖었습니다. 지난 정초에 큰스님이 많이 편찮으시다고 하여 세배 겸 뉴욕까지 병문안 가서
"왜 이렇게 누워계십니까?" 하고 여쭈어 보았습니다.
"몽일장(夢一場)이야.(한판 꿈이로다)" 하셨으며 3월 말에 동남쪽으로 머리를 두고 열반하셨습니다.

그 해 서북쪽에 폭설이 내렸는데 동남쪽에서는 해일이 덮쳤으며 서북쪽보다 동남쪽에 인명피해가 더 컸습니다. 창 너머 전깃줄에 두 마리의 새가 가까이 앉아 있다가 갑자기 한 마리가 날아가니 다른 새도 날아갔습니다.

그러나 날아가는 방향은 정 반대였습니다. 한 줄에 앉아 있었어도 서로 반대방향으로 앉아 있었기 때문입니다. 우리의 정신은 어느 쪽을 지향하고 있으며 몸은 어느 쪽으로 끌려가는지! 알면서도 알 수 없는 방향입니다. 이 몸도 이렇게 살다가 언젠가는 비워 주어야 할 내 영혼의 셋집이며, 남은 나이 사글세로 까먹고 사는 나이가 되었습니다.

2개월 전부터 문수사는 법당을 조금 더 넓히기 위해 공사를 하고

있으며 망치로 집을 짓듯이 행복도 망치로 지을 수 있다면 좋겠다는 생각을 해 봅니다. 돌담을 쌓는데도 딱딱한 돌들끼리 서로 껴안지 못하고 부딪혀야 하는 아픔과 아귀가 맞지 않아 망치로 살점을 떼어 내며 억지로 끼어 맞춰 쌓아올립니다. 무너져 내릴 것 같은 하중을 견디는 버팀과 계속해서 기우는 각도에 의해 서로가 서로를 받쳐 주는 튼튼한 돌담이 쌓아지고 있습니다. 우리의 인생사도 끊임없이 연결하고, 받들고, 맞추어 가면서 조금씩 꿈을 이루어가고 있습니다.

색깔 중에서 가장 기본 되는 색깔이 흰색과 검정색이라고 하며 이 두 가지 정반대의 색 속에 온갖 색이 숨어있다고 합니다. 그것을 실험해 보기 위해, 흰색과 검정색을 원판에 절반씩 칠하고 팽이처럼 빠르게 돌리면 무지개 색이 나오는 것을 볼 수 있습니다.

개똥 속에 뿌리박고 노란 참외 꽃이 피듯이 어려움 속에서 행복이 싹트고 희망이 꽃피며 꿈이 익어갑니다. 삶이 꿈이요, 꿈이 곧 삶이며 역시 꿈은 꿈이듯이 현실과 꿈은 함께하면서도 꿈은 언제나 한 발 앞서가며 따라오게 합니다.

스스로 알고 행하는 것은 자기에게 이익 됨이라 하여 자리행이라 하고 다른 이를 위해서 진리를 행하면 이타행이라 하는 걸 잘 알고 있습니다.

그러나 이 나이가 되어도 이타 행은 고사하고 자리행도 못하고 사는 자신이 한심하게 생각될 때가 많답니다. 종교적 체험은 스스로에게서 스스로를 아는 것이요 자기 독자적으로 절대적인 경지를 얻는 것입니다. 밖으로 헤매는 산란심이 꺼진 다음에야 내부의 빛이 밝혀지며 의지하는 대상을 초월한 후에야 자기의 잠재 능력이 발휘된다고 합니다.

동지(冬至)는 신생의 날입니다

한국에서 산중 절에 있었을 때 바람 불고 추운 날, 까치 한 쌍이 시끄럽게 떠들기에 올려다보니 둥지를 짓고 있었습니다. '지금껏 좋은 날 태평하게 놀다가 바람이 거세게 불어가니 이제야 겨울 걱정이 되어 집을 짓나' 하는 생각을 했습니다. 그러다가 '무슨 이유가 있겠지! 왜냐하면 까치가 어리석은 새가 아닌데?' 하는 의심이 생겨 집 짓는 높은 나무를 수시로 지켜보았습니다.

겨울 설한풍을 대비해서 바람이 몹시 부는 날을 기다렸다가 짓기가 힘들어도 그때 둥지를 짓는 것이었습니다. 큰 나무 줄기를 대들보로 의지해서 흔들리는 간격과 휘어짐의 각도까지 계산해서 둥지의 틀을 엮어갔습니다. 그리고 그 다음날부터는 바람이 불거나 불지 않거나 날씨에 상관없이 계속해서 집을 짓고 있었습니다.

북서풍을 막기 위해 그쪽을 더 촘촘히 막고 눈비를 대비해서 지붕도 약간 경사지게 덮었습니다. 드나드는 출입문은 역시 햇빛이 잘 드는 동남쪽으로 내고 쉽게 보이지 않도록 나뭇가지를 장애물로 은밀하게 가려지었습니다. 천적들의 위험을 막기 위해 높은 곳에 둥지를 틀었으므로 바람 잘 날이 없으며 그 흔들림 속에서도 무너지지 않게 지어갔습니다.

대부분 새들이 집 없이 살고 있으며 산란기에 임시로 둥지를 짓고 새끼가 자라서 떠나면 어미 새도 둥지를 떠나 집 없이 삽니다.

그러나 까치는 둥지가 있으며 새끼가 커서 짝을 지으면 둥지를 짓고 어미 새는 묵은 집에 달아서 올려 짓거나 다른 곳에 새로 짓습니다. 날짐승인 까치도 사계절의 계절풍을 대비하고 방위를 알아서 동남쪽으로 문도 내며 천적들까지 막기 위한 집을 설계해서 짓습니다.

음양오행은 동양사상이요 풍수는 음양오행에 바탕을 두었으며 방위에서부터 삼라만상의 근본을 다 적용한 학설입니다. 양(陽)은 통일이요 하나의 뜻이 모아지는 기운이요, 음(陰)은 분화작용 즉 나누어지는 것을 의미합니다. 통일만 잘되어도 안 되고 분화만 잘되어도 안 되며 음양이 조화를 잘 이루어야 한다고 했습니다.

동지는 한 해를 나누는 24절기 중 22번째이며 겨울 동(冬), 이를 지(至), 즉 겨울에 이르렀다는 뜻입니다. 일 년 중 밤의 길이가 가장 길고 낮이 가장 짧은 날이며 동지를 기점으로 다시 낮이 길어지고 밤이 짧아지는 날로 바뀌는 명일입니다. 천지의 기(氣)가 어두워지고 흩어지다가 다시 밝아지면서 양의 기운으로 소생하며 모아지는 신생의 날로, '일양시생지일(一陽始生之日)'이라고 합니다.

서양(西洋)은 방향을 동서남북 네 가지로 구분을 했지만 동양(東洋)은 동서남북에 중앙까지 오 방위(五 方位)로 구분을 했습니다. 네 방향은 평면만 의미하며 그래서 3세기까지만 해도 서양에서는 지구를 평면으로 보았습니다. 그리하여 교황청은 지구의 지동설을 주장한 갈릴레오를 종교재판에 부쳤고, 브로노는 화형에 처했습니다.

다섯 방향은 입체적인 방위까지 포함되며 불교에서는 오방(五方)

에 내외(內外)까지 밝혔습니다.

천수경에 제일 먼저 '정구업진언(淨口業眞言)'을 하고 그 다음에 '오방내외안위제신진언(五方內外安慰諸神眞言)'을 합니다. 불교에서는 동, 남, 서, 북, 중앙, 내외로 입체적인 원과 회전 및 윤회를 바탕으로 방향을 설명합니다.

고대 사람들은 태양이 죽음으로부터 다시 부활하는 것으로 보고 태양신에 대한 광명과 생명의 축제를 거행했다 합니다. 예수의 성탄일을 모르는 기독교에서는 태양의 부활이 시작되는 동지에 맞추어 성탄절을 정했다가, 그 후 3세기경부터 예수님이 3일 후에 부활했음을 상징으로 동지가 22일이나 23일이니 25일로 정했다는 학설이 있습니다.

동서를 막론하고 동지를 그토록 중요시하며, 우리 조상들도 팥죽으로 잡귀와 재앙을 물리치고 복을 비는 원화소복(遠禍召福)의 날로 맞이했습니다.

길흉은 우리가 어떻게 살아가야 하는지 경험하게 하고 자연과의 관계가 하나임을 여실하게 일깨워 주는 현상입니다. 겸허하게 받아들이면 별것 아닌 것이 별것이 되고 자기를 다스릴 줄 알면 우주의 법칙이 더 명료해집니다.

기(氣)

　생명은 세포(cell, 셀)가 생물을 만들고 유지하는데 필요한 유전적 지침 혹은 정보를 저장하고 복원하며 이해하는 능력에 의존한다고 합니다.
　시간의 흐름 속에서 몸의 조직체와 마음의 움직임이 생존의식의 정보에 의해 지속적으로 유지되고 있으며 그 정보 속에는 기(氣)가 흐르고 있습니다. 그 기(氣)가 마음과 같이 있으면서도 없고, 없으면서도 있으며, 있다고 해서 잡으려고 하면 형체도 없고, 소리도 냄새도 촉감도 없습니다.
　그러나 기분이 좋다, 기가 살아 있다, 기가 꺾였다, 기가 죽어있다 등 주위 분위기와 비교해서 감정적으로 느끼는 표현을 흔히들 합니다. 그런가 하면 기상대에서는 기압이 낮다, 기온이 따뜻하다, 기후가 좋다 등 날씨에 관해서 보도합니다. 의학적으로는 기관지가 나쁘다, 기력이 쇠잔해 있다, 기가 막혀 있다 등, 기(氣)에 대한 표현은 다음과 같이 많은 곳에서 나타나고 있습니다.
　기관(氣管), 기력(氣力), 기류(氣流), 기맥(氣脈), 기미(氣味), 기백(氣魄), 기분(氣分), 기상(氣象), 기색(氣色), 기세(氣勢), 기승(氣勝), 기압(氣壓), 기온(氣溫), 기운(氣運), 기체(氣體), 기품(氣品), 기합(氣合), 기후(氣候) 등.

같은 지구 안에서도 산에서 느끼는 기와 바다에서 느끼는 기가 다르며 푸른 초원에서 느끼는 기와 사막에서 느끼는 기가 다릅니다.

사람도 주위환경이나 감정에 의해 시시각각 다르게 기가 나타나며 무슨 일이든 혼자 하는 것보다 사람이 많으면 많을수록 그 기가 더 충천합니다. 기도도 더불어 같이 하는 신도가 많으면 많을수록 그 기가 우러나오며 상서로워집니다.

기(氣)는 몸속에서도 흐르고 있기 때문에 기의 흐름이 원활하지 못할 때는 해당 부위에 기능이 떨어지거나 병이 나게 되어 있습니다. 기가 약해지거나 흐름이 막히면 신경이 쇠약해지고, 혈기가 둔화되며 면역 체계도 약해지면서, 의욕이 상실됩니다.

자극이나 압력이 경혈의 막힘을 뚫어 준다는 연구도 많이 진전되어 왔고, 특히 침술은 기의 흐름을 소통시켜주는 효과가 크다는 사실이 증명되고 있습니다. 서양 의학에서는 아직도 침술이나 지압이나 뜸 등, 동양의 전통 의술을 부정적으로 보는 시각이 더 많다고 합니다. 서양의 첨단 과학으로도 기에 대해 밝혀 내지 못하고 접근하지 못하는 것은 정신적인 수련과 수행을 통한 마음의 경지를 체험해보지 못했기 때문입니다.

일상생활에서 외부로 방출하는 생명체의 기(氣)의 강도는 가까이 있는 사람에게 아주 미약하게 미칠 정도여서 방출과 동시에 곧바로 소멸됩니다. 그러나 철천지한을 품고 응징하고자 벼르고 있거나 원망에 사무쳐 있다면 평소보다 수천 배의 독기를 방출한다고 합니다.

그렇다고 해서 악한 기만 그런 파장이 나오는 것이 아니라 지극한 애정이나 연민의 정도 강한 전파와 같이 크게 파장된다는 학설도 있습니다.

그보다도 훨씬 위대한 성인의 맑고 밝은 기(氣)는 온 법계에 충만하며 언제 어디에서나 한량없는 생명에게 대자대비를 베풀어 주신다고 합니다. 그러나 그 기의 정보 사이클이 맞지 않으면 받기가 어렵고 그 사이클은 기도로서 맞출 수 있다 했습니다.

우리 민족의 옛 경전인 『삼일신고(三一神誥)』에 기에 관한 기록이 있습니다.

惟衆迷地 三妄着根 曰心氣身(유중미지 삼망착근 왈심기신)
사람이 미혹에서 벗어나지 못하는 이유는 삼망(三妄)이 뿌리를 내리고 있기 때문이며, 이 세 가지 망집(妄執)을 일컬어 마음(心)과 기(氣)와 몸(身)이다.

心依性有善惡 善福惡禍(심의성유선악 선복악화)
마음은 성(性)에 의해 나타나는 것이라 선한 마음과 악한 마음이 있으며 선한 마음은 복이 되고, 악한 마음은 화를 부르는 것이다.

氣依命有淸濁 淸壽濁妖(기의명유청탁 청수탁요)
기는 명(命)에 의한 것이니, 맑고 탁함이 있으며 맑은 기는 장수(長壽)를 이루고, 탁한 기는 단명(短命)하게 한다.

身依精有厚薄 厚貴薄賤(신의정유후박 후귀박천)
몸은 정(精)에 의한 것이니 후하고 박함이 있으며 몸이 후하면 귀하게 되고, 몸이 박하면 천하게 되는 것이다.

건강과 음식문화

사람이 살아가면서 가장 기본적으로 관심을 가지게 되는 것은 안녕과 복지 그리고 건강 유지라고 할 수 있겠습니다. 건강은 평상시 식생활과 밀접한 관계가 있으며 인류는 섭취가 가능한 모든 동식물을 식품으로 먹으며 지금까지 생존해 왔습니다.

우리는 일상의 식생활로 오랜 세월을 거치는 과정에서 경험을 통해 식품의 가치를 터득했고, 식품의 종류에 따라 각기 독특한 기능이 있음을 알았습니다. 이러한 역사가 반복됨으로써 인류는 어떤 식품을 어떻게 섭취하면 건강을 유지할 수 있는가를 이해하게 되었습니다.

건강에서 약은 완전한 치료제가 아니라 도움을 주고 또는 치료를 위한 임시방편일 뿐입니다. 생활 습관과 음식조절 그리고 정신적 안정이 중요하다는 것은 누구나 다 잘 아는 사실입니다.

왜 병이 생겼는지 원인을 찾아내고 병이 생기지 않도록 노력하는 것이 진정한 약이라고 할 수 있겠습니다. 약 중의 약은 본래의 건강을 되찾는 것이며 병이 나면 건강이 얼마나 소중한지를 알게 됩니다.

그러나 사회변화에 따라 생활양식이 계속 바뀌고 있으며 과학 기술과 함께 식품산업도 급진적으로 발달하고 있습니다. 단체급식과 외식산업의 증가로 판매되는 음식의 내용도 다양해졌으며 그래서 오히려 특정한 식품에 편중된 식생활로 건강을 해치는 경우도 많습니다.

더욱이 광고와 정보의 홍수 속에서 건강과 영양에 대한 올바른 정보를 가려내기란 결코 쉬운 일이 아닙니다. 쥐를 대상으로 여러 영양소를 따로 따로 담아주고 먹도록 하면 필요한 영양소를 알아서 골고루 섭취하며 잘 자라나는 것을 볼 수 있습니다.

사람도 동물과 마찬가지로 음식을 섭취한다는 것은 본능이며 몸이 원하는 대로 식생활을 한다면 현대병(성인병)으로 시달리지 않습니다. 사람은 동물과는 달리 오히려 '무엇을 어떻게 먹어라 또는 먹어서는 안 된다' 등 잘못된 정보로 오히려 건강을 더 해치는 경우가 많습니다.

이러한 상황들을 고려해볼 때 각 영양소의 중요성을 인정하고 어떤 음식을 얼마만큼 섭취해야 하는가를 이해하는 것도 중요합니다. 우리 주위에서 건강과 영양에 관한 정보를 올바로 인식함으로써 양호한 건강을 유지하는 것도 중요하다고 생각합니다. 병이 스승이요 병이 나면 건강이 얼마나 소중한지를 더 절실하게 알게 되며 그때서야 서둘러 치료하지만 쉽지가 않습니다.

모든 것은 지나가고 있으며 우리의 모습도 세월을 따르고 세월은 끊임없이 어디론가 끌고 가다가 어느 곳에 이르면 우리를 버리고 갑니다. 그러나 사는 날까지는 건강해야 자기도 남도 괴롭지 않게 살 수 있으며 능력도 발휘할 수가 있습니다.

생활 습관과 적절한 운동 그리고 음식조절 및 정신적인 안정이 건강에 좋은 줄은 누구나 다 알고 있지만 그러나 갈수록 성인병 환자는 늘어나고 있다 합니다.

MIT에 교환교수로 오신 전남대학교 식품 영양학 전공 오승호 학장님을 문수사에서 특별히 초청하여 강의를 듣고 그 내용을 대략 발췌했습니다.

〈우리의 몸은 신비로운 능력을 갖추고 있습니다〉
몸은 본능적으로 갈증, 허기, 피곤, 졸음, 결림, 통증 등으로 그 때의 상태를 주인에게 알려줍니다. 그러나 건강에 대해 다른 사람들의 이야기는 민감하게 받아들이면서도 정작 자기 몸에서 알려주는 소식은 소홀히하는 예가 많습니다. 건강하기 위해서는 몸과 대화를 잘해야 하며 그 상태를 살펴서 곧 해결해 주어야 합니다.

〈몸은 길들이는 쪽으로 따라가는 적응력이 있습니다〉
육식으로 길들이면 육식체질이 되고, 채식으로 길들이면 채식체질이 되며 잡식으로 길들이면 잡식체질이 됩니다. 그런가 하면 자신은 육식이 맞는 체질인데 TV 방송에서 채식이 좋다고 권하니 덩달아 채식만 하다가 입맛을 잃는 예가 있습니다. 입맛을 잃고 기운이 떨어져 일에 대한 의욕을 상실하기도 하고 병을 불러들이기도 합니다.

육식에서 채식으로 바꾸든 채식에서 육식으로 바꾸든, 갑자기 전부를 바꾸면 몸이 적응을 못하여 부작용이 생기기 쉽습니다. 그러나 점차적으로 바꾸어 가면 별다른 문제가 생기지 않으며 오히려 체질개선이 되어 건강에 더 도움을 줍니다. 예를 들어 단식이 좋다고 하여 갑자기 굶거나, 2-3주 단식하고 나서 평소에 밥 먹듯 그런 양의 밥을 곧 바로 먹으면 큰 탈이 나거나 위험을 가져다줍니다.

또한 약간씩 양을 부족하게 먹는다고 해서 영양실조에 걸리거나 많이 먹는다고 해서 건강이 갑자기 더 좋아지지 않습니다. 일찍 자면 일찍 일어나고, 늦게 자면 늦게 일어나게 되며, 많이 자면 잘수록 잠도 늘어 가고, 줄이면 줄이는 대로 조금씩 적응해갑니다.

그러나 우리의 몸은 필요한 영양을 요구하기 때문에 어느 쪽이든 부족하거나 넘치면 몸이 따르지 못하고 부작용이 일어나기도 하며 병을 불러들입니다.

〈몸은 상황에 따라서 적응하기도 하고 돌변하는 변화를 가져오기도 합니다〉

밥 한 끼만 늦게 먹어도 허기를 참지 못하는 사람이 무너진 건물 틈에 갇혀 한 달을 굶었어도 죽지 않고 살아난 예가 있습니다. 그런가 하면 병원에서 포기한 환자가 비장한 각오로 기도를 하여 병을 치유했다는 기적 같은 이야기를 종종 듣습니다. 인체는 불가사의하기 때문에 예외가 얼마든지 있으며 정신력에 의해 몸도 따라갑니다.

〈건강식품과 영양 정보의 허실〉

살아갈수록 생활패턴과 식생활이 달라지면서 여러 가지 현상과 각종 질병이 많이 나타난다고 합니다. 패스트푸드의 홍수 속에 아이들이 섭취하는 영양은 균형을 잃어 가고 있다는 학설이 있습니다. 건강 식품점에 가면 비타민과 미네랄을 비롯한 수많은 식품들이 나돌고 있으며 건강기능 식품에도 유행과 주기가 있는 것 같습니다.

지금까지 우리 민족의 건강을 지켜 준 기본 음식에 대해 어떤 문제를 거론하는 학자가 나타나곤 합니다. 수많은 학자 중에 논란을 일으킬 수 있는 어떤 학자를 매스컴에서 의도적으로 선택하여 신문이나 방송에서 발표하면 분별없이 따라가게 되는 것이 우리의 음식 문화입니다. 그러면 곧 그 문화가 유행처럼 번지게 되고, 그것도 매스컴에서 주기적으로 다루어 주곤 하는데, 이런 것들을 보면서 과연 허와 실이 어떤 것인가를 생각해 보게 합니다.

매스컴은 새로운 것을 보도해야 하므로 좋은 것을 좋다고만 반복하면 시청자가 줄기 때문에 일부분의 결점을 전체의 문제인양 연출하는 예가 종종 있습니다.

〈무분별하고 절제되지 않는 음식은 병을 유발하게 합니다〉

밤에 늦게 자면 아침에 늦게 일어나며 그런 생활에 길들여져 있는 사람은 바쁘다 피곤하다, 입맛이 없다고 하며 아침 식사를 거릅니다.

아침을 굶으면 두뇌의 에너지인 포도당이 부족해서 일과 학습 능력이 현저하게 떨어집니다. 몸이 아프지 않아도 잠이 부족하거나 몸이 피곤하면 입맛이 떨어지고 밥 생각이 없습니다.
삼십대가 지나면 대부분 잠에서 깨어나 2-3시간이 지나야 체내에서 음식을 요구하므로 그 안에는 먹고 싶은 생각이 없습니다.
그래서 아침을 굶고 점심때가 되면 아침 겸 점심을 먹고 저녁은 정상적으로 먹으며 자기 전에 밤참을 챙겨먹는 사람이 많습니다. 아침을 안 먹는다는 말은 해도 저녁을 두 번 먹는다는 말은 하지 않으며 무질서한 식사시간에 과식까지 겹치는 식생활은 현대병과 관계가 있습니다.
사찰에서는 새벽 3시에 일어나 예불하고 공부한 뒤 6시에 아침공양을 하고 오전 공부와 사시마지를 올리고 12시에 점심공양을 합니다. 오후에는 울력과 공부를 마치고 6시에 저녁 공양을 하며 저녁 예불 후 공부를 9시에 마치고 취침을 하게 합니다. 즉 6시간마다 공양을 하고 자고나서 3시간 만에 아침공양을 하고 저녁공양 3시간 후에 취침하는 규칙적인 생활을 하고 있습니다.

〈비만은 모든 성인병의 촉매제 역할을 합니다〉
비만은 남는 에너지가 피하와 내장 등에 쌓이는 것이라고 하며 과체중 어린이는 성인비만에도 가능성이 높다는 통계입니다. 갈수록 미국인의 식생활은 너무 잘 먹어서 생기는 당뇨병, 대장암, 전립선암 등을 비롯하여 여러 가지 병이 더 많이 발생하고 있습니다.
체중을 줄이기 위해선 적게 먹고 많이 움직이는 것이 최선의 방법이며 칼로리를 많이 소비하고자 오랜 시간 가볍게 계속 운동하도록 권장합니다.

식생활이나 운동량은 개인의 체력, 체형, 질병유무에 맞게 해야 하며, 영양과 휴식을 잘 병행해야 합니다. 어떤 특정한 식생활이 어떤 사람의 건강과 장수에 요법이 될지는 몰라도 모든 사람에게 꼭 맞는 방법이 될 수는 없습니다. 왜냐하면 그 사람과 똑같은 체형이나 체질 그리고 연령이나 운동량이 같을 수가 없기 때문입니다.

건강하기 위해선 몸의 본능을 먼저 알아야 하며 인위적으로 뭔가를 조작하려고 하는 모든 행위들이 오히려 체질을 거슬리게 하여 건강을 해칩니다. 그러므로 건강은 어떤 식품(variety)이 좋다고 하여 편식하지 않고 적당히(moderate) 그리고 균형(balance) 있게 섭취해야 하는 것이 중요합니다.

영양의 원칙을 가끔씩 본인의 식생활이나 운동량에 맞추어 되돌아보는 아주 평범한 식습관을 통하여 건강이 지켜집니다. 경험을 바탕으로 체질에 맞게 발달되어온 전통음식의 다양한 색깔의 음식을 먹으면 영양을 골고루 섭취할 수 있습니다.

식탁이 정갈하고 보기 좋게 오색밸런스로 차려지면 탄수화물, 단백질, 지방질의 3대 영양소와 비타민 미네랄이 풍성해집니다. 특히 채소와 과일의 고유색에는 '파이토케미컬'이라는 생리활성 물질이 풍부해 발암억제와 면역력 증강기능이 있습니다. 전통음식문화와 시대적으로 발달된 건강식품을 잘 이해할 수 있는 교육이 추가되어야 한다고 봅니다.

불량음식만 아니면 모든 음식을 과식이나 편식 또는 단식하지 않고 골고루 섭취하는 것이 제일 좋은 방법이라고 합니다. 누구나 다 아는 상식이지만 그 상식을 지키지 못하고 있기 때문에 건강을 해치고 있습니다. 그래서 우리가 잘 알고 있다시피, '우유를 받아먹는 사람보다 배달하는 사람이 더 건강하다'는 말이 있는 것입니다.

구도자의 발자취
― 봉암사에서 BOSTON까지

1판 1쇄 인쇄일 2011년 12월 10일
1판 1쇄 발행일 2011년 12월 15일

글 쓴 이 도범 스님
펴 낸 이 이갑섭
펴 낸 곳 행림서원

주   소 서울시 종로구 종로5가 13-1
전   화 02 · 2269-4922(대표)
팩   스 02 · 2275-8750

ISBN   978-89-954501-0-9   03800

등록번호   제300-1995-87호

값   12,000원

◆ 행림서원의 모든 도서 판매는 도서출판 평민사에서 대행합니다.
　영업 대표 전화 : 02-375-8571

*이 책은 저작권법 제97조의 5(권리의 침해죄)에 따라 보호받는 저작물로
　저자의 서면동의가 없이 그 내용을 전체 또는 부분적으로 어떤 수단 · 방법으로나
　복제 및 전산 장치에 입력, 유포할 경우 민 · 형사상 피해를 입을 수 있음을 밝힙니다.